梁啓超 著

# 飲冰室合集

專集

第七册

中華書局

# 飲冰室專集之二十七

## 王荊公

### 自序

自余初知學即服膺王荊公欲爲作傳也有年牽於他業未克就頃修國史至宋代欲考熙豐新法之眞相窮極其原因結果鑑其利害得失以爲知來視往之資而詗諸先史則漏略蕪雜莫知其紀重以入主出奴謾辭溢惡虛搆事實所在矛盾於是發憤取臨川全集再四究索佐以宋人文集筆記數十種以與宋史諸志諸傳相參證其數百年來哲人碩學之言論足資徵信者獢而讀之亦得十數家鉤稽甲乙衡量是非然後歎吾曩昔自謂能知荊公能尊荊公者無以異於酌潢潦之水而以爲知海覩甕牖之明而以爲知天也而流俗之詆諆荊公汚衊荊公者益無以異於斥鷃之笑鵬蚍蜉之撼樹也不揣寡陋奮筆以成此編非欲爲過去歷史翻一場公案凡以示偉人之模範庶幾百世之下有聞而興起者乎則區區搜討之勤爲不虛也新會梁啓超

# 王荆公

## 例言

一本書以發揮荆公政術爲第一義故於其所創諸新法之內容及其得失言之特詳而往往以今世歐美政治比較之使讀者於新舊知識咸得融會

一宋史記熙豐事實者成於南渡以後史官之手而元人因而襲之皆反對黨之言不可徵信今於其汚衊荆公處皆一一詳辯之別爲考異若干條

一荆公不僅爲中國大政治家亦爲中國大文學家故於其詩文采錄頗多其散見於前各章者皆與政治有關係者也其僅足爲文章模範者亦擷十數首錄入末二章使讀者得緣此以窺全豹

一屬稿時所資之參考書不下百種其取材最富者爲金谿蔡元鳳先生之王荆公年譜先生名上翔乾嘉間人學問之博贍文章之淵懿皆爲近世所罕見所著年譜凡二十五卷雜錄二卷成書時年已八十有八蓋畢生精力瘁於是矣其書流傳極少而其人亦不見稱於並世士大夫殆不求聞達之君子耶爰誌數語以諗史官

一本書行文信筆而成不復覆視蕪衍疏略自知不免尙希海內方聞之士有以敎之

著者識

# 王荆公

## 目次

# 飲冰室專集之二十七

## 王荊公

### 第一章　敍論

國史氏曰。甚矣知人論世之不易易也。以余所見宋太傅荊國王文公安石。其德量汪然若千頃之陂。其氣節嶽然若萬仞之壁。其學術集九流之粹。其文章起八代之衰。其所設施之事功。適應於時代之要求而救其弊。其良法美意。往往傳諸今日莫之能廢。其見廢者。又大率皆有合於政治之原理。至今東西諸國行之而有效者也。嗚呼。臯夔伊周。遐哉邈乎。其詳不可得聞。若乃於三代下求完人。惟公庶足以當之矣。悠悠千禩。間生偉人。此國史之光。而國民所當買絲以繡。鑄金以祀也。距公之後。垂千年矣。此千年中。國民之視公何如。吾每讀宋史。未嘗不廢書而慟也。

以不世出之傑。而蒙天下之詬。易世而未之湔者。在泰西則有克林威爾。而在吾國則荊公。泰西鄉原之史家。其論克林威爾也。曰亂臣。曰賊子。曰奸險。曰兇殘。曰迷信。曰發狂。曰專制者。曰僞善者。萬喙同聲。牢不可破者殆百年。顧及今而是非大白矣。英國國會先哲畫像數百通。其裒然首座者。則克林威爾也。而我國民之於荊公則何如。吠影吠聲。以醜詆之。舉無以異於元祐紹興之時。其有譽之者。不過賞其文辭。稍進者。亦不過嘉其勇於任事。而於其事業之宏遠而偉大。莫或見及。而其高尚之人格。則益如良璞之霾於深礦。永刼莫發其光晶也。嗚呼。吾每讀宋史。未嘗不廢書而慟也。

曾文正謂宋儒寬於責小人而嚴於責君子。嗚呼。豈惟宋儒。蓋此毒深中於社會。迄今而日加甚焉。孟子惡求全之毀。求全云者。於善之中必求其不善者云爾。然且惡之。從未有盡沒其善而虛構無何有之惡以相誣衊者。其有之。則自宋儒之詆荆公始也。夫中國人民以保守爲天性。遵無動爲大之教。其於荆公之赫然設施。相率驚駭而沮之。良不足爲怪。顧政見自政見。而人格自人格也。獨奈何以政見之不合。黨同伐異。莫能相勝。乃架虛辭以衊人私德。此村嫗相誶之窮技。而不意其出於賢士大夫也。遂養成千年來不黑不白不痛不癢之世界。使光明俊偉之人。無以自存於社會。而舉世以學鄉原相勸勉。嗚呼。吾每讀宋史。未嘗不廢書而長慟也。

吾今欲爲荆公作傳。而有最窘余者一事焉。曰宋史之不足信是也。宋史之不足信。非吾一人私言。有先我言之者數君子焉。數君子者。其於荆公可謂空谷之足音。而其言宜若可以取信於天下。又孟子所謂汙不至阿其所好者也。今首錄之。以志竊比之誠。

陸象山先生九淵荆國王文公祠堂記曰。

(前略)昭陵之日。使還獻書。指陳時事。剖悉弊端。枝葉扶疏。往往切當。公疇昔之學問。熙甯之事業。舉不遁乎使還之書。而排公者。或謂容悅。或謂迎合。或謂變其所守。或謂乖其所學。是尙得爲知公者乎。英邁特往。不屑於流俗聲色利達之習。介然無毫毛得以入於其心。潔白之操。寒於冰霜。公之質也。掃俗學之凡陋。振弊法之因循。道術必爲孔孟。勳績必爲伊周。公之志也。不期人之知。而聲光燁奕。一時鉅公名賢。爲之左次。公之得此。豈偶然哉。用逢其時。君不世出。學焉而後臣之。無愧成湯高宗。公之得君。可謂專矣。新法之議。舉朝讙譁。行之未幾。天下恟恟。公方秉執周禮。精白言之自信所學。確乎不疑。君子力爭。繼之以去。小人投機。密贊其決。忠樸屛伏。僉狡得志。曾不爲悟。公之蔽也。熙甯排公者。大抵極詆訾之言。而不折之以至理。平者未一二。而激者居八九。上不足以取信於裕陵。下不足以解公之蔽。反以固其意。成其事。新法之罪。諸君子固分之矣。元祐大臣。一切更張。豈所謂無偏無黨者哉。所貴乎玉者。瑕瑜不相掩也。古之信史。直書其事。是非善惡。靡不畢見。勸懲鑑戒。後世所賴。抑揚損益。以附己好惡。用失情實。小人得以藉口而激怒。豈所望於君子哉。(中略)近世學者。雷同一律。發言盈廷。又豈善學前輩者哉。公世居臨川。罷政徙於金陵。宣和間故廬邱墟。鄉人屬縣。立祠其上。紹興初常加葺焉。逮今餘四十年。隳圮已甚。過者咨歎。今怪力之祠。綿綿不絕。而公以蓋世之英。絕俗之操。山川炳靈。殆不世有。其廟貌不嚴。邦人無所致敬。無乃議論之不公。人心之畏疑。使至是耶。(後略)

顏習齋先生元宋史評曰。

荊公廉潔高尙。浩然有古人正己以正天下之意。及旣出也。慨然欲堯舜三代其君。所行法如農田保甲保馬雇役方田水利更戍置弓箭手於兩河。皆屬良法。後多踵行。卽當時至元祐間。范純仁李淸臣彭汝礪等。亦訟其法以爲不可盡變。惟靑苗均輸市易行之不善。易滋弊竇。然人亦曾考當日之時勢乎。太宗北征中流矢。二歲創發而卒。神宗言之惓焉流涕。夏本宋叛臣而稱帝。此皆臣子所不可與共戴天者也。宋歲輸遼夏金一百二十五萬五千兩。其他慶弔聘問賂遺近幸又倍。宋何以爲國。求其容我爲君。宋何以爲名。又臣子所不可一日安者也。而宋欲舉兵。則兵不足。欲足兵餉。又不足。荊公爲此。豈得已哉。譬之仇讎。戕吾父兄。吾急與之訟。遂至數責家貲。而豈得已哉。宋人苟安已久。聞北風而戰栗。於是牆堵而進。與荊公爲難。極詬之曰奸曰邪。並不與之商搉可否。或更有大計焉。惟務使其一事不行。立見驅除而後已。而乃獨責公以執拗可乎。且公之施爲。亦彰彰有效矣。用薛向張商英等治國用。用王韶熊本等治兵。西滅吐蕃。南平洞蠻。奪夏人五十二砦。高麗來朝。宋幾振矣。而韓琦富弼等必欲沮壞之。毋乃荆公當念君父之讐。而韓富司馬等皆當恝置也乎。如琦之劾荆公也。其言更可怪笑。曰致敵疑者有七。一抬高麗朝貢。一取吐蕃之地建熙河。一植楡柳於西山以制蕃騎。一創團保甲。一築河北城池。一置都作院頒弓矢新式大作戰車。一置河北三十七將。皆宜罷之以釋其疑。嗟乎。敵惡吾備則去備。若敵惡吾有首將去首乎。此韓節夫所以不保其元也。且此七事皆荆公大計。而史半削之。幸琦誤以爲罪狀。遂傳耳。則其他削者何限。范祖禹黃庭堅修神宗實錄。務詆荆公。陸佃曰。此謗書矣。既而蔡卞重行刊定。元祐黨起。又行盡改。然則宋史尙可信邪。其指斥荆公者是邪非邪。雖然一人是非何足辨。所恨誣此一人。而遂君父之讐也。而天下後世遂羣以苟安頽靡爲君子。而建功立業欲搘柱乾坤者爲小人也。豈獨荆公之不幸。宋之不幸也哉。

至近世則有金谿蔡元鳳先生上翔。殫畢生之力爲王荆公年譜考略。其自序曰。

（前略）君子疾沒世而名不稱焉。則凡善有可紀。惡有當褫。不出於生平事實。而後之論者。雖或意見各殊。褒貶互異。然事實固不可得而易也。惟世之論公者則不然。公之沒去今七百餘年。其始肆爲詆毀者。多出於私書。既而采私書爲正史。此外事實愈增。欲辨尤難。（中略）憶公有上韶州張殿丞書。其言曰。『自三代之時。國各有史。而當時之史。多世其家。往往以身死職。不負其意。蓋其所傳。皆可考據。後既無諸侯之史。而近世非尊爵盛位。雖雄奇儁烈。道德流衍。不幸不爲朝廷所稱。輒不得見於史。而執筆者又雜出一時之貴人。觀其在廷論議之時人人得講其然否。尙或以忠爲邪。以異爲同。誅當前而不慄。訕在後而不羞。苟以饜其忿好之心而止耳。況陰挾翰墨以裁前人之善惡。疑可以貸褒。似可以附毁。往者不能訟當否。生者不得論曲直。賞罰謗譽又不施其間。以彼其私。獨安能無欺於冥昧之間耶。』嗚呼。盡之矣。此書作於慶曆皇祐間。當是時公已見稱於名賢。鉅公而未嘗有非毁及之者也。然每讀是書。而不禁歔欷累歎。何其有似後世誣公者。而公已先言之也。自古前代有史。必由繼世者修之。而其所考據。則必有所自來。若爲宋史者元人也。而元人盡采私書爲正史。當熙甯新法初行。在朝議論蠭起。其事實在新法。猶爲有可指數者。及夫元祐諸臣秉政。不惟新法盡變。而黨禍蔓延。尤在范呂諸人初修神宗實錄。其時邵氏聞見錄。司馬溫公瑣語涑水紀聞。魏道輔東軒筆錄。已紛紛盡出。則皆陰挾翰墨以饜其忿好之私者爲之也。又繼以范沖朱墨史。李仁甫長編。凡公所致慨於往者不能訟當否。生者不得論曲直。若重爲天下後世惜者。而不料公以一身當之。必使天下之惡皆歸。至謂宋之亡由安石。豈不過甚哉。宋自南渡至元中間二百餘年。肆爲誣毁者。已不勝其繁矣。由元至明中葉。則有若周德恭謂神宗合赧亥桓靈爲一人。有若楊用修斥安石合伯鯀商鞅莽操懿溫爲一人。抑又甚焉。又其前若蘇子瞻作溫國行狀。至九千四百餘言。而誣安石者居其半。無論古無此體。卽子瞻安得有如是之文。後則明有唐應德者。著史纂左編。傳安石至二萬六千五百餘言。而亦無一美言一善行。是尙可與言史事乎哉。（後略）

陸顏兩先生。皆一代大儒。其言宜若可信。而蔡氏者又博極羣書。積數十寒暑之日力。網羅數千卷之資料以成年譜。而其持論若此。然則居今日以傳荆公。欲求如克林威爾所謂「畫我當畫似我者」。不亦戛戛乎至難之業哉。雖然。以歷史上不一二見之哲人。匪直盛德大業。黯沒不章。抑且千夫所指。與禹鼎之不若同視。天下不復有眞是非。則禍之中於世道人心者。將與洪水猛獸同烈。則夫闢邪說拒淫辭。揚潛德發幽光。上酬先民。下獎來哲。爲事雖難。烏可以已。是則茲編之所由作也。

## (附)宋史私評

宋史在諸史中最稱蕪穢。四庫全書提要云『其大旨以表章道學爲宗。餘事不甚措意。故舛謬不能殫數』。檀氏萃曰『宋史繁猥既甚。而是非亦未能盡出於大公。蓋自洛蜀黨分迄南渡。而不息其門戶之見錮及人心者深。故此同者多爲掩飾之言。而離異者未免指摘之過』。此可謂深中其病矣。其後柯維騏著宋史新編。沈世泊著宋史就正編。皆糾正其謬。四庫提要摘其紀志互異處。傳前後互異處十餘條。趙氏翼陔餘叢考廿二史箚記摘其敍事錯雜處。失檢處。錯謬處。遺漏處。牴牾處各十餘條。其各傳迴護處。附會處。是非失當處。是非乖謬處共百餘條。則是書之價值概可見矣。而其舛謬最甚而數百年來未有人起而糾之者。莫如所記關於王荆公之事。

宋史成於元人之手。元人非有所好惡於其間也。徒以無識不能別擇史料之眞僞耳。故欲辨宋史。當先辯其所據之資料。考宋時修神宗實錄。聚訟最紛。幾興大獄。元祐初。范祖禹黃庭堅陸佃等同修之。佃數與祖禹庭堅爭辯。庭堅曰。如公言。蓋佞史也。佃曰。如君言。豈非謗書乎。佃雖學於荆公。然不附和新法。今其言如此。則最初本之神宗實錄。誣罔之辭已多。可以見矣。是爲第一次之實錄。及紹聖改元。三省同進呈臺諫前後章疏。言實錄院前後所修先帝實錄。類多附會姦言。詆熙豐以來政事。及國史院取范祖禹趙彥若黃庭堅所供文狀。各稱別無按據。得之傳聞。事上。曰。文字以盡見。史臣敢如此誕慢不恭。章惇曰。不惟多稱得於傳聞雖有臣僚家取到文字。亦不可信。但其言以傳聞修史。欺誕敢如此。安燾曰。自古史官未有如此者。亦朝廷不幸。此雖出於反對元祐者之口其言亦不無可信。前此蔣之奇劾歐陽修以帷薄事。修屢抗疏乞根究。及廷旨詰問之奇亦僅以傳聞了之可知宋時臺館習氣固如是也。於是有詔命蔡卞等重修實錄。卞取荆公所著熙甯日錄以進。將元祐本塗改甚多。以朱筆抹之號朱墨本。是爲第二次之實錄。而元祐諸人又攻之不已。徽宗時。有劉正夫者。言元祐紹聖所修神宗史互有得失。當折衷其說傳信萬世。又有徐勣者言神宗正史。今更五閏未能成書。蓋由元祐紹聖史臣。好惡不同。范祖禹等專主司馬光家藏記事。蔡京兄弟純用王安石日錄。各爲之說。故論議紛然。當時輔相之家。家藏記錄。何得無之。臣謂宜盡取用。參訂是非。勒成大典。於是復有詔再修。未及成而靖康之難作。南渡後紹聖四年。范沖再修成之以進。是爲第三次之實錄。宋史所據。卽此本也。自紹聖至紹興。元祐黨人竄逐顛播者凡三十餘年。深怨積憤。而范沖又爲祖禹之子。繼其父業。變本加厲。以恣報復。而荆公自著之日錄。與紹聖間朱墨本之實錄。悉從燬滅。無可考見。宋史遂據一面之詞。以成信讞。而沈冤遂永世莫白矣。凡史中醜詆荆公之語。以他書證之。其誣衊之跡確然可考見者十之六七。近儒李氏紱蔡氏上翔辨證甚博。吾將摘其重要者。分載下方各章。茲不先贅。要之欲考熙豐事實。則劉正夫徐勣所謂元祐紹聖好惡不同互有得失者。最爲公平。吾非敢謂紹聖本之譽荆公者。遂爲信史。然如元祐紹興本欲以一手掩盡天下目。則吾雖欲無言。又烏可得也。蔡氏所撰荆公年譜載靖康初楊時論蔡京疏。有南宋無名氏書其後云。

荆公之時。國家全盛。熙河之捷。擴地數千里。開國百年以來所未有者。南渡以後。元祐諸賢之子孫。及蘇程之門人故吏，發憤於黨禁之禍，以攻蔡京爲未足，乃以敗亂之由，推原於荆公，皆妄說也。其實徽欽之禍，由於蔡京，蔡京之用，由於溫公；而龜山之進，又由於蔡京，波瀾相推，全與荆公無涉。至於龜山在徽宗時，不攻蔡京而攻荆公，則感京之恩，畏京之勢，而欺荆公已死者爲易與，故舍時政而追往事耳（後略）。此其言最爲洞中癥結，荆公所以受誣千載而莫能白者，皆由元祐諸賢之子孫及蘇程之門人故吏，造爲已甚之詞，及道學既爲世所尊，而蜚語遂變鐵案。四庫提要推原宋史舛謬之故，由於專表章道學，而他事不措意，誠哉然矣。顏習齋又嘗爲韓侂胄辯寃，謂其能仗義復仇，爲南宋第一名相，宋人誅之以謝金，實狗彘不如，而宋史以入之奸臣傳，徒以其得罪於講學諸君子之故耳云云。朱竹垞王漁洋皆論張浚誤國，其殺曲端與秦檜之殺岳飛無異，徒因浚有子講學，且爲朱子所父事，遂崇之爲名臣，而文致曲端有可殺之罪，實爲曲筆云云。凡此皆足證宋史顚倒黑白，變亂是非之處，不一而足，而其大原因，則皆由學術門戶主奴之見，有以蔽之，若荆公又不幸而受誣最烈者也。吾故先評之如此，吾言信否，以俟識者。

## 第二章　荆公之時代(上)

自有史以來，中國之不競，未有甚於宋之時者也。宋之不競，其故安在，始焉起於太祖之猜忌，中焉成於眞仁之泄沓，終焉斷送於朋黨之擠排，而荆公則不幸而丁夫其間，致命遂志以與時勢抗，而卒未能勝之者也。知此則可與語荆公矣。

宋藝祖之有天下，實創前史未有之局，何以言之，昔之有天下者，或起藩封，或起草澤，或以征誅，或以篡禪，周秦以前。其爲天子者。大率與前代之主俱南面而治者數百年。不必論矣。乃若漢唐之興。皆承大亂之餘。百戰以剪除羣雄。其得之也甚艱。而用力也甚巨。次則曹操劉裕之儔。先固嘗有大功於天下。爲民望所繫。卽等而下之。若蕭道成蕭衍輩。亦久立乎人之本朝。處心積慮以謀此一席者有年。羽翼已就。始一舉而獲之。惟宋不然。以區區一殿前都檢點。自始未嘗有赫赫之功也。亦非敢蓄異志覬非常也。陳橋之變。醉卧未起。黃袍已加。奪國於孤兒寡婦手中。日未旰而事已畢。故其初誓諸將也。曰『汝等貪富貴。立我爲天子。我有號令。汝等能稟乎。』蓋深憚之之詞也。由此觀之。前此之有天下者。其得之皆以自力。惟宋之得之以他力。夫能以他力取諸人以予我者。則亦將能以他力奪諸我以予人。藝祖終身所惴惴者。惟此一事。而有宋積弱之大原。皆基於是矣。

以將士擁立天子。創於宋。以將士刼天子而擁立主帥。則不起於宋而起於唐。唐代諸藩鎮之有留後也。皆陳橋之先聲。而陳橋之役。不過因其所習行者加之厲而已。夫廢置天子而出於將士之手。其可畏固莫甚焉。卽不然。而將士常得有所擁以刼天子。則宋之爲宋。固不能一日而以卽安。宋祖有怵於此。故篡周以後。他無所事。而惟以弱其兵弱其將爲事。夫藩鎮之毒天下。垂二百年。摧陷而廓清之。孰云非當。然誼辟之所以處此。必將有道矣。導之以節制。而使之爲國家捍城。古今中外之有國者。未聞有以兵之强爲患者也。宋則不然。汲汲焉務弱舉國之民。以强君主之一身。曾不思舉國皆弱。而君主果何術以自强者。宋祖之言曰。卧榻之側。豈容他人鼾睡。而不計寢門之外。大有人圖儂焉。夫宋祖之所見。則限於卧榻而已。此宋之所以爲宋也。

漢唐之創業也。其人主皆有統一宇內澄清天下之遠志。宋則何有焉。五季諸鎮。其芟夷削平之功。强半在周世宗。宋祖乃晏坐而收其成。所餘江南蜀粵。則其君臣弄文墨恣嬉游。甚者淫虐是逞。人心解體。兵之所至。從風而靡。其亡也。乃其自亡。而非宋能亡之也。而北有遼。西有夏。爲宋室百年之患者。宋祖未嘗一留意也。謂是其智不及歟。殆非然。彼方汲汲於弱中國。而安有餘力以及此也。

自石敬瑭割燕雲十六州以賂契丹。爲國史前此未有之恥辱。及周世宗幾雪之矣。顯德六年。三關之捷。契丹落膽。使天假世宗以期年之壽。則全燕之光復。意中事也。即陳橋之役。其發端固自北伐。其時將士相與謀者。固猶曰先立點檢爲天子。然後出征也。使宋祖能乘契丹凋敝震恐之時。用周氏百戰之兵以臨之。劉裕桓溫之功。不難就也。既不出此。厥後曹翰獻取幽州之策。復以趙普一言而罷。夫豈謂幽州之不當取不可取。懼取之而唐代盧龍魏博之故轍將復見也。王船山宋論之言如此可謂知言 自是以後。遼遂得夜郎自大。以奴畜宋人。太宗北伐。傾國大舉。而死傷過半。帝中流矢。二歲而創潰以崩。乃益務寢兵。惟戢首帖耳。悉索敝賦以供歲幣。眞宗澶淵之役。王欽若請幸江南。陳堯叟請幸蜀。使非有寇萊公。則宋之南渡。豈俟紹興哉。然雖有一萊公。而終不免於城下之盟。至仁宗時。而歲幣增於前者又倍。遼之病宋也若此。

李氏自唐以來。世有銀夏。阻於一方。服食仰給中國。翹首而望內屬之日久。及河東既下。李繼捧遂來歸。既受之使移鎭彰德。苟乘此時。易四州之帥。選虎臣以鎭撫之。鼓厲其吏士而重用之。既可以斷契丹之右臂。而久任之部曲。尚武之邊民。各得效其材勇。以圖功名。宋自此無西顧憂矣。乃太宗趙普襲藝祖之故智。誓不欲以馬肥士勇鹽池沃壤付諸矯矯之臣。坐令繼遷叛歸。而復縱繼捧以還故鎭。徒長寇而示弱。故繼捧北附於契丹。繼遷且僞受降以緩敵。及元昊起。而帝制自雄。虔劉西土。不特掣中國而使之不得不屈於北狄。乃敢援例以索歲幣。而宋莫之誰何。以大事小。爲古今中外歷史所未前聞。夏之病宋也若此。

夫當宋建國之始遼已稍瀕於弱而夏尙未底於强使宋之兵力稍足以自振其於折箠以鞭笞之也宜若非難顧乃養癰數十年而卒以自斃者則藝祖獨有之心法務弱其兵弱其將以弱其民傳諸後昆以爲成法士民習之而巽懦無勇遂爲有宋一代之風氣迨眞仁以還而含垢忍辱視爲固然者蓋已久矣而神宗與荆公卽承此極敝之末流荷無量之國仇國恥於其仔肩而蹶然以興者也

夫吾所謂宋祖之政策在弱其兵弱其將以弱其民者何也募兵之惡法雖濫觴於唐而實確定於宋宋制總天下之兵集諸京師而其籍兵也以募蓋收國中獷悍失職之民而畜之每乘凶歲則募饑民以增其額史家頌之曰此擾役强悍銷弭爭亂之深意也質而言之實則欲使天子宿衞以外舉國中無一强有力之人所謂弱其民者此也其邊防要郡須兵防守皆遣自京師諸鎭之兵亦皆戍更將帥之臣入奉朝請兵無常帥帥無常師史家美之曰上下相維內外相制等級相軋雖有暴戾恣睢無所厝於其間質而言之則務使將與卒不相習以防晚唐五代藩鎭自有其兵之患所謂弱其將者此也夫弱其民弱其將宋祖之本意也弱其兵則非必宋祖之本意也然以斯道行之則其兵勢固不得以不弱夫聚數十萬獷悍無賴之民廩之於太官終日佚游而累歲不親金革則其必日卽於媮惰而一無可用事理之至易覩者也况乎宋之爲制又沿朱梁盜賊之陋習黥其兵使不得齒於齊民致鄉黨自好之良咸以執兵爲恥夫上旣以不肖待之矣而欲其致命遂志以戮力於君國庸可得耶所謂弱其兵者此也夫旣盡舉國之所謂强者而以萃諸兵矣而兵之至弱而不足恃也固若是其將之弱又加甚焉以此而驅諸疆埸雖五尺之童猶知其無幸而烽火一警欲齊民之執干戈以衞社稷更無望矣積弱一至此極而以攝乎二憾之間其不能不靦顏屈膝以求人之容我爲君亦固其所而試問稍有血氣之男子其能坐

視此而以一日安焉否也。

國之大政曰兵與財。宋之兵皆若此矣。其財政則又何如。宋人以聚兵京師之故。舉天下山澤之利。悉入天庾以供稟賜。而外州無留財。開國之初。養兵僅二十萬。其他冗費亦不甚多。故府庫恆有羨餘。及太祖開寶之末。而兵籍凡三十七萬八千。太宗至道間。增而至六十六萬六千。眞宗天禧間。增而至九十一萬二千。仁宗慶歷間。增而至一百二十五萬九千。其英宗治平間及神宗熙甯之初。數略稱是。兵既日增。而竭民脂膏以優稟之。歲歲戍更就糧。供億無藝。宗室吏員之受祿者。亦歲以增進。又每三歲一郊祀。賞賚之費常五百餘萬。景德中郊祀七百餘萬。東封八百餘萬。祀汾上寶冊又百二十萬。饗明堂且增至一千二百萬。蓋開寶以前。其歲出入之籍不可詳考。然至道末歲入二千二百二十四萬五千八百。猶有羨餘。不二十年。至天禧間。則總歲入一萬五千八十五萬一百。總歲出一萬二千六百七十七萬五千二百。及治平二年。總歲入一萬一千六百十三萬八千四百。總歲出一萬二千三百四萬三千一百。而臨時費（史稱爲非常出）又一千一百五十二萬一千二百。夫宋之民非能富於其舊也。而二十年間。所輸賦增益十倍。將何以聊其生。況乎嘉祐治平以來。歲出超過之額。恆二千餘萬。洎荊公執政之始。而宋之政府及國民。其去破產蓋一間耳。而當時號稱賢士大夫者。乃嘵嘵然責荊公以言財利。試問無荊公之理財。而宋之爲宋。尚能一朝居焉否也。

當時內外形勢之煎迫。既已若是。而宋之君臣。所以應之者何如。眞宗侈汰。斲喪國家之元氣。不必論矣。仁宗號稱賢主。而律以春秋責備賢者之義。則雖謂宋之敝始於仁宗可也。善夫王船山氏之言曰。（宋論卷六）

仁宗在位四十一年。解散天下而休息之。休息之是也。解散而休息之。則極乎弛之數。而承其後者難矣。歲輸五十萬於契丹而頫首自名猶曰納以友邦之禮禮元昊父子而輸縉幣以乞苟安仁宗弗念也宰執大臣侍從臺諫胥在廷在野賓賓嘖嘖以爭辯一典之是非置西北之狡焉若天建地設而不可犯國既以是弱矣抑幸無耶律德光李繼遷鷙悍之力而暫可以賂免非然則劉六符虛聲恐喝而魄已喪使疾起而捲河朔以嚮汴雒其不爲石重光者幾何哉

平心論之仁宗固中主而可以爲善者也使得大有爲之臣以左右之宋固可以自振當時宰執史稱多賢夷考其實則凡材充牣而上駟殆絕其能知治體有改絃更張之志者惟一范仲淹論其志略尙下荊公數等然已以信任不專被間以去其餘最著者若韓琦若富弼若文彥博若歐陽修輩其道德學問文章皆類足以照耀千古其立朝也則於調燮宮廷補拾闕漏雖有可觀然不揣其本而齊其末當此內憂外患煎迫之時其於起積衰而厝國於久安蓋未之克任外此衮衮以迄蚩蚩則酣嬉太平不復知天地間有所謂憂患賈生所謂抱火厝諸積薪之下而寢其上火未及然因謂之安也當此之時而有如荊公者起而攖其清夢其相率而仇之也亦宜荊公之初侍神宗也神宗詢以本朝所以享國百年天下無事之故公退而具箚子以對其言曰

（前略）然本朝累世因循末俗之弊而無親友羣臣之議人君朝夕與處不過宦官女子出而視事又不過有司之細故未嘗如古大有爲之君與學士大夫討論先王之法以措之天下也一切因任自然之理勢而精神之運有所不加名實之間有所不察君子非不見貴然小人亦得廁其間正論非不見容然邪說亦有時而用以詩賦記誦求天下之士而無學校養民之法以科名資歷敍朝廷之位而無官司課試之方監司無檢察之人守將非選擇之吏轉徙之亟既難於考績而遊談之衆因得以亂眞交私養望者多得顯官獨立營職者或

見排沮。故上下偷惰。取容而已。雖有能者在職。亦無以異於庸人。農民壞於繇役。而未嘗特見救恤。又不爲之設官以修其水土之利。兵士雜於疲老。而未嘗申敕訓練。又不爲之擇將而久其疆埸之權。宿衞則聚卒伍無賴之人。而未有以變五代姑息羈縻之俗。宗室則無教訓選舉之實。而未有以合先王親疏隆殺之宜。其於理財。大抵無法。故雖儉約而民不富。雖憂勤而國不强。賴非夷狄昌熾之時。又無堯湯水旱之變。故天下無事。過於百年。雖曰人事。亦天助也。（後略）

其論當時之國勢。可謂博深切明。而公所以不能不變法之故。亦具於是矣。故其上仁宗書亦云。節錄全文別見第七章陛下其能久以天幸爲常。而無一旦之憂乎。蓋漢之張角。三十六萬同日而起。所在郡國。莫能發其謀。唐之黃巢。橫行天下。而所至將吏莫敢與之抗者。……而方今公卿大夫。莫肯爲陛下長慮後顧。爲宗廟萬世計。臣竊惑之。昔晉武帝趣過目前。而不爲子孫長遠之謀。當時在位。亦皆偷合苟容。而風俗蕩然。棄禮義。捐法制。上下同失。莫以爲非。有識者固知其將必亂矣。其後果海內大擾。中國列於夷狄者二百餘年。……臣願陛下鑒漢唐五代之所以亂亡。懲晉武苟且因循之禍。……

嗚呼。仁宗之世。號稱有宋全盛時代。舉國臚虞如也。而荊公憂危之深。至於如此。不惜援晉武以方其主。而懼中國之淪於夷狄。公果杞人乎哉。嗚呼。靖康之禍。公先見之矣。

## 第三章　荊公之時代（下）

荊公所處之時勢。雖極艱鉅。然以其不世出之才。遭遇大有爲之主。其於撥亂世反諸正也。宜若反手然。顧其成就不能如其所期者。何也。則朋黨累之也。宋之黨禍。盛於荊公以後。而實遠濫觴於荊公以前。是不可不追論之。

政黨之爲物。產於政治進化之後。國之有政黨。非其可弔者。而其可慶者也。雖然有界說焉。一曰政黨惟能生存於立憲政體之下。而與專制政體不相容。二曰爲政黨者。既宜具結黨之實。而尤不宜諱結黨之名。三曰其所辨爭者。當專在政治問題。而宮廷問題及個人私德問題學術異同問題等。皆不容雜入其間。（此不過略舉其概未能備列因非作政黨論也）故若宋之所謂黨。舉未足以語於是也。吾故不能許以政黨。仍其舊名曰朋黨而已。中國前此之黨禍。若漢之黨錮。唐之牛李。後此之黨禍。若明之東林復社。皆可謂之以小人陷君子。惟宋不然。其性質複雜而極不分明。無智愚賢不肖而悉自投於蜩唐沸羹之中。一言以蔽之。曰士大夫以意氣相競而已。推原宋代朋黨所以特盛之故。一由於右文而賤武。二由中央集權太過其度。宋祖之政策。既務摧抑其臣使不得以武功自見。懷才抱能之士。勢不得盡趨於從政之一途。而兵權財權。悉集中央。牧民之司。方面之寄。以爲左遷貶謫或耆臣優養之地。非如漢之郡國守相得行其志以有所樹立。且嚴其考成黜陟。使人知所濯磨也。是故秀異之士。欲立功名者。羣走集於京師。而彼其京師。又非如今世立憲國之有國會。容多士以馳騁之餘地也。所得與於國政者。二三宰執而已。其次則少數之館職臺諫。爲宰執升進之階者也。夫以一國之大。人才之衆。而惟此極少極狹之位置。可以爲樹立功名之憑藉。則其相率而爭之。亦固其所。故有宋一代之歷史。謂之爭奪政權之歷史可也。不肖者固爭焉以營其私。卽賢者亦爭焉以行其志。爭之既急。意氣自出乎其間。彼此相詆。而以朋黨之名加人。於是黨禍遂與宋相終始矣。

宋朋黨之禍。雖極於元祐紹聖以後。而實濫觴於仁英二朝。其開之者。則仁宗時范呂之爭。其張之者。則英宗時之濮議也。初范仲淹以忤呂夷簡放逐。士大夫持二人曲直。交指爲朋黨。及夷簡去。仲淹相。石介作詩曰。衆賢之進。如茅斯拔。大姦之去。如距斯脫。而孫沔讀介詩曰。禍自此始矣。仲淹相數月。史稱其裁削倖濫。考覈官吏。日夜謀慮。興致太平。然更張無漸。規模闊大。論者以爲不可行。及按察使出。多所舉劾。人心不悅。自任子之恩薄。磨勘之法密。僥倖者不便。於是謗毀稍行。而朋黨之論浸聞於上。（以上皆錄宋史范傳語）反對黨乘之。盡力攻擊。而仲淹與杜衍韓琦富弼同時罷。王拱辰昌言曰。吾一網打盡矣。其氣燄與石介之詩若出一吻。後世論史者。莫不右仲淹而抑夷簡。夫仲淹之規模宏遠。以天下爲己任。誠非夷簡輩所能望。然夷簡亦不過一庸材貪戀大位者耳。若指爲姦邪。則宋百年來之宰相。若夷簡者比比皆是。甯得盡曰姦邪乎。況當時黨夷簡以攻仲淹之人。亦多有後世所目爲君子者。則又何也。要之宋之朋黨。無所謂君子小人。純是士大夫各爭意氣以相傾軋。自慶歷時而已然矣。此風既開。至英宗治平間而有濮議之一大公案。

濮議者何。仁宗崩。無子。以兄濮安懿王之子爲後。是爲英宗。英宗治平二年。議追尊濮王典禮。廷臣分黨相鬩。洶洶若待大敵。朋黨之禍。於茲極烈。臺諫至相率請斬韓琦歐陽修以謝先帝。馴至因公事以詆及私德。遂有誣歐陽修以帷薄隱慝之事。而當時以濮議被攻者。如韓歐之徒。固後世所稱君子人者也。其以濮議攻人者。如呂誨范純仁之徒。又後世所稱君子人者也。宋世朋黨之眞相。於茲畢見。此事雖若與荆公新法之鬩爭無與。然其現象極相類。且前此首攻濮議之人。卽爲後此首攻新法之人。吾故不避枝蔓之誚。取歐陽公濮議原文全錄之。以見當時所謂士大夫者其風氣若是。而知後此荆公之地位。一如韓歐。而新法之公案。亦一濮議而已。

（附）歐陽修濮議

英宗皇帝初卽位既覃大慶於天下羣臣並進爵秩恩澤遍及存亡而宗室故諸王亦已加封贈惟濮安懿王上所生父也中書以爲不可與諸王一例乃奏請下有司議合行典禮有旨宜俟服除其議遂格治平二年四月上既釋服乃下其奏兩制雜學士待制禮官詳議翰林學士王珪等議濮安懿王高官大爵極其尊榮而已中書以爲贈官及改封大國當降制行册命而制册有式制則當曰某親具官某可贈某官追封某國王其册則當曰皇帝若曰咨爾某親某官某今册命爾爲某官某王而濮王於上父子也未審制册稱爲何親及名與不名乃再下其議而珪等請稱皇伯而不名中書據儀禮喪服記云爲人後者爲其父母報又據開元開寶禮皆云爲人後者爲其所生父齊衰不杖期爲所後父斬衰三年是所後所生皆稱父母而古今典禮皆無改稱皇伯之文又歷撿前世以藩侯入繼大統之君不幸多當衰亂之世不可以爲法唯漢宣帝及光武盛德之君也皆稱其父爲皇考而皇伯之稱既非典禮出於無稽故未敢施行乃略具古今典禮及漢孝宣光武故事并錄皇伯之議別下三省集官與臺官共加詳議未及集議而皇太后以手書責中書不當稱皇考中書具對所以然而上見皇太后手書驚駭遽降手詔罷議而追崇之禮亦寢後數日禮官范鎮等堅請必行皇伯之議其奏留中已而臺官亦各有論列上既以皇太后之故決意罷議故凡言者一切留中上聖性聰睿英果燭理至明待遇臣下禮極謙恭然而不爲姑息臺官所論濮園事既悉已留中其言他事不可從者又多寢而不行臺官由此積忿出怨言并怒中書不爲施行中書亦嘗奏云近日臺官忿朝廷不用其言謂臣等壅塞言路致陛下爲拒諫之主乞略與施行一二事上曰朝廷當以至公待天下若臺官所言可行當卽盡理施行何止略行一二若所言難行豈當應副人情以不可行之事勉强行之豈不害

事耶。中書以上語切中事理。不敢更有所請。上仍問曰。所言莫有可行而未行者否。韓琦已下相顧曰。實無之因曰。如此則未有是時雜端御史數人皆新被擢用。銳於進取。務求速譽。見事輒言。不復更思職分。故事多乖繆。不可施行。是時京師大雨水。官私屋宇倒塌無數。而軍營尤甚。上以軍士暴露。聖心焦勞。而兩府之臣相與憂畏。夙夜勞心。竭慮部分處置。各有條目矣。是時范純仁新除御史。初上殿。中外竦聽所言何事。而第一箚子催修營房。責中書何不速了。因請每一營差監官一員。中書勘會在京倒塌軍營五百二十坐。如純仁所請。當差監官五百二十員。每員當直兵士四人。是於國家倉卒多事闕人之際。虛破役兵二千人當直。五百員監官而未有死木笆箔。一併興修未得。其狂率疎繆如此。故於中書聚議時。臣修不覺笑之。而臺中亦自覺其非。後數日呂大防再言。乞兩營共差一官。其所言煩碎不識事體。不可施行多類此。而臺官不自知其言不可施行。但怨朝廷沮而不行。故呂大防又言。今後臺官言事不行者。乞令中書具因何不行報臺。其忿戾如此。而怨怒之言。漸傳於士大夫間。臺官親舊有戲而激之曰。近日臺官言事。中書盡批進呈訖。外人謂御史臺爲進呈院矣。此語甚著。朝士相傳以爲戲笑。而臺官益怏怏慚憤。遂爲決去就之計。以謂因言得罪。猶足取美名。是時人主聖德恭儉。舉動無差失。兩府大臣亦各無大過。未有事可決去就者。惟濮議未定。乃曰。此好題目。所謂奇貨不可失也。於是相與力言。然是時手詔既已罷議。皇伯皇考之說俱未有適從。其他追崇禮數。又未嘗議及。朝廷於濮議未有過失。故言事者但乞早行皇伯之議而已。中書以謂前世議禮連年不決者甚多。此事體大。況人主謙抑。已罷不議。有何過舉可以論列。於是置而不問。臺官羣至中書揚言曰。相公宜早了此事。無使他人作奇貨。上亦已決意罷議。故言者雖多。一切不聽。由是臺官愈益愧恥。既勢不能止。又其本欲以言得罪而買名。故其言惟務激怒朝廷。無所忌憚。而肆爲誣罔。多引董宏朱博等事借指臣某爲首議之人。恣其醜詆。初兩制以朝廷不用其議。意已有不平。及臺憲有言。遂翕然相與爲表裏。而庸俗中下之人。不識禮義者。不知聖人重絕人嗣。凡無子者明許立後。是大公之道。但習見閭閻俚俗養過房子及異姓乞養義男之類。畏人知者皆諱其所生父母。以爲當然。遂以皇伯之議爲是。臺官既挾兩制之助。而外論又如此。因以言惑衆云。朝廷背棄仁宗恩德。崇奬濮王。而庸俗俚巷之人至相語云。待將濮王入太廟。換了仁宗木主。中外洶洶。莫可曉諭。而有識之士知皇伯之議爲非者。微有一言佑朝廷。便指爲奸邪。太常博士孫固嘗有議請稱親。議未及上。而臺官交章彈之。由是有識之士皆鉗口畏禍矣。久之。中書商量。欲共定一酌中禮數行之。以息羣論。乃略草一事目。呈進。乞依此降詔云。濮安懿王是朕本生親也。羣臣咸請封崇。而子無爵父之義。宜令中書門下以塋爲園。即園立廟。令王子孫歲時奉祠。其禮止於如此而已。乃是歲九月也。上覽之。略無難色。曰。只如此極好。然須白過太后乃可行。且少待之。是時漸近南郊。朝廷事多。臺議亦稍中息。上又未暇白太后。中書亦更不議。及郊禮既罷。明年正月。臺議復作。中書再將前所草事目進呈。乞降詔。上曰。待三兩日間白過太后。便可施行矣。不期是夕忽遣高居簡就曾公亮宅降出皇太后手諭云。濮王許皇帝稱親。又云。濮王宜稱皇。三夫人宜稱后。與中書所進詔草中事絕異。而稱皇稱后二事。上亦不曾先有宣諭。從初中書進呈詔草時。但乞上直降詔施行。初無一語及慈壽宮。而上但云。欲白過太后。然後施行。亦不云請太后降手書。此數事皆非上本意。亦非中書本意。是日韓琦以祠祭致齋。惟曾公亮趙概與臣修在垂拱殿門閤子內相顧愕然。以事出不意。莫知所爲。因請就致齋處召韓琦同取旨。少頃琦至不及交言遂同上殿琦前奏曰臣有一愚見未知可否上曰如何琦曰今太后手書三事其稱親一事可以奉行而稱皇稱后乞陛下辭免別降手詔止稱親而卻以臣等前日進呈詔草以塋爲園卽園立廟令王子孫奉祠等事便載於手詔施行上欣然曰甚好遂依此降手詔施行初中外之人爲臺官眩惑云朝廷尊崇濮王欲奪仁宗正統故人情洶洶及見手詔所行禮數止於如此皆以爲朝廷處置合宜遂更無異論惟建皇伯之議者猶以稱親爲不然而呂誨等已納告敕杜門不出其勢亦難中止遂專指稱親爲非益肆其誣罔言琦交結中官蘇利涉高居簡惑亂皇太后致降手書又專指臣修爲首議之人乞行誅戮以謝祖宗其奏章正本進入副本便與進奏官令傳布誨等既欲得罪以去故每對見所言悖慢惟恐上不怒也上亦數諭中書云誨等遇人主無復君臣之禮然上聖性仁厚不欲因濮王事遂言事官故屈意含容久之至此知其必不可留猶數遣中使還其告敕就家宣召既決不出遂各止以本官除外任蓋濮園之議自中書始初建請以至稱親立廟上未嘗有一言欲如何追崇但虛懷恭己一付大臣與有司而惟典禮是從爾其不稱皇伯欲稱皇考自是中書執議上亦無所偏執及誨等累論久而不決者蓋以上性嚴重不可輕回謂已降手詔罷議故稱伯稱考一切置而不議爾非意有所偏執也上嘗諭韓琦等云昔漢宣帝卽位八年始議追尊皇考昨中書所議何太速也以此見上意慎重不敢輕議耳豈欲過當追崇也至於中書惟稱號不敢用皇伯無稽之說欲一遵典故耳其他追崇禮數皆未嘗議及者蓋皇伯皇考稱呼猶未決而遽罷議故未暇及追崇之禮也其後所議止於卽園立廟而已如誨等廣引哀桓之事爲厚誣者皆未嘗議及也初誨等既決必去之意上屈意留之不可得趙瞻者在數人中尤爲庸下殊不識事體遂揚言於人云昨來官

家但不曾下拜留我耳。以此自誇有德色。而呂誨亦謂人曰。嚮若朝廷於臺官所言事。十行得三四。使我輩遮羞。亦不至決去。由是言之。朝廷於濮議。豈有過舉。逐臺官豈是上本意。而誨等決去。豈專爲濮議耶。士大夫但見誨等所誣之言。而不知濮事本末。不究誨等用心者。但謂以言被黜。便是忠臣。而爭爲之譽。果如誨等所料。誨等旣果以此得虛名。而薦誨等者又欲因以取名。夫揚君之惡而彰己善。猶不可。況誣君以惡而買虛名哉。嗚呼。使誨等心迹不露。而誣罔不明。先帝之志不諭於後世。臣等之罪也。故直書其實以備史官之采。

讀歐公此文。則當時所謂淸議者。其價値可以想見矣。彼建言者之意。不過欲借此以立名。但求因言得罪。則名愈高。其唯一之目的在是。而國家之利害。一切未嘗介其胸也。故惟日日搜求好題目。居之以爲奇貨。稍有可乘。則搖脣鼓舌。盈廷不得志之徒。相與爲表裏。愚民無識。從而和之。勢益洶洶。有抗之者。即指爲奸邪。務箝人之口而後已。爭之不得。則發憤而誣人私德。至謂韓魏公交結中官。謂歐陽公盜甥女。夷考當時攻韓歐之言。曰亂大倫滅人理。曰含生之類。發憤痛心。曰奸邪之人。希恩固寵。自爲身謀。害義傷孝。曰百計搜求。務爲巧飾。欺罔聖聽。支吾言者。夫韓歐二公之立身事君。其大節昭昭在人耳目。曷嘗有如言者所云云。使如所云云。則此二人之罪。不在施政之失宜。而在設心之不肖。是則眞不可以立於天地間矣。而豈其然哉。若其不然。則攻之者之設心。又居何等也。夫濮議不過皇室私事耳。曾無與天下大計。即在皇室私事中。抑其細已甚。而當時所謂士大夫者。以沽名洩憤之故。推波助瀾。無風作浪。不惜撓天下之耳目以集矢於一二任事之人。而況乎荆公之變法。其事業之重大。而不適於庸衆之耳目。有過此萬萬者乎。其一人狂吠。而舉國從而和之。固其所也。濮議之役。韓歐所爲。

無絲毫悖於義理既已若是。而言者猶指爲亂倫滅理。希恩固寵。巧飾欺罔。則夫後此之以此等種種惡名加諸荆公者。其又可信耶。以琦之耿介而得誣爲交結宦寺。以修之高尚。而得誣爲盜汚孤甥。則凡後此所以詆荆公私德者。其又可信耶。區區之濮議。其是非可一言而決者。而有一孫固欲與彼等立異。章未上。已羣指爲奸邪。則後此凡有爲新法訟直者。一切指爲奸邪。不當作如是觀耶。濮議一案。以有歐公此文。其是非曲直。尚得略傳於後。而熙豐新法。以荆公熙甯日錄被燬。後世惟見一面之辭。於是乃千古如長夜矣。哀哉。

且尤有一事極當注意者。則治平間攻濮議之人。即熙甯間攻新法之人也。荆公初參政。而首以十事劾之者。實爲呂誨。呂誨即於濮議時主持最堅首納告勅者也。攻新法最力者。范鎮范純仁。元祐初爲執政以破壞新法者。司馬光呂大防。而鎮純仁光大防皆與誨爲一氣者也。（歐公濮議未及司馬光。然當時首倡異議者實光。盈廷因而附和之耳。及誨等被黜。光抗疏乞留之。不許。遂請與俱貶。亦不許。此皆明見史册之事實也。）彼等後此之攻新法。自以爲有大不得已者存也。而後世讀史者。亦以其爲有大不已者存也。夫濮議之役。在彼輩豈不亦自以爲有大不得已者存耶。然按諸實際。則何如矣。

夫以當時朋黨之見如此其重。士大夫之競於意氣如此其烈。爲執政者。惟有實行鄉愿主義。一事不辦。闒然媚世。則庶可以自存。苟有所舉措。無論爲善爲惡。皆足以供給彼輩題目。而使居之爲奇貨。如歐公濮議所云云者。而荆公乃毅然以一身負荷。取百年苟且相沿之法度而更張之。其叢天下之謗於一身。固其宜耳。夫范文正所改革者。不過裁恩蔭之陋。嚴察吏之典。補苴時弊之一二事耳。然已盈廷訌之。僅三月而不安其位。亦幸而仁宗委任不專耳。使仁宗而能以神宗之待荆公者待范文正。則荆公之惡名。文正早尸之矣。故雖謂范文正爲未成之荆公。荆公爲已成之范文正可也。夫以當時之形勢。其萬不能不變法也既若彼。而以當時之風氣。其萬不能

變法也又若此吾於荆公不得不敬其志而悲其遇也

## 第四章　荆公之略傳

宋太傅荆國王文公諱安石字介甫臨川人今江西之撫州也父益母吳氏以眞宗天禧五年生公幼隨父宦韶州十六歲隨宦入京十九歲喪父二十一歲成進士簽淮南判官實仁宗之慶歷二年也舊制判官秩滿許獻文求試館職公獨否二十七歲調知鄞縣治鄞四年秩滿歸明年通判舒州中書劄召試館職以祖母老家貧不赴至和元年年三十四除集賢校理不赴嘉祐元年年三十六爲羣牧判官明年知常州移提點江東刑獄又明年使還報命上書仁宗言事四年提點江東刑獄五年召入爲三司度支判官六年除知制誥年四十一凡知制誥三年治平元年年四十四以母喪居江甯四年正月英宗崩神宗立三月起公知江甯府九月除翰林學士明年爲熙甯元年公年四十八四月以翰林學士越次入對熙甯二年二月以公參知政事四年同中書門下平章事七年累疏乞解機務六月以觀文殿學士知江甯府八年二月復召爲同中書門下平章事六月除尙書左僕射兼門下侍郎九年十月罷以使相判江甯府時公年五十七自熙甯元年入對後執政凡九年自是遂稱病不復起元豐元年年五十八特授開府儀同三司封舒國公領集禧觀使三年授特進改封荆國公八年三月神宗崩宣仁太后臨朝進公司空明年爲元祐元年四月公薨時年六十六贈太傅凡公罷相後居江甯又九年紹聖中諡曰文公

# 第五章　執政前之荆公（上）

古之天民者與大人者必有其所養。觀其所養。而其所樹立可知也。觀其所樹立。而其所養可知也。荆公之德量氣節事業文章。其卓越千古也若彼。則其所以養之者必素矣。吾故於其少年時代事實之有可考者略論次焉。集中有憶昨詩示諸外弟一首。蓋慶歷三年由淮南判官乞假歸省時作。讀之而公少年之經歷可概見也。詩曰。

憶昨此地相逢時。春入窮谷多芳菲。短垣囷囷冠翠嶺。躑躅萬樹紅相圍。
幽花媚草錯雜出。黃蜂白蝶參差飛。此時少壯自負恃。意氣與日爭光輝。
乘閒弄筆戲春色。脫落不省旁人譏。坐欲持此博軒冕。肯言孔孟猶寒饑。
丙子從親走京國。浮塵坌並緇人衣。明年親作建昌吏。四月挽船江上磯。
端居感慨忽自悟。青天閃爍無停暉。男兒少壯不樹立。挾此窮老將安歸。
吟哦圖書謝慶弔。坐室寂寞生伊威。材疏命賤不自揣。欲與稷契遐相希。
昊天一朝畀以禍。先子泯沒予誰依。精神流離肝肺絕。背血被面無時晞。
母兄呱呱泣相守。三載厭食鍾山薇。屬聞降詔起羣彥。遂自下國趨王畿。
刻章琢句獻天子。釣取薄祿歡庭闈。身著青衫手持版。奔走卒歲官淮沂。
淮沂無山四封庳。獨有廟塔尤峨巍。時時憑高一悵望。想見江南多翠微。
歸心動盪不可抑。霍若猛吹翻旌旗。騰書漕府私自列。仁者惻隱從其祈。

暮春三月亂江水　勁櫓健帆如轉機。　還家上堂拜祖母。　奉手出涕縱橫揮。
出門信馬向何許。　城郭宛然相識稀。　永懷前事不自適。　卻指舅館排山扉。
當時髫兒戲我側。　於今冠佩何頎頎。　況復邱樊滿秋色。　蜂蝶摧藏花草腓。
令人感嗟千萬緒。　不忍倉卒回驂騑。　留當開尊強自慰。　邀子劇飲毋予違。

此不啻公二十三歲以前自述之小傳也。其天性孝友之純篤。固益然溢於楮墨間。而所謂欲與稷契遐相希者。蓋自弱冠時而所志固已立矣。

荆公之學。不聞其所師授。蓋身體力行。深造而自得之。而輔仁之友。則亦有焉。今刺取集中書序往還論學言志者次錄之。其於公所養。可見一斑也。

夫君子有窮苦顚跌。不肯一失詘己以從時者。不以時勝道也。故其得志於君。則變時而之道若反手然。彼其術素修而志素定也。(送孫正之序)

予材性生古人下。學又不能力。又不得友以相鐫切以入於道德。予其或者歸而爲塗之人而已耶。……自予之得通叔。然後知聖人戶庭可策而入也。是不惟喻於其言而已。蓋觀其行而得焉者爲多。(李通叔哀辭)

某愚不識事務之變。而獨古人是信。聞古有堯舜也者。其道大中至正常行之道也。得其書閉門而讀之。不知憂樂之存乎已也。穿貫上下。浸淫其中。小之爲無間。大之爲無厓岸。要將一窮之而已。(上張太傅書)

方今亂俗。在學士大夫。沈沒利欲。以言相尙。不知自治而已。(答曾子固書)

天下之變故多矣。而古之君子。辭受取舍之方不一。彼皆內得於己。有以待物。而非有待於物也。非有待於物。

故其迹時若可疑。有以待物。故其心未嘗有悔也。若是者。豈以夫世之毀譽者槩其心哉。若某者不足以望此。而私有志焉。(答李資深書)

學足乎己。則不有知於上。必有知於下。不有傳於今。必有傳於後。不幸而不見知於上下。而不傳於今又不傳於後。古之人猶不憾也。知我者其天乎。此乃易所謂知命也。命者非獨貴賤死生爾。萬物之廢興皆命也。孟子曰。君子行法以俟命而已。(答史諷書)

夫君子之學。固有志於天下矣。然先吾身而後人。吾身治矣。而人之治不治。係吾得志與否耳。身猶屬於命。天下之治。其可以不屬於命乎。孔子曰。不知命。無以爲君子。又曰。道之將行也與。命也。道之將廢也與。命也。孔子之說如此。而或者以爲孔子之學。汲汲以憂世者。惑也。惑於此而進退之行。不得於孔子者有之矣。……吾獨以爲聖人之心。未始有憂。有難予者曰。然則聖人忘天下矣。曰。是不忘天下也。否之象曰。君子以儉德避難。不可榮以祿。初六曰。拔茅茹以其彙貞吉。象曰。拔茅貞吉。志在君也。在君者。不忘天下也。不可榮以祿者。知命也。吾雖不忘天下。而命不可必合。憂之。其能合乎。……孔子所以極其說於知命不憂者。欲人知治亂有命。而進不可以苟。則先王之道得伸也。世有能諭知命之說。而不能重進退者。由知及之。仁不能守之也。始得足下文。特愛足下之才耳。既而見足下衣刓履缺。坐而語。未嘗及己之窮。退而詢。足下終歲食不葷。不以絲忽妄售於人。世之自立如足下者有幾。吾以爲知及之。仁又能守之。故以某之所學報足下。(與王逢原書)

集中言論似此者尚多。今不悉錄。錄其尤者。嘗跡荆公一生立身事君之本末。進以禮。退以義。其蚤歲貧苦患難。曾不以攖其胸。能卓然自立。以窮極古今之學。而致之用。其得君而以道易天下。致命遂志而不悔。其致爲臣而歸。則又澹然若與世相忘。記所謂素位而行。不願乎外。無入而不自得者。公當之矣。及讀此諸篇。然後知公之學。蓋大有本原在。其大旨在知命。而又歸於行法以俟命。故其生平高節畸行。乃純任自然。非强而致。而功名事業。亦視爲性分所固然。而不以一毫成敗得失之見雜其間。此公之所以爲公也。

公固守道自重。不汲汲於用世。而玉蘊山輝。不能自閟。賢士大夫稍稍知之。而樂稱道之。其交公最蚤者。則曾鞏也。鞏與歐陽修書云。

鞏之友有王安石者。文甚古。行稱其文。雖已得科名。然居今知安石者尚少也。彼誠自重。不願知於人。然如此人古今不常有。今時所急。雖無常人千萬。不害也。顧如安石。此不可失也。

而陳襄上薦士書。以之與胡瑗等並舉。稱其才性賢明。篤於古學。文辭政事。已著聞於時。皇祐三年。宰臣文彥博。遂以之與韓維共薦。於是有集賢院校理之命。嘉祐元年。歐陽修又以之與包拯張瓌呂公著三人共薦。稱其學問文章。知名當世。守道不苟。自重其身。議論通明。兼有時才之用。所謂無施不可者。自是徵辟屢至。然安於小吏。不肯就職。非故爲恬退。亦有取於素位之義而已。

（考異一）宋史本傳稱曾鞏攜安石文示歐陽修。修爲之延譽。擢進士上第。　今按此妄語也。鞏上修書。有先生使河北之語。其事在慶歷六年。而公之成進士。在慶歷四年。且書中明有已得科名之語。則公之得第。非藉揄揚甚明。宋史開口便誣。何以示信。

（考異二）本傳又云。安石本楚士。未知名於中朝。以韓呂二族爲巨室。欲藉以取重。乃深與韓絳絳弟維及呂公著三人交。三人更稱揚之。名始盛。　今按此又妄語也。陳襄當皇祐間已稱公文辭政事。著聞於時。

歐公亦言學問文章。知名當世。而韓維者。則文潞公以之與公同薦者也。呂公著者。又歐陽公以之與公同薦者也。然則韓呂安能重公。而公亦安藉韓呂以爲重哉。夫自皇祐以及熙甯二十年間。公聲名滿天下。若范文正公富鄭公韓魏公曾魯公皆交相延譽。見於本集及其他記載者班班可考。而本傳曾不道及。乃至並文歐二公之薦剡而沒之。一若有損諸君子知人之明者。徒曰藉韓呂以爲重而已。毀人者何所不用其極耶。吾所以嘵嘵辨此者。以公之名節高一世。卽其沒後而反對黨魁之溫公。猶稱道之（見下）今如宋史所記。則一干祿無恥之小人。而其居恆所謂知命守道者。皆飾說以欺人矣。此大有玷於公之人格。雖欲勿辨。烏得已也。

（考異三）荆公少年交友甚少。曾子固稱其不願知於人。而公答孫少述書。亦言「某天禀疏介。生平所得。數人而已。兄素固知之。置此數人。復欲强數。指不可詘」由此觀之。公之寡交可見。而俗史乃有公與濂溪交涉一事。是又不可以不辨。　羅景綸鶴林玉露云。荆公少年。不可一世士。獨懷刺候濂溪。三及門而三辭焉。荆公恚曰。吾獨不可自求諸六經乎。乃不復見。　度正撰周濂溪年譜云。嘉祐五年。先生年四十四。東歸時。王介甫爲江東提點刑獄。年三十九。已號通儒。先生遇之。與語連日夜。介甫退而精思。至忘寢食。（此說本邢恕。恕程氏門人也）今按此兩說者。一言不見。一言已見。既相矛盾。豈荆公少年既恚其不得見。及年至四十。又及其門而求見耶。抑濂溪始焉三辭之不見。而繼焉且復自往見之耶。一何可笑。不知兩說皆妄也。考濂溪不過長荆公五歲。以爲少年。則俱少年耳。卽云荆公求友心切。亟欲見濂溪。而濂溪以彼此同在求學之時。何得妄自尊大若此。豈孔子之與孺悲耶。且濂溪既未見荆公。以一向學之少年。何由望名刺而知其不可與語。濂溪果若此。尙得爲人耶。況按諸兩家年譜。蓋終身無從有遇合之地。濂溪以天禧元年生道州。天聖九年。年十五。父卒。從母入京師依舅氏。則自十五以前皆在道州也。景祐四年。母卒。葬潤州。康定元年。年二十四。起洪州分甯縣主簿。始入江西。荆公生天禧五年。幼隨父宦韶州。其憶昨書曰丙子從親走京國。則年十六也。明年親作建昌吏。則年十七至江甯矣。寶元二年。父卒。在江甯居喪。詩所謂三年厭食鍾山薇也。慶歷二年。年二十二。成進士。官淮南。而濂溪已先二年官分甯。是二人當少年時。未嘗一日相値。羅氏之說。從何而來。嘉祐三年。荆公自常州移提點江東刑獄。四年。年三十九。五年五月召入爲三司度支判官。而濂溪於是年六月解合州簽事歸京師。則荆公已去江東。而年亦四十矣。以爲二人相遇於江東。其年與地皆不合。而邢氏度氏之說。從何而來。彼講學之徒之造爲此說者。欲借荆公以重濂溪耳。若夫濂溪之見不見。則何足爲荆公輕重。而吾猶辨之不憚詞費者。凡以見當時之所以誣詆荆公者。肆無忌憚。乃至毫無影響之事。而言之若鑿鑿焉。則其他之不可信。皆類是矣。而眞事實之被抹煞。而不可見者。又何限哉。

## 第六章　執政前之荆公（中）

世之論者。每以荆公屢辭館職。不赴。及其後除翰林學士。乃一召卽應。謂其本熱心富貴。前此不過矯情繳譽。待養望既久。一躍而致大位。嗚呼。何其不考情實。而效舞文之吏鍛鍊以入人罪耶。荆公之出處。其自審之固甚審。且熟。用世固其本志也。然素位而行。又其學養之大原也。如謂薄館職而不爲。則州縣小吏。其汙賤更甚。而曷爲安之。匪直安之。而且求之耶。徒以家貧親老。不得不爲祿仕。故不惜自汙以行其心之所安云爾。及除學士時。則老母已逝。家計稍足以自贍。故遂應之而不辭。則所處者有以異乎前故也。故吾論荊公之立身。與其謂之似伯夷。毋甯謂之似柳下惠。而惡公者猶竊竊然議之。抑豈不過甚已哉。今刺取集中一二文以證吾言

其皇祐三年乞免就試狀云。

准中書箚子奉聖旨依前降指揮發來赴闕就試者。伏念臣祖母年老。先臣未葬。弟妹當嫁。家貧口衆。難住京師。比嘗以此自陳。乞不就試。慢廢朝命。尙宜有罪。幸蒙寬赦。卽賜聽許。不圖遜事之臣。更以臣爲恬退。令臣無葬嫁奉養之急。而逡巡辭避。不敢當淸要之選。雖曰恬退可也。今特以營私家之急。擇利害而行。謂之恬退非臣本意。兼臣罷縣守闕。及今二年有餘。老幼未嘗甯宇。方欲就任。卽令赴闕。實於私計有妨。伏望聖慈。察臣本意。止是營私。特寢召試指揮。且令終滿外任。

此其初辭徵召之作也。因文彥博薦公有恬退之語。故云云。（潞公薦書云文館之職士人所欲而安石恬然自守未易多得）前乎此者。有慶歷七年上相府書。後乎此者。有至和元年辭集賢校理狀二篇。嘉祐元年上執政書。上歐陽永叔書。二年上曾參政書。三年上富相公書。其措詞大率類此。匪惟孝友之篤。溢於言表。其所以自處者。亦綽然不愧古人。而必以矯情目之。抑何好誣。一至是耶。抑公之不卑小官。爲出於萬不得已。更嘗自言之矣。曰。

某不思其力之不任也。而惟孔子之學。操行之不得取正於孔子焉而已。宦爲吏非志也。竊自比古之爲貧者。

（答王該書）

某常以今之仕進。爲皆詘道而信身者。顧有不得已焉者。捨爲仕進則無以自生。捨爲仕進而求其所以自生。

其詘道有甚焉此固某之亦不得已焉者獨嘗爲進說以勸得已之士焉得已而已焉者未見其人也（答張幾書）

由此觀之則伊尹耕莘遭遇成湯而後起者公之志也顧己不能則公之所以自貶於流俗者既已多矣而後之人猶竊竊焉議之獨何心哉

孔子爲委吏則求會計之當爲乘田則務牛羊之茁惟公亦然雖其心所不欲就者夫既已就之矣則忠於其職而不肯以一毫苟且行之此公之學所以爲不欺也公所至有治績而宰鄞時爲尤著本傳稱其起堤堰決陂塘爲水陸之利貸穀與民立息以償俾新陳相易邑人便之此卽後此執政時農田水利青苗諸法而小試諸一邑者也集中有鄞縣經游記上杜學士論開河書上孫司諫書等皆可見治鄞政績之一斑今不具錄明嘉靖閒陳九川之敍公文集也曰公嘗令鄞邑稱循吏而廟食焉民至今神之其繫民去思數百年而未沬也若此則公之道德政治其有以致之矣

荆公實行之人非好言之人也顧其執政以前之政論亦往往散見集中今錄一二資觀覽焉亦以見公之所懷抱也其與馬運判書云

方今之所以窮空不獨費出之無節又失所以生財之道故也富其家者資之國富其國者資之天下欲富天下則資之天地蓋爲家者不爲其子生財有父之嚴而子富焉則何求而不得今闔門而與其子市而門之外莫入焉雖盡得子之財猶不富也蓋近世之言利雖善矣皆有國者資天下之術耳直相市於門之內而已此其所以困與

嗚呼。此其言。何其與今世經濟學財政學原理相脗合之甚耶。荆公理財之政策。具於是矣。而後世乃以聚斂之臣目之。抑何其與公之精神適相反耶。集中尚有議茶法一篇。論榷茶之當廢。有上運使孫司諫書一篇。言官賣鹽之不可行。此則雖以今日之財政家。猶當采取者也。而論者乃以桑孔之徒同類而並非之何也。

有詩數章。亦自言其財政意見者。今錄之。

先王有經制。頒賚上所行。後世不復古。貧窮主兼幷。非民獨如此。
爲國賴以成。築臺尊寡婦。入粟至公卿。我嘗不忍此。願見井地平。
大意苦未就。小官苟營營。三年佐荒州。市有棄餓嬰。駕言發富藏。
云以救鰥惸。崎嶇山谷間。百室無一盈。鄉豪已云然。罷弱安可生。
茲地昔豐實。土沃人良耕。他州或呰窳。貧富不難評。豳詩出周公。
根本詎宜輕。願書七月篇。一寤上聰明。(右發廩)

三代子百姓。公私無異財。人主擅操柄。如天持斗魁。賦予皆自我。
兼幷乃姦回。姦回法有誅。勢亦無自來。後世始倒持。黠首遂難裁。
秦王不知此。更築懷清臺。禮義日已偷。聖經久堙埃。法尚有存者。
欲言時所咍。俗吏不知方。掊克乃爲材。俗儒不知變。兼幷可無摧。
利孔至百出。小人私闔開。有司與之爭。民更可憐哉。(右兼幷)

婚喪孰不供。貸錢免爾縈。耕收孰不給。傾粟助之生。物贏我收之。

物窘出使營。　後世不務此。　區區挫兼幷。（右寓言）

右發廉兼幷二首。其所持說。蓋有近於今世所謂社會主義。其可行與否。次章別論之。其寓言一首。則後此青苗均輸諸法所本也。

其省兵一首云。

有客語省兵。　省兵非所先。　方今將不擇。　獨以兵乘邊。　前攻已破散。
後距方完堅。　以衆亢彼寡。　雖危猶幸全。　將旣非其才。　議又不得專。
兵少敗孰繼。　胡來飲秦川。　萬一雖不爾。　省兵當何緣。　驕惰習已久。
去歸豈能田。　不田亦不桑。　衣食猶兵然。　省兵豈無時。　施置有後前。
王功所由起。　古有七月篇。　百官勤儉慈。　勞者已息肩。　游民慕草野。
歲熟不在天。　擇將付以職。　省兵果有年。

此荆公對於當時兵政之意見也。其後執政。一一行之。如其言。

其材論云。

天下之患。不患才之不衆。患上之人不欲其衆。不患士之不欲爲。患上之人不使其爲也。夫材之用。國之棟梁也。得之則安以榮。失之則亡以辱。然上之人不欲其衆不使其爲者何也。是有三蔽焉。其尤蔽者。以爲吾之位可以去辱絕危。終身無天下之患。材之得失。無補於治亂之數。故偃然肆吾之志。而卒入于敗亂危辱。此一蔽也。又或以謂吾之爵祿富貴足以誘天下之士。榮辱憂戚在我。吾可以坐驕天下之士。將無不趨我者。則亦卒入于敗亂危辱而已。此亦一蔽也。又或不求所以養育取用之道。而諰諰然以爲天下實無材。則亦卒入于敗亂危辱而已。此亦一蔽也。此三蔽者。其爲患則同。然而用心非不善而猶可以論其失者。獨以天下爲無材者耳。蓋其心非不欲用天下之材。特未知其故也。且夫人之有材能者。其形何以異于人哉。惟其遇事而事治。畫策而利害得。治國而國安利。此其所以異于人也。上之人苟不能精察之。審用之。則雖抱臯夔稷契之智。且不能自異于衆。況其下者乎。世之蔽者方曰。人之有異能于其身。猶錐之在囊。其末立見。故未有有其實而不可見者也。此徒有見於錐之在囊。而固未覩夫馬之在廐也。駑驥雜處。飲水食芻。嘶鳴蹄齧。求其所以異者蔑矣。及其引重車。取夷路。不屢策。不煩御。一頓其轡而千里已至矣。當是之時。使駑馬並驅。則雖傾輪絕勒。敗筋傷骨。不舍晝夜而追之。遼乎其不可以及也。夫然後騏驥騕褭與駑駘別矣。古之人君知其如此。故不以天下爲無材。盡其道以求而試之。試之之道。在當其所能而已。夫南越之修簳。鏃以百鍊之精金。羽以秋鶚之勁翮。加强弩之上。而彍之千步之外。雖有犀兕之悍。無不立穿而死者。此天下之利器。而決勝覿武之所寶也。然用以敲朴。則無以異于朽槁之梃。是知雖得天下之瑰材傑智。而用之不得其方。亦若此矣。古之人君知其如此。于是銖量其能而審處之。使大者小者長者短者强者弱者。無不適其任者焉。如是則士之愚蒙鄙陋者。皆能奮其所知以効小事。況其賢能智力卓犖者乎。嗚呼。後之在位者。蓋未嘗求其說而試之以實也。而坐曰天下果無材。亦未之思而已矣。或曰。古之人於材有以教育成就之。而子獨言其求而用之者。何也。曰。天下法度未立之先。必先索天下之材而用之。如能用天下之材。則能復先王之法度。能復先王之法度。則天下之小事。無不如先王時矣。況教育成就人材之大者乎。此吾所以獨言求而用之之道也。(後略)

此公之政論言用人者也。

以上所錄。不過公生平懷抱之一斑。然其後此之設施。固已略見矣。

## 第七章　執政前之荊公（下）

荊公於仁宗嘉祐三年。提點江東刑獄。使還報命。乃上書言事。此書雖謂公之政見宣言書可也。後世承學之士稍治國聞者。慮無不嘗誦公此書。今不避習見更全錄之。略爲疏解。備論古經世者省覽焉。

臣愚不肖。蒙恩備使一路。今又蒙恩召還闕廷。有所任屬。而當以使事歸報陛下。不自知其無以稱職。而敢緣使事之所及。冒言天下之事。伏惟陛下詳思而擇處其中。幸甚。竊觀陛下有恭儉之德。有聰明睿智之才。夙興夜寐。無一日之暇。聲色狗馬觀游玩好之事。無纖介之蔽。而仁民愛物之意。孚於天下。而又公選天下之所願以爲輔相者屬之以事。而不貳於讒邪傾巧之臣。此雖二帝三王之用心。不過如此而已。宜其家給人足。天下大治。而效不至於此。顧內則不能無以社稷爲憂。外則不能無懼於夷狄。天下之財力日以困窮。而風俗日以衰壞。四方有志之士。諰諰然常恐天下之久不安。此其故何也。患在不知法度故也。今朝廷法嚴令具。無所不有。而臣以謂無法度者。何哉。方今之法度。多不合乎先王之政故也。孟子曰。有仁心仁聞。而澤不加於百姓者。爲政不法於先王之道故也。以孟子之說。觀方今之失。正在於此而已。夫以今之世。去先王之世遠。所遭之變。所遇之勢不一。而欲一一修先王之政。雖甚愚者猶知其難也。然臣以謂今之失。患在不法先王之政者。以謂當法其意而已。夫二帝三王相去蓋千有餘載。一治一亂。其盛衰之時具矣。其所遭之變。所遇之勢。亦各不同。

其施設之方亦皆殊。而其爲天下國家之意。本末先後。未嘗不同也。臣故曰。當法其意而已。法其意。則吾所改易更革。不至乎傾駭天下之耳目囂天下之口。而固已合乎先王之政矣。

（按）今世言政者。必曰法治國。夫國固未有舍法而能以爲治者也。而中國儒者諱言之。惟以守祖宗成法自文。彼其所謂祖宗成法者何。襲前代之舊而已。前代又襲前代之舊而已。數千年來。一邱之貉。因陋就簡。每下愈況。其以政治家聞於後者。不過就現有之法。綜核名實而已。更上焉者。補苴罅漏而已。其一倡變法之議者。惟漢之董子。其言曰。若琴瑟不調。甚者必改絃而更張之。乃可鼓也。似矣。夷考其條理。則僅在改正朔易服色。夫正朔服色之細故。必非有關於治道。甚易明也。故董子非眞能變法之人。而漢武之志不及此。又無論也。自茲以往。則更未聞有人焉能以制法之業毅然自任者也。蓋由以至誠惻怛之心憂國家者。既曠世不一見。卽或有之。而識不足以及此。彼其於國家之性質。蓋未之知。曰國家者則君主而已。凡法度皆爲君主而立也。夫使法度爲君主而立。則以數千年霸者之所經驗。固已日趨完備矣。其不必改絃而更張之也亦宜。嗚呼。三代上勿具論。秦漢以後。其能知國家之性質。至誠惻怛以憂國家者。荆公一人而已。其憂之也旣誠。痛心疾首於國家之淹滯而不進化。國民之顚頷而不發達。反覆以求其故。若窮河源以達於星宿海。於是敢爲一言以斷之曰。患在不知法度故也。嗚呼盡之矣。雖然。論者或以公之誦法先王也。則或疑之爲保守家理想家。而不達於今世之務者。顧公不云乎。法先王者法其意而已。以今世術語解之。則公之所謂先王。非具體的之先王。而抽象的之先王也。更質言之。則所謂先王之意者。政治上之大原理原則而已。夫公之變法。誠非欲以傾駭天下之耳目囂天下之口者。而竟駭焉囂焉。則非公之罪矣。

雖然。以方今之世揆之。陛下雖欲改易更革天下之事。合於先王之意。其勢必不能也。陛下有恭儉之德。有聰明睿智之才。有仁民愛物之意。誠加之意。則何爲而不成。何欲而不得。然而臣顧以謂陛下雖欲改易更革天下之事合於先王之意其勢必不能者何也。以方今天下之人才不足故也。臣嘗試竊觀天下在位之人。未有乏于此時者也。夫人才乏于上。則有沈廢伏匿在下而不爲當時所知者矣。臣又求之於閭巷草野之間。而亦未見其多焉。豈非陶冶而成之者非其道而然乎。臣以謂方今在位之人才不足者。以臣使事之所及則可知矣。今以一路數千里之間。能推行朝廷之法令。知其所緩急。而一切能使民以修其職事者甚少。而不才苟簡貪鄙之人。至不可勝數。其能講先王之意以合當時之變者。蓋闔郡之間往往而絕也。朝廷每一令下。其意雖善。在位者猶不能推行使膏澤加於民。而吏輒緣之爲奸。以擾百姓。臣故曰在位之人才不足。而草野閭巷之間亦未見其多也。夫人才不足。則陛下雖欲改易更革天下之事以合先王之意。大臣雖有能當陛下之意而欲領此者。九州之大。四海之遠。孰能稱陛下之旨以一二推行此而人人蒙其施者乎。臣故曰其勢必未能也。孟子曰。徒法不能以自行。非此之謂乎。然則方今之急。在於人才而已。誠能使天下之才衆多。然後在位之才可以擇其人而取足焉。在位者得其才矣。然後稍視時勢之可否。而因人情之患苦。變更天下之弊法。以趨先王之意甚易也。

（按）法治固急矣。然行法者人也。制法者亦人也。故公既以法度爲本原。又以人才爲本原之本原。夫法治國固以大多數之人民爲元氣者也。此公之意也。

今之天下。亦先王之天下。先王之時。人才嘗衆矣。何至于今而獨不足乎。故曰陶冶而成之者非其道故也。商之時。天下嘗大亂矣在位貪毒禍敗皆非其人。及文王之起。而天下之才嘗少矣。當是時。文王能陶冶天下之士而使之皆有士君子之才然後隨其才之所有而官使之詩曰豈弟君子遐不作人。此之謂也。及其成也微賤兎罝之人。猶莫不好德。兎罝之詩是也又況於在位之人乎夫文王惟能如此故以征則服以守則治詩曰奉璋峨峨。髦士攸宜。又曰周王于邁。六師及之。言文王所用文武各得其材而無廢事也。及至夷厲之亂天下之才又嘗少矣。至宣王之起。所與圖天下之事者。仲山甫而已。故詩人歎之曰。德輶如毛維仲山甫舉之愛莫助之。蓋閔人士之少。而山甫之無助也宣王能用仲山甫推其類以新美天下之士而後人才復衆於是內修政事外討不庭。而復有文武之境土。故詩人美之曰薄言采芑於彼新田於此菑畝言宣王能新美天下之士使之有可用之才。如農夫新美其田。而使之有可采之芑也由此觀之人之才未嘗不自人主陶冶而成之者也。

（按）是說也。近世曾文正公宗之而加引申焉。其言曰『今之君子之在勢者。輒曰天下無才。彼自尸於高明之地不克以己之所嚮轉移習俗而翻謝曰無才謂之不誣可乎十室之邑有好義之士其智足以移十人者。必能拔十人中之尤者而才之其智足以移百人者。必能擇百人中之尤者而才之。然則轉移習俗而陶鑄一世之人。非特處高明之地者然也。凡一命之上。皆與有責焉者也。』其言更博深切明矣。顧公之此論獨以陶冶之責歸諸人主何也。非徒以其所與語者爲人主而已私人陶冶之範圍狹而人主則廣私人陶冶之效力緩而人主則疾故不居高明之位而勉其責云者。不得已而思其次耳慰情聊勝於無耳若夫欲發揚一國之人才而挾之以趨道固莫有捷於開明專制者。此俾斯麥所造於德國者如彼。而曾文正所造於中國者僅如此也。

所謂陶冶而成之者何也。亦教之養之取之任之有其道而已。所謂教之之道何也。古者天子諸侯。自國至於鄉黨。皆有學。博置教導之官而嚴其選。朝廷禮樂政刑之事。皆在於學。士所觀而習者。皆先王之法言德行治天下之意。其材亦可以爲天下國家之用。苟不可以爲天下國家之用。則不教也。苟可以爲天下國家之用者。則無不在於學。此教之之道也。所謂養之之道何也。饒之以財。約之以禮。裁之以法也。何謂饒之以財。人之情不足於財。則貪鄙苟得無所不至。先王知其如此。故其制祿自庶人之在官者。其祿已足以代其耕矣。由此等而上之。每有加焉。使其足以養廉恥而離於貪鄙之行。猶以爲未也。又推其祿以及其子孫。謂之世祿。使其生也既於父母兄弟妻子之養。婚姻朋友之接。皆無憾矣。其死也。又於子孫無不足之憂焉。何謂約之以禮。人情足於財而無禮以節之。則又放僻邪侈無所不至。先王知其如此。故爲之制度。婚喪祭養燕享之事。服食器用之物。皆以命數爲之節。而齊之以律度量衡之法。其命可以爲之。而財不足以具。則弗具也。其財可以具。而命不得爲之者。不使有銖兩分寸之加焉。何謂裁之以法。先王於天下之士。教之以道藝矣。不帥教則待之以屏棄遠方終身不齒之法。約之以禮矣。不循禮則待之以流殺之法。王制曰。變衣服者其君流。酒誥曰。厥或誥曰。羣飲汝勿佚。盡執拘以歸於周。予其殺。夫羣飲變衣服。小罪也。流殺。大刑也。加小罪以大刑。先王所以忍而不疑者。以爲不如是不足以一天下之俗而成吾治。夫約之以禮。裁之以法。天下所以服從無抵冒者。又非獨其禁嚴而治察之所能致也。蓋亦以吾至誠懇惻之心。力行而爲之倡。凡在左右通貴之人。皆順上之欲而服行之。有一不帥者。法之加必自此始。夫上以至誠行之。而貴者知避上之所惡矣。則天下之不罰而止者衆矣。故曰此養之之道也。所謂取之之道者何也。先王之取人也。必於鄉黨。必於庠序。使衆人推其所謂賢能。書之以告於上而察之。誠賢能也。然後隨其德之大小才之高下而官使之。所謂察之者。非專用耳目之聰明。而聽私於一人之口也。欲審知其德問以行。欲審知其才問以言。得其言行。則試之以事。所謂察之者。試之以事是也。雖堯之用舜。不過如此而已。又況其下乎。若夫九州之大。四海之遠。萬官億醜之賤。所須士夫之才則衆矣。有天下者又不可以一一自察之也。又不可偏屬於一人而使之於一日二日之間試其能行而進退之也。蓋吾已能察其才行之大者。以爲大官矣。因使之取其類。以持久試之。而考其能者以告於上。而後以爵命祿秩予之而已。此取之之道也。所謂任之之道者何也。人之才德。高下厚薄不同。其所任有宜有不宜。先王知其如此。故知農者以爲后稷。知工者以爲共工。其德厚而才高者以爲之長。德薄而才下者以爲之佐屬。又以久於其職。則上狃習而知其事。下服馴而安其敎。賢者則其功可以至於成。不肖者則其罪可以至於著。故久其任而待之以考績之法。夫如此。故智能才力之士。則得盡其智以赴功。而不患其事之不終其功之不就也。偷惰苟且之人。雖欲取容於一時。而顧僇辱在其後。安敢不勉乎。若夫無能之人。固知辭避而去矣。居職任事之日久。不勝任之罪。不可以幸而免故也。彼且不敢冒而知辭避矣。尚何有比周讒諂爭進之人乎。取之既已詳。使之既已當。處之既已久。至其任之也又專焉。而不一一以法束縛之。而使之得行其意。堯舜之所以理百官而熙衆工者。以此而已。書曰。三載考績。三考黜陟幽明。此之謂也。然堯舜之時。其所黜者則聞之矣。蓋四凶是也。其所陟者。則皋陶稷契皆終身一官而不徙。蓋其所謂陟者。特加之爵命祿賜而已耳。此任之之道也。夫敎之養之取之任之之道如此。而當時人君。又能與其大臣。悉其耳目心力。至誠惻怛。思念而行之。此其人臣之所以無疑。而於天下國家之事。無所欲為而不得也。

（按）公所言教育之當興。官吏之當久任等。稍知治體者。蓋不能持異說。無俟發明。獨其論裁之以法。而引加小罪以大刑。則有疑其持申商之術。操之過切者。則甚矣其闇於政治之原理也。夫國家之對於人民。有命令服從之關係者也。其統治權至尊無上而不可抗者也。非惟專制國有然。卽立憲國亦有然。夫苟不可行者。則勿著為令已耳。既著為令而可以不行。則是瀆國家之神聖也。後此元祐諸君子。以阻撓新法貶謫遷徙。而積怨發憤於荆公。曾亦思管子之治齊也。曰虧令者死。益令者死。不行令者死。留令者死。不從令者死。荆公之所以失敗。正坐姑息。不能踐此書之言而已。

方今州縣雖有學。取牆壁具而已。非有教導之官。長育人才之事也。唯太學有教導之官。而亦未嘗嚴其選。朝廷禮樂刑政之事。未嘗在於學。學者亦漠然自以禮樂刑政為有司之事。而非己所當知也。學者之所教。講說章句而已。講說章句。固非古者教人之道也。近歲乃始教之以課試之文章。夫課試之文章。非博誦強學。窮日之力則不能。及其能工也。大則不足以用天下國家。小則不足以為天下國家之用。故雖白首於庠序。窮日之力以帥上之教。乃使之從政。則茫然不知其方者。皆是也。蓋今之教者。非特不能成人之才而已。又從而困苦毀壞之。使不得成材者。何也。夫人之才。成於專而毀於雜。故先王之處民才。處工於官府。處農於畎畝。處商賈於肆。而處士於庠序。使各專其業。而不見異物。懼異物之足以害其業也。所謂士者。又非特使之不得見異物而已。一示之以先王之道。而百家諸子之異說。皆屏之而莫敢習者焉。今士之所宜學者。天下國家之用也。今悉使置之不教。而教之以課試之文章。使其耗精疲神。窮日之力以從事於此。及其任之以官也。則又悉使置之而責之以天下國家之事夫古之人以朝夕專其業於天下國家之事而猶才有能有不能今乃移其精神奪其日力以朝夕從事於無補之學及其任之以事然後卒然責之以爲天下國家之用宜其才之足以有爲者少矣臣故曰非特不能成人之才又從而困苦毀壞之使不得成材也

(按)後之論者或以八股取士濫觴荆公而因以爲罪噫抑何其誣公之甚耶夫公以謂養士必於學校其言明白如此其初政猶不廢制舉者則學校未普及時勢不得不然也此於下方更論之

又有甚害者先王之時士之所學者文武之道也士之才有可以爲公卿大夫有可以爲士其才之大小宜不宜則有矣至於武事則隨其才之大小未有不學者也故其大者居則爲六官之卿出則爲六軍之將也其次則比閭族黨之師亦皆卒兩師旅之帥也故邊疆宿衞皆得士大夫爲之而小人不得奸其任今之學者以爲文武異事吾知治文事而已至於邊疆宿衞之任則推而屬之於卒伍往往天下姦悍無賴之人苟其才行足以自託於鄉里者亦未有肯去親戚而從召募也邊疆宿衞此乃天下之重任而人主之所當愼重者也故古者教士以射御爲急其他技能則視其人才之所宜而後教之其才之所不能則不强也至於射則爲男子之事人之生有疾則已苟無疾未有去射而不學者也在庠序之間固當從事於射也有賓客之事則以射有祭祀之事則以射別士之行同能偶則以射於禮樂之事未嘗不寓以射而射亦未嘗不在於禮樂祭祀之間也易曰弧矢之利以威天下先王豈以射爲可以習揖讓之儀而已乎固以爲射者武事之尤大而威天下守國家之具也居則以是習禮樂出則以是從戰伐士既朝夕從事於此而能者衆則邊疆宿衞之任皆可以擇而取也夫士嘗學先王之道其行義嘗見推於鄉黨矣然後因其才而託之以邊疆宿衞之事此古之人君所以

推干戈以屬之人而無內外之虞也今乃以天下之重任人主所當至愼之選推而屬之姦悍無賴才行不足自託於鄉里之人此方今所以諰諰然常抱邊疆之憂而虞宿衞之不足恃以爲安也今孰不知邊疆宿衞之士不足恃以爲安哉顧以爲天下學士以執兵爲恥而亦未有能騎射行陳之事者則非召募之卒伍孰能任其事者乎夫不嚴其敎高其選則士之以執兵爲恥而未嘗有能騎射行陳之事固其理也凡此皆敎之非其道故也

(按)此公所持國民皆兵之主義今世東西諸國罔不由此道以致强而我中國自秦漢迄今二千年前夫公者後夫公者無一人能見及者也而其導國民以尚武也必在於學校與今世學校之特重體育者又何其相脗合耶中國之賤兵久矣而自宋以還其賤彌甚在募兵制度之下而欲兵之不賤是適燕而南其轅也夫公所謂以天下重任屬之姦悍無賴才行不足自託於鄉里之人而天下學士以執兵爲恥者今猶昔也世無荆公而一洒此痼在何日哉

方今制祿大抵皆薄自非朝廷侍從之列食口稍衆未有不兼農商之利而能充其養者也其下州縣之吏一月所得多者錢八九千少者四五千以守選待除守闕通之蓋六七年而後得三年之祿計一月所得乃實不能四五千少者乃實不能及三四千而已雖廝養之給亦窘於此矣而其養生喪死婚姻葬送之事皆當於此夫出中人之上者雖窮而不失爲君子出中人之下者雖泰而不失爲小人唯中人不然窮則爲小人泰則爲君子計天下之士出中人之上下者千百而無十一窮而爲小人泰而爲君子者則天下皆是也先王以爲衆不可以力勝也故制行不以己而以中人爲制所以因其欲而利道之以爲中人之所能守則其志可以行於

天下而推之後世。以今之制祿。而欲士之無毀廉恥。蓋中人之所不能也。故今官大者往往交賂遺營貲產以負貪汚之毀。官小者販鬻乞丐無所不爲。夫士已嘗毀廉恥以負累於世矣。則其偷惰取容之意起。而矜奮自强之心息。則職業安得而不弛。治道何從而興乎。又况委法受賂侵牟百姓者。往往而是也。此所謂不能饒之以財也。婚喪奉養服食器用之物。皆無制度以爲之節。而天下以奢爲榮。以儉爲恥。苟其財之可以具。則無所爲而不得。有司既不禁。而人又以此爲榮。苟其財不足而不能自稱於流俗。則其婚喪之際。往往得罪於族人親姻。而人以爲恥矣。故富者貪而不知止。貧者則强勉其不足以追之。此士之所以重困。而廉恥之心毀也。凡此所謂不能約之以禮也。方今陛下躬行儉約以率天下。此左右通貴之臣所親見。然而其閨門之內奢靡無節。犯上之所惡以傷天下之教者有已甚者矣。未聞朝廷有所放紬以示天下。昔周人之拘羣飲而被之以殺刑者。以爲酒之末流生害有至於死者衆矣。故重禁其禍之所自生。重禁禍之所自生。故其施刑極省。而人之抵於禍敗者少矣。今朝廷之法。所尤重者獨貪吏耳。重禁貪吏而輕奢靡之法。此所謂禁其末而弛其本。（姚民鼐曰自陛下躬行至弛其本與後段法嚴令具至不能裁之以刑也兩段當前後互易荆公集見一南宋雕本極多舛錯世亦無佳本正之蓋世之議者一段補饒之以財之餘意陛下躬行一段補約以禮裁以刑之餘意均當在不能裁之以刑也結句之後而爲刋本舛誤遂無覺其文勢之不順者至然而世之議者上仍有脫字）然而世之議者。以爲方今官冗。而縣官財用已不足以供之。（姚氏曰下有脫文）其亦蔽於理矣。今之入官誠冗矣。然而前世置員蓋甚少。而賦祿又如此之薄。則財用之所不足。蓋亦有說矣。吏祿豈足計哉。臣於財利固未嘗學。然竊觀前世治財之大略矣。蓋因天下之力以生天下之財。取天下之財以供天下之費。自古治世。未嘗以不足爲天下之公患也。患在治財無其道耳。今天下不見兵革之具。而元元安土樂業。人致己力以生天下之財。然而公私常以困窮爲患者。殆以理財未得其道。而有司不能度世之宜而通其變耳。誠能理財以其道而通其變。臣雖愚。固知增吏祿不足以傷經費也。

(按)孔子言重祿所以勸士。後世之論政者。蓋亦無不知此之爲急。然有難者焉。其一則增吏祿足以傷經費之說也。公固已辨之矣。公之財政意見。此書未及。但其言因天下之力以生天下之財。取天下之財以供天下之費。則斯學之原理。具於是矣。凡古今中外之國。無論何國。無論何代。其官俸不過居國家總歲出中百分之三四耳。苟理財得其道。則此百分之三四者。比例而增之。庸足爲病。不得其道。則雖並此百分之三四者而裁之。而曾何足以蘇司農之涸也。公所謂增吏祿不足以傷經費。誠知治之言也。尚有一說。則曰祿雖增猶不足以止貪。彼大張苞苴之門以槖官常者。非受薄祿者。而受厚祿者也。此說也。證諸今日之軍機大臣督撫。而信。證諸優差之局員。而信。吾似無以爲難也。雖然。使僅優其祿而無法度以督責於其後。則誠如論者所云云矣。故荊公於饒之以財之後。而復言約之以禮。裁之以法也。然使徒有法度以督責於其後。而廩之者不足以爲贍。則法度亦虛文而已。夫有一良法美意於此。必有他之良法美意焉與之相待而相維繫。滅裂而不成體段。雖錦繡亦爲天吳而已。夫以我國近數年來增一部分之吏祿。則匪惟足以傷經費。且長奔競而使人心士習日趨於敝矣。然豈足以爲前賢立言之病哉。

(又按)侈靡之戒。古有常訓。而近世之人。或見今之歐美。其奢彌甚。而其國與民彌富。則以爲奢非惡德者有焉。噫。甚矣其謬也。凡一國之經濟。必母財富。然後其子財得以增殖。而奢也者。所以蝕其財而使不得爲母者也。故奢也者。亡國之道也。今之歐美。以富而始奢。非以奢而致富。然既有如杜少陵所謂朱門酒肉臭路有凍死骨者。其大多數人之窮困。則奢焉者之朘之而已。而社會問題。遂爲今日歐美之大患。其將來之決裂。未知所屆。今凡稍有識者。未嘗不惴惴也。而猶曰奢不爲病何也。荊公之說欲立法以懲奢。其事固不可行。然其意則固有當采者矣。

方今法嚴令具。所以羅天下之士可謂密矣。然而亦嘗敎之以道藝。而有不帥敎之刑以待之乎。亦嘗約之以制度。而有不循理之刑以待之乎。亦嘗任之以職事。而有不任事之刑以待之乎。夫不先敎之以道藝。誠不可以誅其不帥敎。不先約之以制度。誠不可以誅其不循理。不先任之以職事。誠不可以誅其不任事。此三者。先王之法所尤急也。今皆不可得誅。而薄物細故。非害治之急者。爲之法禁。月異而歲不同。爲吏者至於不可勝記。又況能一一避之而無犯者乎。此法令所以玩而不行。小人有幸而免者。君子有不幸而及者焉。此所謂不能裁之以刑也。凡此皆治之非其道也。姚氏曰按治當作養

(按)官僚政治其果足稱良政治乎。是非吾所敢言。然近世自士達因以治普魯士行之而大效。俾士麥踵之以推及於德意志而益效。各國始漸漸慕之。而我中國者則二千年來舍官僚之外無政治者也。而其徹既若此。豈官僚政治之絕對的不可任耶。士達因之治普也。所以訓練督責其官僚者。如將帥之訓練督責其校卒也。是故有整齊嚴肅之氣。而收使臂使指之效。夫整齊嚴肅者。官僚政治之特長也。而所以致之者必有道。荊公其知之矣。

方今取士。强記博誦而略通於文辭。謂之茂才異等賢良方正。茂才異等賢良方正者。公卿之選也。記不必强。誦不必博。略通於文辭。而又嘗學詩賦。則謂之進士。進士之高者。亦公卿之選也。夫此二科所得之技能。不足以爲公卿。不待論而後可知。而世之議者。乃以爲吾常以此取天下之士。而才之可以爲公卿者常出於此。不

必法古之取人而後得士也。其亦蔽於理矣。先王之時。盡所以取人之道。猶懼賢者之難進。而不肖者之雜於其間也。今悉廢先王所以取士之道。而敺天下之才士。悉使爲賢良進士。則士之才可以爲公卿者。固宜爲賢良進士。而賢良進士。亦固宜有時而得才之可以爲公卿者也。然而不肖者苟能雕蟲篆刻之學。以此進至乎公卿。才之可以爲公卿者。困於無補之學。而以此絀死於嵒野。蓋十八九矣。夫古之人有天下者。其所以愼擇者公卿而已。公卿既得其人。因使推其類以聚於朝廷。則百司庶物無不得其人也。今使不肖之人。幸而至乎公卿。因得推其類聚之朝廷。此朝廷所以多不肖之人。而雖有賢智。往往困於無助。不得行其意也。且公卿之不肖。既推其類以聚於朝廷。朝廷之不肖。又推其類以備四方之任使。四方之任使者。又各推其不肖以布於州郡。則雖有同罪舉官之科。豈足恃哉。適足以爲不肖者之資而已。其次九經五經學究明法之科。朝廷固已嘗患其無用於世。而稍責之以大義矣。然大義之所得。未有以賢於故也。今朝廷又開明經之選。以進經術之士。然明經之所取。亦記誦而略通於文辭者。則得之矣。彼通先王之意。而可以施於天下國家之用者。顧未必得與於此選也。其次則恩澤子弟。庠序不敎之以道藝。官司不考問其才能。父兄不保任其行義。而朝廷輒以官予之。而任之以事。武王數紂之罪。則曰官人以世。夫官人以世。而不計其才行。此乃紂之所以亂亡之道。而治世之所無也。又其次曰流外。朝廷固已擠之於廉恥之外。而限其進取之路矣。顧屬以州縣之事。使之臨士民之上。豈所謂以賢治不肖者乎。以臣使事之所及。一路數千里之間。州縣之吏。出於流外者。往往而有可屬任以事者。殆無二三。而當防閑其姦者。皆是也。蓋古者有賢不肖之分。而無流品之別。故孔子之聖。而嘗爲季氏吏。蓋雖爲吏。而亦不害其爲公卿。及後世有流品之別。則凡在流外者。其所成立。固嘗自置於廉恥之外。而無高人之意矣。夫以近世風俗之流靡。自雖士大夫之才。勢足以進取。而朝廷嘗獎之以禮義者。晚節末路。往往怵而爲姦。況又其素所成立無高人之意。而朝廷固已擠之於廉恥之外。限其進取者乎。其臨人親職放僻邪侈。固其理也。至於邊疆宿衞之選。則臣固已言其失矣。凡此皆取之非其道也。

(按)科舉取士之制。荆公所絕對的排斥者也。讀此書而有以知其然矣。其變詩賦而用經義也。乃其一時之權法。而非以爲安也。其熙甯初乞改科條制箚子云。『伏以古之取士皆本於學校。故道德一於上。而習俗成於下。其人材皆足以有爲於世。自先王之澤竭。敎養之法無所本。士雖有美材而無學校師友以成就之。議者之所患也。今欲追復古制以革其弊。則患於無漸。宜先除去聲病對偶之文。使學者得以專意經義。以俟朝廷興建學校。講求三代所以教育選舉之法。施於天下。』合此兩文讀之。公之意不已較然可見也耶。而後世動以八股之毒天下歸罪於荆公。何其誣也。

方今取之既不以其道。至於任之又不問其德之所宜。而問其出身之後先。不論其才之稱否。而論其歷任之多少。以文學進者且使之治財。已使之治財矣。又轉而使之典獄。已使之典獄矣。又轉而使之治禮。是則一人之身而責之以百官之所能備。宜其人才之難爲也。夫責人以其所難爲。則人之所能爲者少矣。人之能爲者少。則相率而不爲。故使之典禮。未嘗以不知禮爲憂。以今之典禮者未嘗學禮故也。使之典獄。未嘗以不知獄爲恥。以今之典獄者未嘗學獄故也。天下之人亦以漸漬於失敎。被服於成俗。見朝廷有所任使。非其資序。則相議而訕之。至於任使之不當其才。未嘗有非之者也。且在位者數徙。則不得久於其官。故上不能狃習而知其事。下不肯服馴而安其敎。賢者則其功不可以及於成。不肖者則其罪不可以至於著。若夫迎新將故之勞。

緣絕簿書之弊。固其害之小者不足悉數也。設官大抵皆當久於其任。而至於所部者遠。所任者重。則尤宜久於其官。而後可以責其有爲。而方今尤不得久於其官。往往數日輒遷之矣。取之既已不詳。使之既已不當。處之既已不久。至於任之則又不專。而又一一以法束縛之。不得行其意。臣故知當今在位多非其人。稍假借之權。而不一一以法束縛之。則放恣而無不爲。雖然。在位非其人。而恃法以爲治。自古及今。未有能治者也。即使在位皆得其人矣。而一一以法束縛之。不使之得行其意。亦自古及今。未有能治者也。夫取之既已不詳。使之既已不當。處之既已不久。任之又不專。而又一一以法束縛之。故雖賢者在位。能者在職。與不肖而無能者殆無以異。夫如此。故朝廷明知其賢能足以任事。苟非其資序。則不以任事而輒進之。雖進之。士猶不服也。明知其無能而不肖。苟非有罪爲在事者所劾。不敢以其不勝任而輒退之。雖退之。士猶不服也。彼誠不肖無能。然而士不服者何也。以所謂賢能者任其事。與不肖而無能者亦無以異故也。臣前以爲不能任人以職事。而無不任事之刑以待之者。蓋謂此也。夫敎之養之取之任之。有一非其道。則足以敗天下之人才。又況兼此四者而有之。則在位不才苟簡貪鄙之人。至於不可勝數。而草野閭巷之間。亦少可任之才。固不足怪。詩曰。國雖靡止。或聖或否。民雖靡膴。或哲或謀。或肅或艾。如彼流泉。無淪胥以敗。此之謂也。

（按）此其言何其與今日官僚社會之情狀無銖黍之異耶。昔西人有讀馬可波羅之游記。（馬氏意大利人當元世祖時仕於中國歐人之知中國自此記始）見所繪羅盤針圖。謂此物自中國發明。而歐人襲之。其式已視馬圖精百倍。彼創之之地。歷數百年。其改良當更不知何若。乃游中國。適市而購一具。視之則與馬氏所圖曾無異毫髮也。乃嗒然而退。吾觀今日之政治。而不能不有感於公之斯文。

夫在位之人才不足矣。而閭巷草野之間。亦少可用之才。則豈特行先王之政而不得也。社稷之託。封疆之守。陛下其能久以天幸爲常而無一旦之憂乎。蓋漢之張角。三十六萬同日而起。所在郡國莫能發其謀。唐之黃巢。橫行天下。而所至將吏無敢與之抗者。漢唐之所以亡。禍自此始。唐既亡矣。陵夷以至五代。而武夫用事。賢者伏匿消沮而不見。在位無復有知君臣之義上下之禮者也。當是之時。變置社稷。蓋甚於弈碁之易。而元元肝腦塗地。幸而不轉死於溝壑者無幾耳。夫人才不足。其患蓋如此。而方今公卿大夫。莫肯爲陛下長慮後顧。爲宗廟萬世計。臣竊惑之。昔晉武帝趣過目前。而不爲子孫長遠之謀。當時在位。亦皆偷合苟容。而風俗蕩然。棄禮義。捐法制。上下同失。莫以爲非。有識固知其將必亂矣。而其後果海內大擾。中國列於夷狄者二百餘年。伏惟三廟祖宗神靈所以付屬陛下。固將爲萬世血食。而大庇元元於無窮也。臣願陛下鑒漢唐五代之所以亂亡。懲晉武苟且因循之禍。明詔大臣。思所以陶成天下之才。慮之以謀。計之以數。爲之以漸。期爲合於當世之變。而無負於先王之意。則天下之人才不勝用矣。人才不勝用。則陛下何求而不得。何欲而不成哉。

(按)文之切直而沈痛。至此蔑以加矣。當舉國酣醉於太平之日。而乃爲此無忌諱之言。雖賈生之痛哭流涕。何以過之。而惜乎仁宗之不寤也。

夫慮之以謀。計之以數。爲之以漸。則成天下之才甚易也。臣始讀孟子。見孟子言王政之易行。心則以爲誠然。及見與愼子論齊魯之地。以爲先王之制國。大抵不過百里者。以爲今有王者起。則凡諸侯之地。或千里或五百里。皆將損之至於數十百里而後止。於是疑孟子雖賢。其仁智足以一天下。亦安能毋劫之以兵革。而使數百千里之强國。一旦肯損其地之十八九。比於先王之諸侯。至其後觀漢武帝用主父偃之策。令諸侯王地悉得推恩封其子弟而漢親臨定其號名。輒別屬漢。於是諸侯王之子弟各有分土。而勢強地大者卒以分析弱小。然後知慮之以謀計之以數爲之以漸則大者固可使小強者固可使弱。而不至乎傾駭變亂敗傷之釁。孟子之言不爲過。又況今欲改易更革其勢非若孟子所爲之難也。臣故曰慮之以謀計之以數爲之以漸則其爲甚易也。然先王之爲天下。不患人之不爲。而患人之不能。不患人之不能。而患己之不勉。何謂不患人之不爲而患人之不能。人之情所願得者。善行美名尊爵厚利也。而先王能操之以臨天下之士。天下之士能遵之以治者。則悉以其所願得者以與之。士不能則已矣。苟能。則孰肯舍其所願得而不自勉以爲才。故曰不患人之不爲而患人之不能。何謂不患人之不能而患己之不勉。先王之法所以待人者盡矣。自非下愚不可移之才。未有不能赴也。然而不謀之以至誠惻怛之心力行而先之。未有能以至誠惻怛之心力行而應之者也。故曰不患人之不能。而患己之不勉。陛下誠有意乎成天下之才。則臣願陛下勉之而已。臣又觀朝廷異時欲有所施爲變革。其始計利害未嘗不熟也。顧有一流俗僥倖之人不悅而非之。則遂止而不敢。夫法度立則人無獨蒙其幸者。故先王之政。雖足以利天下。而當其承弊壞之後僥倖之時。其創法立制未嘗不艱難也。使其創法立制。而天下僥倖之人亦順悅以趨之無有齟齬。則先王之法。至今存而不廢矣。惟其創法立制之艱難。而僥倖之人不肯順悅而趨之。故古之人欲有所爲。未嘗不先之以征誅而後得其意。詩曰。是伐是肆。是絕是忽。四方以無拂。此言文王先征誅而後得意於天下也。夫先王欲立法度以變衰壞之俗而成人之才。雖有征誅之難。猶忍而爲之。以爲不若是不可以有爲也。及至孔子。以匹夫游諸侯。所至則使其君臣捐所習逆所順強所劣。憧憧如也。卒困於排逐。然孔子亦終不爲之變。以爲不如是不可以有爲。此其所守蓋與文王同意。夫在上之聖人莫如文王在下之聖人莫如孔子而欲有所施爲變革則其事蓋如此矣今有天下之勢居先王之位創立法制非有征誅之難也雖有僥倖之人不悅而非之固不勝天下順悅之人衆也然而一有流俗僥倖不悅之言則遂止而不敢爲者惑也陛下誠有意乎成天下之才則臣又願斷之而已夫慮之以謀計之以數爲之以漸而又勉之以成斷之以果然而猶不能成天下之才則以臣所聞蓋未有也

（按）讀此則夫公後此之執政其見掎齕於流俗也公固計之夙矣其百折而不悔則公之能踐其言也惜乎仁宗之不足以語於此也夫以范文正之執政所變革者不過二三節目而已然猶以不見容於僥倖之人僅三月而去其位仁宗之優柔寡斷蓋可知矣而公則雖不聽而反覆言之豈所謂齊人莫如我敬王者耶

然臣之所稱流俗之所不講而今之議者以謂迂闊而熟爛者也竊觀近世士大夫所欲悉心力耳目以補助朝廷者有矣彼其意非一切利害則以爲當世所能行者士大夫既以此希世而朝廷所取於天下之士亦不過如此至於大倫大法禮義之際先王之所力學而守者蓋不及也一有及此則羣聚而笑之以爲迂闊今朝廷悉心於一切之利害有司法令脫字於刀筆之閒非一日也然其效可觀矣則夫所謂迂闊而熟爛者惟陛下亦可以少留神而察之矣昔唐太宗正觀之初人人異論如封德彝之徒皆以爲非雜用秦漢之政不足以爲天下能思先王之事開太宗者魏文正公一人爾其所施設雖未能盡當先王之意抑其大略可謂合矣故能以數年之間而天下幾致刑措中國安寧蠻夷順服自三王以來未有如此盛時也唐太宗之初天下之俗猶今之世也魏文正公之言固當時所謂迂闊而熟爛者也然其效如此賈誼曰今或言德教之不如法令胡不

引商周秦漢以觀之．然則唐太宗之事．亦足以觀矣．臣幸以職事歸報陛下．不自知駑下無以稱職．而敢及國家之大體者．以臣蒙陛下任使而當歸報．竊謂在位之人才不足而無以稱朝廷任使之意．而朝廷所以任使天下之士者．或非其理．而士不得盡其才．此亦臣使事之所及．而陛下之所宜先聞者也．釋此不言．而毛舉利害之一二．以汙陛下之聰明．而終無補於世．則非臣所以事陛下惓惓之意也．伏惟陛下詳思而擇其中．天下幸甚．

（按）此文爲秦漢以後第一大文．其稍足方之者．惟漢賈生之陳政事疏而已．然賈生所言．大半皆爲人主自保其宗廟社稷之計．其論國事民事者．又往往不揣其本而齊其末．豈若公此書廓然大公．責天子以爲國民忠僕．而正本淸原．一一適於道者耶．李商隱詩曰．公之斯文若元氣．此足以當之矣．先是范文正公應詔條陳十事．所援易言窮則變．變則通．通則久．甚切．謂國家革五代之亂．垂八十年．綱紀制度．日削月侵．官壅於上．民困於下．不可不更張以救之．此其所見．殆與公同．而盈廷已沸起而與之爲難．仁宗莫能右也．夫豈獨仁宗之過而已．流俗狃於其所安．習非勝是．雖有雷霆萬鈞之力．往往莫得而奪矣．嘗讀公與司馬諫議書曰．人習於苟且非一日．士大夫多不恤國事．同俗自媚於衆爲尙．當時社會之心理．可以見矣．而獨於仁宗乎何尤．漢文之於賈生．宋仁之於荆公．蓋極相類．賈生不遇而以憂卒．荆公得神宗而事之．故彼僅以文章顯．而此能以事業著．然以荆公之遇神宗．而所成就者乃僅若是．則牛羊又從而牧之．是以若彼濯濯也．自荆公見訴病於當時．數百年訖今而莫之白．而習於苟且不恤國事同俗自媚於衆者．爲世之所稱尙．而中國遂千年如長夜．僅留此文爲射策者諷籀摶擡之資．悲夫．

此書既上不省。至嘉祐五年復上陳時政疏云。

臣竊觀自古人主享國日久無至誠惻怛憂天下之心。雖無暴政虐刑加於百姓。而天下未嘗不亂。自秦已下。享國日久者。有晉之武帝。梁之武帝。唐之明皇。此三帝者皆聰明智略有功之主也。享國日久內外無患因循苟且。無至誠惻怛憂天下之心。趨過目前。而不爲久遠之計。自以禍災可以無及其身。往往身遇災禍而悔無所及。雖或僅得身免。而宗廟固已毀辱。而妻子固以困窮。天下之民。固以膏血塗草野。而生者不能自脫於困餓刦束之患矣。夫爲人子孫。使其宗廟毀辱。爲人父母。使其比屋死亡。此豈仁孝之主所宜忍者乎。然而晉梁唐之三帝。以晏然致此者。自以爲其禍災可以不至於此。而不自知忽然已至也。蓋夫天下至大器也。非大明法度不足以維持。非衆建賢材不足以保守。苟無至誠惻怛憂天下之心。則不能詢考賢才。講求法度。賢才不用。法度不修。偷假歲月。則幸或可以無他。曠日持久。則未嘗不終於大亂。伏維皇帝陛下有恭儉之德。有聰明睿智之才。有仁民愛物之意。然享國日久矣。此誠當惻怛憂天下。而以晉梁唐三帝爲戒之時。以臣所見。方今朝廷之位。未可謂能得賢才。政事所施。未可謂能合法度。官亂於上。民貧於下。風俗日以薄。才力日以困窮。而陛下高居深拱。未嘗有詢考講求之意。此臣所以竊爲陛下計。而不能無慨然者也。夫因循苟且逸豫而無爲。可以徼倖一時。而不可以曠日持久。晉梁唐三帝者不知慮此。故災稔禍變生於一時。則雖欲復詢考講求以自救。而已無所及矣。以古準今。則天下安危治亂。尚可以有爲。有爲之時。莫急於今日。過今日。則臣恐亦有無所及之悔矣。然則以至誠詢考。而衆建賢才。以至誠講求。而大明法度。陛下今日其可以不汲汲乎。書曰。若藥不瞑眩。厥疾弗瘳。臣願陛下以終身之狼疾爲憂。而不以一日之瞑眩爲苦。臣既蒙陛下採擢。使備從官。朝廷

治亂安危臣實預其榮辱此臣所以不敢避進越之罪而忘盡規之義伏惟陛下深思臣言以自警戒則天下幸甚

此書亦本前書之意而反復陳說之然其詞愈危其志愈苦矣蓋公實怵於當時累卵之勢不能坐視而以仁宗之猶足以爲善而冀其庶幾改之也然仁宗亦既耄更不能用越二年而遂崩矣

（考異四）邵伯溫聞見錄云王安石知制誥一日賞花釣魚宴內侍各以金楪盛釣餌藥置几上安石食盡之明日仁宗謂宰輔曰王安石詐人也使誤食釣餌一粒則止矣食之盡不情也常不樂之後安石自著日錄厭薄祖宗仁宗尤甚　蔡氏上翔曰人臣侍君賞花釣魚天威咫尺朝士並列一釣餌也內侍既以金楪盛之夫人皆知其爲釣餌也焉有誤食之王安石而又爲天子親見之者哉夫以天子親見之而必待明日爲宰輔言之豈其有所畏於安石而不敢言耶且由是常不樂之又何故隱忍不堪至此且一釣餌也安石既知其誤矣必食之盡以行詐其詐術安在君亦必以食之盡而後知其詐其說又安在君既以此不樂於其臣臣復以此大怨於其君以至他日撰日錄薄仁廟尤甚何邵氏造謗一至此極　按蔡氏所駁可謂如快刀斷亂麻此等小節本不足辨所以錄之者以荊公之純潔精白而謗者以詐誣之則雖有善言善行皆抹殺於一詐字矣天下尚有公論耶

（考異五）當熙豐間舉朝與荊公之新法爲難而從未有詆及荊公之人格者其有之則自世所傳蘇洵之辨姦論始也其言曰誤天下蒼生者必此人也曰王衍盧杞合爲一人曰口誦孔老之書身履夷齊之行收召好名之士不得志之人相與造作言語私立名字曰陰賊險狠與人異趣曰囚首喪面而談詩書曰

不近人情者鮮不爲大姦慝。豎刁易牙開方是也。其言極醜詆。無所不至。近世李穆堂始證其僞。其書辨姦論後云。老泉嘉祐集十五卷。原本不可見。今行世有辨姦一篇。世人咸因此文稱老泉能先見荆公之誤國。其文始見於邵氏聞見錄中。聞見錄編於紹興二年至十七年。沈斐編老蘇文集附錄二卷。有載張方平所爲墓表中及辨奸又東坡謝張公作墓表書一通。專序辨奸事。竊意此三文皆贋作。以當時情事求之。參差不合。按墓表言嘉祐初王安石名始盛。黨友傾一時。其命相制曰。生民以來。數人而已。造作言語。至以爲幾於聖人。歐陽修亦已善之。勸先生與游。而安石亦願交先生。先生曰。吾知其人矣。是不近人情者。鮮不爲天下患。而聞見錄敍辨姦緣起。與墓表正同。其引用之耶。當明言墓表云云。不當作自敍語氣。其暗合耶。不應詞句皆同。考荆公嘉祐之初。未爲時所用。黨友亦稀。嘉祐三年。始除度支判官。上萬言書。並未施行。明年命修起居注。辭章八九上。始受知制誥。旋忤執政。遂以母憂去。終英宗之世。召不赴。乃云嘉祐初黨友傾一時。誤亦甚矣。以荆公爲聖人者。神宗也。命相之制辭。在熙寧二年。而老泉卒於英宗治平三年。皆非其所及聞也。（中略）若夫收召好名之士。不得志之人。相與造作言語。以爲顏淵孟軻復出。則荆公本傳與荆公全集具存。並無此事。荆公執政之後。或有依附之徒。而老泉已沒。詎能逆知。若老泉所及見之荆公。則官卑跡遠。非有能收召之力。吾不知所謂好名而不得志者果何人。夫人之作奸。必有所利而爲之。荆公生平。以臯夔稷契自命。千駟弗視。三公不易。此天下所共信者。復何所爲而爲姦。彼誠見夫宋之積弱。僥然不可以終日。而公卿大臣。如處堂之燕雀。晏然自以爲安。不得不出而任天下之事。而又幸遭大有爲之主。遂毅然相與立制度。變風俗。排衆議而行之。凡以救國家之弊。圖萬世之安。非有絲毫自私自利之意。其術卽未善而心則可原。曾何姦之有哉。　又云。余少時閱俗刻本老泉集。嘗書其辨奸論後。力辯其非老泉作。覽者猶疑信參半。欲得宋本參考之。而購求多年。未之得也。蓋馬貴與經籍考列載蘇明允嘉祐集十五卷。而世俗所刻。不稱嘉祐。書名既異。又多至二十餘卷。意必有後人贋作。闌入其中。近得明嘉靖壬申年太原守張鏜翻刻巡按御史澧南王公家藏本。其書名卷帙。並與經籍考同。而諸論中獨無所謂辨姦論者。乃益信爲邵氏贋作。確然無疑。而又嘆其心勞日拙。蓋僞固未有不破者也。　余按穆堂此文可謂溫渚然犀。物無遁形。蔡氏上翔引申之。凡數萬言。其確證辨姦及墓表之僞。更足令人呼快。今以文繁不具引。夫明允非聖人。就令其嘗爲此文以詆荊公。亦何足爲荊公病。然僞者自僞。不得以爲眞也。邵氏之流。以誣荊公者並誣明允。其鬼蜮之醜態。吾實無以測之。獨恨後之編史者。悉奉此等讕言以爲實錄。而沈沈冤獄。遂千古而莫伸也。吾亦安能已於言哉。

（考異六）朱子名臣言行錄外集邵康節傳云。治平間與客散步天津橋上。聞杜鵑聲。慘然不樂。客問其故。則曰。洛陽舊無杜鵑。今始至。有所主。客曰。何也。先生曰。不二年。上用南士爲相。多引南人。專務變更。天下自此多事矣。天下將治。地氣自北而南。將亂。自南而北。今南方地氣至矣。　按此文亦見邵氏聞見錄。而朱子采之。其誕妄俚陋。不値識者一笑。康節卽前知。而杜鵑豈亦前知哉。蓋緣當時小人儒。疾荊公已甚。而又各有其所崇拜之人。因託於其所崇拜者先見之言以自重。此濂溪之三謁不見。老泉之辨姦。康節之聞杜鵑。所由來也。考宋史司馬光傳。言神宗嘗問光近相陳升之。外議云何。光曰。閩人狡險。楚人輕易。今二相皆閩人。二參政皆楚人。必將援引鄉黨之士。天下風俗。何由得更淳。此言褊陋媢嫉。稍知大體者。

當不能出諸口其果溫公有此言或謗者依託溫公未之敢斷然即此可見當時之小人儒其南北門地之見甚重荊公以南人驟入相北人妬焉此又天津聞杜鵑之說所由來也而此等謬種流傳直至今日變本加厲以成省界而妨及國家之統一悲夫

## 第八章　荊公與神宗

湯之於伊尹桓公之於管仲孟子皆稱其學焉然後臣之蓋在專制政體之下其政治家苟非得君之專而能有所建樹者未之聞也是故非秦孝公不能用商君非漢昭烈不能用諸葛武侯非苻堅不能用王景略非英瑪努埃不能用加富爾非維廉不能用俾士麥若其君不足以有爲而以詭遇得之者則下之將爲王叔文王伾上之亦不過爲張居正是故欲知荊公者不可以不知神宗

宋史神宗紀贊曰『帝天性孝友其入事兩宮必侍立終日雖寒暑不變嘗與岐嘉二王讀書東宮侍講王陶講論經史輒相率拜之由是中外翕然稱賢其即位也小心謙抑敬畏輔相求直言察民隱恤孤獨養耆老振匱乏不治宮室不事游幸』夫宋史本成於嫉惡荊公者之手其於神宗往往有微詞焉然即如其所稱述則其君德已爲秦漢以下所不一二覩矣顧神宗之所以爲神者猶不止此彼其痛心於數世之國恥夙夜淬厲而思所以振之乃以越句踐臥薪嘗胆之精神行趙武靈胡服騎射之英斷史稱藝祖嘗欲積縑帛二百萬易胡人首又別儲於景福殿帝即位乃更景福殿庫名自製詩以揭之曰

五季失固獫狁孔熾藝祖肇邦思有懲艾爰設內府基以募士曾孫守之敢忘厥志

自是設爲三十二庫。其後積羨贏。又揭以詩曰。

每虔夕惕心。　妄意遵遺業。　顧予不武姿。　何日成戎捷。

由此觀之。帝之隱痛與其遠志。不已昭然與天下後世共見耶。善夫王船山之論曰。『神宗有不能暢言之隱。當國大臣無能達其意而善謀之者。帝初莅政。謂文彥博曰。養兵備邊。府庫不可不豐。此非安石導之也。其志定久矣。（中略）神宗若處栫棘之臺。靈然不容已於傷心。奮起而思有以張之。然而弗能昌言於衆。以啓勁敵之心。但曰養兵備邊。待廷臣之默喻。宰執大臣。惡容不與其焦勞。而思所以善處之者乎。』其於論神宗。可謂窺見至隱矣。若神宗者。誠荆公所謂有至誠惻怛憂天下之心。而非因循苟且趨過目前以終身之狠疾爲憂。而不以一日之瞑眩爲苦。凡公之所以期於仁宗而不得者。至是而乃得之。而帝亦環顧廷臣。無一可語。見公然後若獲左右手。其魚水相投。爲二千年來未有之佳話。豈偶然哉。

荆公既恥其君不爲堯舜。而神宗亦毅然以學堯舜自任。則荆公之事業。皆神宗之事業。今不沓述。惟錄公奏議一二。以著其輔相之勤焉。其進戒疏曰。

臣竊以爲陛下既終亮陰。考之於經。則羣臣進戒之時。而臣待罪近司。職當先事有言者也。竊聞孔子論爲邦。先放鄭聲而後曰遠佞人。仲虺稱湯之德。先不邇聲色不殖貨利。而後曰用人惟已。蓋以謂不淫耳目於聲色玩好之物。然後能精於用志。能精於用志。然後能明於見理。能明於見理。然後能知人。能知人。然後佞人可得而遠。忠臣良士與有道之君子類進於時。有以自竭。則法度之行。風俗之成。甚易也。若夫人主雖有過人之材。而不能早自戒於耳目之欲。至於過差。以亂其心之所思。則用志不精。用志不精。則見理不明。見理不明。則邪說誠行。必窺間乘殆而作。則其至於危亂也。豈難哉。伏惟陛下即位以來。未有聲色玩好之過聞於外。然孔子聖人之盛。尚自以爲七十而後敢從心所欲也。今陛下以鼎盛之春秋。而享天下之大奉。所以惑移耳目者爲不少矣。則臣之所豫慮。而陛下之所深戒。宜在於此。天之生聖人之材甚吝。而人之值聖人之時甚難。天既以聖人之材付陛下。則人亦將望聖人之澤於此時。伏惟陛下自愛以成德。而自强以赴功。使後世不失聖人之名。而天下皆蒙陛下之澤。則豈非可願之事哉。

其論館職箚子第一云。

(前略)自堯舜文武皆好問以窮理。擇人而官之以自助。其意以爲王者之職。在於論道。而不在於任事。在於擇人而官之。而不在於自用。願陛下以堯舜文武爲法。則聖人之功必見於天下。至於有司叢脞之務。恐不足以棄日力勞聖慮也。(中略)自備位政府。每得進見所論皆有司叢脞之事。至於大體粗有所及。則迫於日晷。已復旅退。而方今之事。非博論詳說。令所改更施設本末先後小大詳略之方。已熟於聖心。然後以次奉行。則治道終無由興起。然則如臣者。非蒙陛下賜之從容。則所懷何能自竭。蓋自古大有爲之君。未有不始於憂勤。而終於逸樂。今陛下仁聖之質。秦漢以來人主未有企及者也。於天下事又非不憂勤。然所操或非其要。所施或未得其方。則恐未能終於逸樂。無爲而治也。

讀此二書。則公之所以啓沃其君者可以見矣。其所謂不淫耳目。然後能精於用志。能精於用志。然後能明於見理。能明於見理。然後能知人。豈惟君德。凡治學治事者。皆當服膺矣。其所謂改更施設本末先後小大詳略之方。宜博論詳說。則又事業之本原。而神宗後此所以能信之篤而不惑於鑠金之口者。蓋有由也。

其論館職箚子第二云。

陛下自卽位以來。以在事之人或乏材能。故所拔用者。多士之有小材而無行義者。此等人得志則風俗壞。風俗壞則朝夕左右者。皆懷利以事陛下。而不足以質朝廷之是非。使於四方者。皆懷利以事陛下。而不可以知天下之利害。其弊已効見於前矣。恐不宜不察也。欲救此弊。亦在親近忠良而已。

嗚呼。吾讀此而知熙豐間用人有失當者。其責固不盡在荆公矣。神宗求治太急。而君子之能將順其美者太寡。故於用人若有不暇擇焉。此則神宗之類累。而亦荆公之類累也。

## 第九章　荆公之政術(一)　總論

世之議荆公者。徒以其變法。故論公之功罪。亦於其所變之法而已。吾固崇拜公者。雖然。史家之職。不容阿其所好。今請熟考當時之情實。參以古今中外之學說。平心以論之。

元祐以降。指凡公所變之法。皆曰惡法。其爲意氣偏激。固無待言。然則公所變之法。果皆良法乎。此又吾所未能遽從同也。吾常謂天下有絕對的惡政治。而無絕對的良政治。苟其施政之本意。而在於謀國利民福。殆可謂之良也已。雖然。謀焉而得焉。則其結果爲良。謀焉而不能得焉。則本意雖良。而結果反極不良者有焉矣。故夫同一政策也。往往甲國行之而得極良之結果。乙國行之而得極不良之結果。甲時代行之而得極良之結果。乙時代行之而得極不良之結果。此政策者。果爲良耶。不爲良耶。曰。是無可言。其有可言者。則適不適而已。荆公所變之法。吾欲求其一焉爲絕對的不良者而不可得。以其本意固皆以謀國利民福也。然以荆公而行之。

則其適焉者與其不適焉者蓋相半而已。荆公誦法三代。謂其法皆三代所已行之而有效者也。三代則邈矣。而載籍又不可盡信。其果曾行之與否。吾未敢言。雖然。荆公則嘗以小試諸一郡一邑。而固有效矣。不寧惟是。以吾所覩聞今世歐洲諸國。其所設施往往與荆公不謀同符。而新興之德意志為尤夥。而其成績燦然。既若是矣。荆公同操此術。而又以至誠惻怛憂天下之心出之。而效不大覩。何也。殊不思三代以前之政治家。其所經畫者千里之王畿耳。否則數百里之侯封耳。而今世歐洲諸國。其大者不過比吾一二省。其小者乃比吾一二縣也。故以三代以前行之而有效者。今世歐洲各國行之而有效者。荆公宰鄞時行之。其收效當與彼相等。是敢斷言。及夫宰天下時行之。其收效能否與彼相等。是不敢斷言也。

吾讀國史。而得成功之政治家數人焉。曰管仲。曰子產。曰商君。曰諸葛武侯。夷考其所處者。則皆封建時代或割據時代也。其所統治者。則比今之一省或數州縣也。乃若大一統時代。綜禹跡所淹而理之。則欲求其運精思宏遠猷。使全國食其賜。如彼數子者。蓋未之有。其有一焉。則荆公也。而所成就固瞠乎後矣。吾於是竊竊疑吾國之政治家。宜於治小國而不宜於治大國。及環而思夫吾國以外之以政治家聞於後者。彼來喀瓦士何人耶。梭倫何人耶。吾國之一里正耳。彼士達因何人耶。加富爾何人耶。俾斯麥何人耶。格蘭斯頓何人耶。吾國之一巡撫或總督耳。若夫羅馬帝國之盛。與夫今之俄羅斯。求其比跡彼數子者。又何無人也。吾乃深思而得其故矣。所謂大政治家者。不外整齊畫一其國民。使之同向於一目的以進行。因以充國力於內而揚國威於外云爾。欲整齊畫一其國民。則其為道也。必出於干涉。今之以放任不以干涉而能為治者。惟英美等二三國而已。然其所謂放任。已非猶夫吾之所謂放任。而況乎其前此蓋皆嘗經莫大之干涉而始有今日也。自餘諸國。則莫不以干涉為治者也。非惟今東西諸國有然。即吾國古代亦莫不有然。管商諸葛。皆以干涉其民而成治者也。周官爲周公之書與否。吾不敢知。其嘗實行之與否。吾不敢知。使果爲周公之書也。果嘗實行也。則干涉其民最密者。莫周公若也。準此以談。則干涉爲政治家唯一之手段。抑章章矣。而此手段者。行諸小國則易。行之大國則難。小國行之則利餘於弊。大國行之則弊餘於利。是故疇昔之治大國者。惟有二法焉。一曰威刼。二曰放任。威刼者字曰民賊。其不足語於政治家。無論也。而放任亦決不足以稱政治家。未聞以政治家而臥而治其國者也。且既曰放任矣。則夫人而能之。且並土木偶而能之。而安用此種政治家爲也。我國數千年之歷史。凡一姓之初興。必以威刼爲政策。如漢高祖宋藝祖之時代是也。及經數葉。則必以放任爲政策。如漢文景宋眞仁之時代是也。放任既久則有亂。亂則有亡。亡則有興。有興則有威刼。威刼既倦。則返於放任。如是迭爲循環。若一邱之貉焉。此政治家所以不產公其間也。雖然。吾無惑乎其然也。舍威刼與放任兩者之外。執其中者。惟有干涉之一途。而大國之難於干涉且弊餘於利既若彼矣。故吾竊以爲太大之國。利於洸洸之武夫以爲舞臺。利於碌碌之餘子以爲藏身藪。而最不利於發强剛毅文理密察之大政治家。自今以往。交通機關日漸發達。其大國壹如疇昔之小國。則政治家之成就也較易。而在疇昔。則天下至難之業。殆未有過是也。以荆公之時。荆公之地。而欲行荆公之志。其難也非周公比也。非管仲商君諸葛武侯比也。非來喀瓦士梭倫比也。非士達因加富爾俾斯麥格蘭斯頓比也。其難如彼。則其所成就僅如此。固其宜也。其難如彼。而其所成就尚能如此。則荆公在古今中外諸政治家中。其位置亦可想見也。

且同是干涉政治也。而其程度亦有淺深之異焉。程度淺者行之較易。程度深者行之愈難。荆公之干涉政治。有爲立憲國所能行而專制國極難行者甚且有近於國家社會主義爲今世諸立憲國所猶未能行者夫以數千年未經干涉之民而卒焉以此加之其羣起而譁也亦宜然則公之法其果爲良乎爲不良乎吾卒無以名之也此外尚有公所以致失敗之一原因焉曰所用者非其人此則夫人能言之然吾對於此說亦與疇昔之論者稍有異同別具下方此不豫也

# 第十章　荆公之政術(二)　民政及財政

俗士之論荆公大率以之與掊克聚斂之臣同視此大謬也公之事業誠强半在理財然其理財也其目的非徒在增國帑之歲入而已實欲蘇國民之困而增其富乃就其富取贏焉以爲國家政費故發達國民經濟實其第一目的而整理財政乃其第二目的也而其所立諸法則於此兩者皆有關係者也故不名之曰財政而名之曰民政及財政

## 第一　制置三司條例司

制置三司條例司者公所創立之財政機關也公之言曰

周置泉府之官以榷制兼幷均濟貧乏變通天下之財後世惟桑弘羊劉晏粗合此意學者不能推明先王法意更以爲人主不當與民爭利今欲理財則當修泉府之法

熙寧二年二月遂設立此司詔曰

朕以爲欲致天下於治者必先富之而後可爲也今縣官之費不給而民財大屈故特詔輔臣置司於內以革

其弊。夫事顓於所習。則能明得失之原。今將權天下之財。而資之於有司。有司能習知其事。則其所得必精。其所言必通。物聚而求足。是洵富吾民之術也。若夫苛刻之論。朘削其下而斂怨於上者。朕所不取。宜令三司判官諸路監司及內外官。受詔後兩月。各具財用之利害以聞。

司既立。以公及陳升之領之。時升之爲宰相。公則參知政事也。今世各立憲國。往往以總理大臣兼度支大臣。蓋財務爲庶政之本。公深知其意也。

公之志。在制兼并濟貧乏。變通天下之財。以富其民。而致天下於治。制置三司條例司之職在此。而後此所立之法。亦無不本此意以行。史稱公嘗與司馬溫公廷辯理財。溫公曰善理財者不過頭會箕斂耳。公曰不然。善理財者不加賦而國用足。溫公曰天下安有此理。天地所生財貨百物。不在民則在官。彼設法奪民。其害乃甚於加賦。爭議不已。（史所載僅此荊公反駁溫公之言則缺之想更有偉論惜不可得見矣）夫溫公之言。其果衷於事理也耶。彼財貨百物。果爲天地所生而終古不變者耶。抑亦人所生而得其道可以增殖者耶。夫財貨百物。固有既不在民亦不在官者矣。則棄之於地是也。如其增殖之。則既可以在民。而同時亦可以在官。今世歐美諸國。其明效矣。荊公欲整理財政。而以發達國民經濟爲下手之方。孔子所謂百姓足君孰與不足也。中國自古言理財者。其識未有能及此也。

荊公之意。以爲國民經濟所以日悴者。由國民不能各遂其力以從事生產也。國民所以不能各遂其力以從事生產者。由豪富之兼并也。國中豪富少而貧民多。而豪富又習於奢汰。不以其所得爲母財。而貧民涓滴之母財。又爲兼并家歲月蝕盡。則一國之母財舉匱。而民之生無以復聊。於是殫精竭慮。求所以拯救其道。莫急於摧抑兼并。而能摧抑兼并者誰乎。則國家而已。荊公欲舉財權悉集於國家。然後由國家酌盈劑虛。以均諸全國之民。

使各有所藉以從事於生產。其詩曰。三代子百姓。公私無異財。人主擅操柄。如天持斗魁。賦予皆自我。兼并乃奸回。奸回法有誅。勢亦無自來。其青苗均輸市易諸法皆本此意也。此義也。近數十年來乃大盛於歐美兩洲。命之曰社會主義。其說以國家爲大地主。爲大資本家。爲大企業家。而人民不得有私財。誠如公所謂賦予皆自我。兼并乃奸回者也。彼都學者。往往夢想之以爲大同太平之極軌。而識者又以爲茲事體大。非易數世後。未或能致也。夫以歐美今日猶未能致者。而荆公乃欲於數百年前之中國致之。其何能淑。雖曰其造端非若彼之弘大。其條目非若彼之纖悉。其程度非若彼之極端。然其終不能全適於荆公之時與地。可斷言矣。荆公之所蔽。惟在於是。若其學識之精卓。規模之宏遠。宅心之慈仁。則眞隻千古而無兩也。溫公安足以知之。

社會主義所以難行者不一端。而爲國家分掌此理財機關之人。甚難其選。而集權既重。弊害易滋。此其著者也。夫以彼都所倡社會主義者。行之於立憲政體確立之後。猶以爲難。而況在專制之代乎。本意欲以摧抑兼并。萬一行之不善。而國家反爲兼并之魁。則民何愬焉。而盜臣之因緣以自肥。又無論也。故荆公之政策。其於財政上所收之效雖頗豐。而於國民經濟上所收之效。滋嗇良以此也。

宋財政之敝。至仁宗晚年而極。前既言之矣。神宗即位。首命翰林學士司馬光等置局看詳裁減國用制度。仍取慶歷二年數比今支費不同者。開析以聞。後數日。光言國用不足。在用度太奢。賞賜不節。宗室繁多。官職冗濫。軍旅不精。必須陛下與兩府大臣及三司官吏深思救敝之術。磨以歲月。庶幾有效。非愚臣一朝一夕所能裁減。及制置條例司既設。乃考三司簿籍。商量經久廢置之宜。凡一歲用度及郊祀大費。皆編著定式。所裁省冗費十之四。（以上皆錄宋史食貨志上之六原文）夫財政之敝。既已如彼。即不言興利。而節費亦安得已。溫公亦非不知之矣。而猶顢頇其詞。

曰磨以歲月。驟不能減。而徒欲諉其難於君上。何其不負責任乃爾耶。且溫公所謂不能者。何荊公驟裁其十之四。而不見其有他變耶。夫以數十年相沿之歲費。而驟減其十之四。此誠天下至難之業。而制置條例司之初設。卽奏此膚功。則領此司者其任事之忠勤。其才識之明敏。其魄力之毅偉。可想見矣。（當時所裁者多屬宮廷費非神宗之賢荊公亦不得行其志也）以視不負責任之溫公。何相反耶。（據宋史則神宗之命溫公議裁減似在荊公未入相以前二公皆爲翰林學士當同拜此命者也而溫公以敷衍答上命也若此神宗之不樂得此不負責任之大臣以共國事不亦宜哉）而後之論荊公者。於此等偉績。沒而不道。抑何心也。

史所稱編著定式。卽今世立憲國之所謂豫算案也。史又言三司上新增吏祿數。京師歲增四十一萬三千四百餘緡。監司諸州六十八萬九千餘緡。省冗費以增官祿。誠整理行政之根本哉。當時制置三司條例司所舉善政。或更多。史闕不可考。而此東鱗西爪。已非流俗所能及矣。

文獻通考二十四引元祐元年蘇轍奏言。熙寧初於三司取天下所上帳籍視之。至有到省三二十年不發其封者。蓋州郡所發文帳。隨帳皆有賄賂。各有常數。常數已足者。皆不發封。一有不足。卽百端問難。要足而後已。至是特設帳司默磨文帳云。前此財政機關之腐敗。可見一斑。

## 第二　青苗法

青苗法者。頗有類於官辦之勸業銀行。荊公惠民之政也。宋史食貨志上之四載其緣起云。

熙寧二年。制置三司條例司言。諸路常平廣惠倉錢穀。略計貫石可及千五百萬貫石以上。斂散未得其宜。故爲利未博。今欲以見在斛斗。遇貴量減市價糶。遇賤量增市價糴。可通融轉運司苗稅及錢斛。就便轉易者。亦許兌換。仍以見錢。依陝西青苗錢例。願預借者給之。隨稅輸納斛斗。半爲夏料。半爲秋料。內有請本色或納時價貴願納錢者。皆從其便。如遇災傷。許展至次料豐熟日納。非惟足以待凶荒之患。民既受貸。則兼幷之家不得乘新陳不接以邀倍息。又常平廣惠之物。收藏積滯。必待年儉物貴。然後出糶。所及者不過城市游手之人。今通一路有無。貴發賤斂。以廣蓄積平物價。使農人有以赴時趨事。而兼幷不得乘其急。凡此皆以爲民。而公家無所利其入。是亦先王散惠興利以爲耕斂補助之意也。欲量諸路錢穀多寡。分遣官提舉。每州選通判幕職官一員典幹轉移出納。仍先自河北京東淮南三路施行。俟有端緒。推之諸路。其廣惠倉除量留給老疾貧窮人外。餘並用常平倉轉移法。詔可。既而條例司又言常平廣惠倉條約。先行於河北京東淮南三路。訪問民間多願支貸。乞遍下諸路轉運司施行。

此青苗法之大略及其施行之緣起也。名曰青苗者。蓋當時陝西轉運司李參以部內多戍兵。而糧儲不足。令民自隱度麥粟之贏。先貸以錢。俟穀熟還官。號青苗錢。經數年廩有餘糧。至是仿行之。故襲其名也。荊公之懷此政策久矣。其少作寓言詩。既有此意。（詩見第六章）及爲鄞令。復行之而有效。及其當國。乃欲舉而措之於天下也。竊嘗論之。無論何國無論何時。彼力田之民。能終歲勤動者。苟非有水旱之災。則所入恆足以自贍。而以數年之通。則必能有所羨餘。以爲冠昏喪祭之計。然而往往不然者。則緣初時母財不裕。牛種之資。以及青黃不接時食指之所需。不能不稱貸於豪右。或遇偏災而又貸焉。或遇嘉凶諸禮而又貸焉。而豪右乘其急以持其短長。於是一歲所入。見蝕於息者泰半。及夫來年。其不能不舉債如故也。債日以重。息日以加。而終歲之勤動。遂爲豪右作牛馬走已耳。此民之所以日悴。而國民經濟之所以日蹙也。在昔泰西之希臘羅馬。富者往往貸金穀於貧民。其後負責日重。無以爲償。則鬻身以爲之奴。泰西古代奴隸之多。蓋起於此。歷數千年。此制終無由革。西紀一千五百年以降各國政府紛紛以法律定取息之率逾率者罪之然其不能禁如故也及近世銀行制度興此弊始稍蘇其效不能及於農民近數十年來有所謂勸業銀行農工銀行信用組合等利漸溥矣然猶未能盡人而蒙其澤也故此貧富不均之問題實爲數千年來萬國所共苦而卒未能解決之一宿題而欲解決之則非國家振其樞焉而不可得也其圓滿之解決法則如吾國古代之所謂井田如泰西近世所謂社會主義使人民不得有私財是也未能圓滿而思其次則國家設貸貣之機關而自當其衝使豪右居奇之技無所得施則荆公所計畫者是也吾國之前乎荆公而爲此者亦有人焉景公之於齊子皮之於鄭司城子罕之於宋皆以斯道得民而荆公則師其意者也

時蘇轍亦嘗著論云『天下之人無田以爲農無財以爲商禁而勿貸不免轉死於溝壑使富民爲貸則用不仁之法收太半之息不然亦不免脱衣避屋以爲質民受其困而上不享其利周官之法使民之貸者與其有司辨其貴賤而以國服爲之息今可使郡縣盡貸而任之以其土著之民』按潁濱此論正與荆公青苗脗合不知其嘗聞其緒餘與抑自創見也然潁濱後卒以攻青苗自乞罷豈文士之言之者非其所欲行之者耶

荆公既欲實施此法然行之不可以無資本也由國庫撥給資本力又有所不逮也適有常平廣惠倉者諸路諸州縣莫不有之而其所儲實棄置於無用之地公乃變無用爲有用而利用之爲資本其用意之周詳其眼光之銳敏至可佩也而司馬溫公乃言常平倉爲三代之良法放青苗錢之害小廢常平倉之害大然常平倉之無實惠可以及民如彼條例司原奏中所述溫公其能爲之辯護乎則亦強辭而已

法既行舉朝洶洶起與爲難不可究詰其人與其言皆不備述惟有公答司馬諫議一書錄之可見當時議論之

一斑。而公所以堅於主持之故亦見焉。溫公致公原書三千三百餘言雜引經傳及漢唐遺文見集中

昨日蒙教。竊以爲與君實游處相好之日久而議事每不合所操之術多異故也。雖欲强聒。終必不蒙見察。故略上報。不復一一自辨重念蒙君實視遇厚於反覆不宜鹵莽。故今具道所以冀君實或見恕也。蓋儒者所爭。尤在於名實。名實已明。而天下之理得矣。今君實所以見教者以爲侵官生事征利拒諫以致天下怨謗也。某則以謂受命於人主議法度而修之於朝廷。以授之於有司不爲侵官。舉先王之政以興利除弊。不爲生事。爲天下理財。不爲征利。闢邪說難壬人不爲拒諫。至於怨誹之多。則固前知其如此也。人習於苟且非一日。士大夫多以不恤國事同俗自媚於衆爲善。上乃欲變此而某不量敵之衆寡欲出力助上以抗之則衆何爲而不洶洶然。盤庚之遷胥怨者民也。非特朝廷士大夫而已。盤庚不爲怨者故改其度。度義而後動。是而不見可悔故也。如君實責我以在位久未能助上大有爲以膏澤斯民則某知罪矣。如曰今日當一切不事事守前所爲而已。則非某之所敢知。無由會晤。不任區區向往之至。

此書文雖甚簡。然其任事之艱貞自信之堅卓躍見紙上。千載下讀之。如見公之精神焉。可以興矣。當時之制貸青苗錢者。官取其息二分。故議公者指以爲聚斂之據。公有答曾公立書云

示及青苗事。治道之興。邪人不利。一興異論。羣聾和之。意不在於法也。孟子惡言利者。爲利吾國利吾身耳。至狗彘食人食則檢之。野有餓莩則發之。是所謂政事。政事所以理財。理財乃所謂義也。一部周禮理財居其半。周公豈爲利哉。姦人者緣名實之近而欲亂之以眩上下。其如民心之願何。始以爲不請而請者不可遏。終以爲不納而納者不可卻。蓋因民之所利而利之。不得不然也。然二分不及一分。一分不及不利而貸之。貸之不

若與之然不與之而必至於二分者何也爲其來日之不可繼也不可繼則是惠而不知爲政非惠而不費之道也故必貸然而有官吏之俸輦運之費水旱之逋鼠雀之耗而必欲廣之以待其饑不足而直與之也則無二分之息可乎則二分者亦常平之中正也豈可易哉公立更與深於道者論之則某之所論無一字不合於法而世之嘵嘵者不足言也

此書殆可謂解釋法意之理由書也當時舉朝洶洶除公所共事之數人外殆無一不致難於青苗累其劾狀殆可隱人而公卒不爲之動而神宗亦不爲之動者非徒以公自信之堅得君之專而當時言者實無一語能批其竅要故也言者咸指爲掊克聚斂損下益上而公立法之本意乃適與之相反蓋其立法之本意實以惠民無一毫借此以佽助帑藏之心條例司原奏所言非飾詞乃眞相也而論者乃擬之以桑孔之用心是所謂無的而放矢宜公之不敢服而神宗亦目笑存之也公之斷斷於名實之辨非以此乎其謂治道之興邪人不利而倡異論者意不在於法嗚呼何其一語破的而言之有餘痛也昔羅馬偉人格力加士爲執政時倡限民名田之制全國人民歡聲雷動而議院幾於全數反對之卒被叢毆以死於院中蓋亦有不利於治道之興者而其意非在於法也荆公初政裁冗費十之四彼廷臣大半衣食於冗費者其不利之也久矣而青苗之本意凡以抑豪右之兼并而廷臣者又皆豪右而其力足以行兼并者也其不利之亦固其所當時之洶洶爲難者安保其不挾此心耶二三賢者未必爾爾然亦羣聾之和而已況彼之所謂賢者皆習於苟且媮惰以生事爲大戒不問其事之善惡利病但有所生則駭而譁之宜乎其與公與神宗枘鑿而不相入也而數百年以後之今日其社會之情狀乃一如公之時而公之言乃不啻爲今而發也悲夫

青苗法立法之本意。其善美既若是矣。然則可行乎。曰不必其可行也。善而不可行何也。且公在鄞行之而效而猶疑其不可行何也。曰一縣非全國之比也。一縣者。公之所得自爲也。全國者非公之所得自爲也。是故當時抑配有禁矣。抑配者謂强民使貸也而有司以盡數俵散爲功。雖欲不抑配焉而不可得也。災傷則有下料造納之條矣。謂遇凶年則於次期補納所貸也而年歲豐凶不常。凶之數尤夥。而有司因得以上下其手。雖欲不至於累年積壓而不能也。此二弊者。惟韓魏公歐陽公之奏議。言之至詳。殆可稱公之諍臣也。韓歐奏議文長不錄此段即舉其大意也

問者曰。韓歐二公所言既中其弊。而公猶不寤。則雖謂之執拗。甯得爲過。應之曰。不然。當時諸君子之攻新法也。其有弊者固攻之。其無弊者亦攻之。誠有如公之所云。意不在於法也。爲公之計。惟有一事不辦。偃然與彼輩同流。庶可以免於罪戾。而無如非公之本意何也。且法既已善矣。其有弊焉。則非法弊而人弊也。卽如青苗法者。公在鄞行之而既有效矣。李參在陝行之而又既有效矣。使縣縣皆得如公者以爲之令。則縣縣皆鄞也。卽不能焉而使路路皆得如參者以爲之轉運使。而因以綜覈名實之法督其縣。則亦路路皆陝也。據條例司所核定。凡全國置提舉官四十一人。以當時賢才之衆。欲求得如李參者四十一人。諒非難也。而公又非不欲與諸君子共之也。而無如諸君子者。聞有一議爲公之所發。則掩耳而不聽。初不問其所發爲何議也。見有一詔爲公所擬。則閉目而不視。初不問其所擬爲何詔也。責以奉行。非挾賢挾長以抗。則投劾而去耳。諸君子既不屑爲公助。而公又不能忍心害理。一事不辦以自謝於諸君子。而又不能以一身而盡任天下之事。然則非於諸君子之外而別求其助我者。安可得耶。況諸君子非徒不助之而已。又煽之嗾之撓之於其旁。私幸其弊之日滋。功之不就以爲快。是青苗本可以行之而無弊者。而以諸君子之故。則欲其無弊焉。安可得也。夫他事亦若是則已耳。

由此言之則吾所謂青苗法雖善而不必其可行者可以見矣使得人人如公者以爲縣令則誠可行而不得焉故不可行也無已而思其次得人人如公者以爲提舉則猶可行而不得焉故不可行也無已而更思其次得人人如公者以爲執政則於不可行中而猶有可行而不得焉故不可行也

然則青苗法之弊果盡如當時諸君子之所言乎公之良法美意而民竟未嘗一蒙其澤乎曰是又不然史成於謗公者之手其旨在揚惡而隱善凡有可以表公之功者剷之惟恐不盡雖然固有不能盡剷者公與曾公立書言始以爲不請而請者不可遏終以爲不納而納者不可卻則當時民之懽欣鼓舞可想見也其上五事劄子云（熙甯五年）昔之貧者舉息之於豪民今之貧者舉息之於官官薄其息而民救其乏是其行之既數年而有成效也其謝賜元豐勅令格式表云創法於羣幾之先收功於異論之後則是公罷相後而其效益著也然猶得曰公自言之未可爲信也請徵諸旁觀之言河北轉運司王廣廉入奏則謂民皆歡呼感德矣李定至京師李常見之問曰君從南方來民謂青苗如何定曰民便之無不喜者常曰舉朝方共爭此事君勿爲此言定曰定但知據實以言不知京師是一時輿論所在有欲捫其舌而不可得者矣然猶得曰是依附公以希寵者言之未可爲信也請更徵諸反對黨之口朱子金華社倉記云以予觀於前賢之論而以今日之事論之則青苗者其立法之本意固未爲不善也子程子嘗論之而不免悔於其已甚而有激是程子晚年知其攻難青苗之爲誤而朱子且歌誦之矣蘇子瞻與滕達道書云吾儕新法之初輒守偏見至有同異之論雖此心耿耿歸於憂國而所言差謬少有中理者今聖德日新衆化大成回視向之所執益覺疏矣是子瞻晚年深自懺悔而咸歎於衆化之大成其言與公所謂收功於異論之後者蓋脗合所謂衆化者蓋指凡新法而言而青苗必其一矣以程蘇二人爲當時反對最力

者。而皆如是。非確有成效。而能得耶。以此度之。與程蘇同心而其言不傳於後者。當更何限。不啻惟是。元祐初政。盡芟新法。元年二月罷青苗。三月范純仁以國用不足。請復之矣。八月司馬光奏稱散青苗本爲利民。惟當禁抑配矣。是皆形諸奏牘載諸正史者。夫司馬君實范堯夫。非當時首攻青苗之人。且攻之最力者耶。曷爲於十八年之後。乃復津津樂道之如此。由此觀之。則知當時之青苗法。實卓著成效。而民之涵濡其澤者旣久。雖欲强沒其美而有所不可得也。然則前此之嘵嘵。果何爲也哉。語曰。凡民不可與慮始而可以樂成。然則諸君子者。毋亦凡民而已矣。夫以吾儕居今日以論之。猶覺青苗法之難行也如彼。而荆公當日行之。雖其弊非所能免。而其效抑已章章。吾於是益歎公之才之不可及。而詆當時奉行新法皆爲小人者。吾卒未之敢信也。

更平心以論之。青苗法者。不過一銀行之業耳。欲恃之以摧抑兼幷。其效蓋至爲微末。而銀行之爲業。其性質乃宜於民辦而不宜於官辦。但使國家爲之詳定條例。使貸者與貣者交受其利而莫能以相病。而國家復設一中央銀行。以爲各私立銀行之樞紐。而不必直接與人民相貸貣。則其道得之矣。荆公之爲此。所謂代大匠斲易傷其手也。雖然。此立夫今日以言之耳。若在當時。人民旣無有設立銀行之能力。而舉國中無一金融機關。而百業坐是彫敝。荆公能察受敝之原。而創此法以救治之。非有過人之識力。而能若是耶。夫中國人知金融機關爲國民經濟之命脈者。自古迄今。荆公一人而已。

後此有陰竊青苗法之實而陽避其名者。則朱子之社倉是也。其法取息十二。夏放而冬收之。此與青苗何異。朱子行之於崇安而效。而欲以施之天下。亦猶荆公行之於鄞而效而欲以施之天下也。夫朱子平日固痛詆荆公。謂其汲汲財利。使天下嚣然喪其樂生之心者也。及倡社倉議。有詰之者。則奮然曰。介甫獨散青苗一事是耳。俱見

朱子語類　夫介甫果汲汲財利耶。介甫之是者。果獨青苗一事耶。毋亦是其所謂是而已。

## 第三　均輸法

均輸法者。所以通天下之貨。制爲輕重斂散之術。使輸者既便。而有無得以懋遷。亦一種惠民之政也。熙甯二年二月。制置三司條例司上言云。（按此文爲荆公自撰。宋史食貨志所錄多刪去其精要語。今據本集全錄之）

竊觀先王之法。自畿之內。賦入精粗。以百里爲之差。而畿外邦國。各以所有爲貢。又爲經用通財之法以懋遷之。其治市之貨財。則無者使有。害者使除。市之不售。貨之滯於民用。則吏爲斂之。以待不時而買者。凡此非專利也。蓋聚天下之人。不可以無財。理天下之財。不可以無義。夫以義理天下之財。則轉輸之勞逸。不可以不均。用度之多寡。不可以不通。貨賄之有無。不可以不制。而輕重斂散之權。不可以無術。今天下財用。窘急無餘。典領之官。拘於弊法。內外不以相知。盈虛不以相補。諸路上供。歲有定額。豐年便道。可以多致。而不敢或贏。年儉物貴。難於供備。而不敢不足。遠方有倍蓰之輸。中都有半價之鬻。三司轉運使。按簿書。促期會而已。無所可否增損於其間。至遇軍國郊祀之大費。則遣使剗刷。殆無餘藏。諸司財用事。往往爲伏匿不敢實言。以備緩急。又憂年計之不足。則多爲支移折變。以取之民。納租稅數至或倍其本數。而朝廷所用之物。多求於不產。責於非時。富商大賈。因時乘公私之急。以擅輕重斂散之權。臣等以謂發運使總六路之賦入。而其職以制置茶鹽礬稅爲事。軍儲國用。多所仰給。宜假以錢貨。繼其用之不給。使周知六路財賦之有無。而移用之。凡糴買稅斂上供之物。皆得徙貴就賤。用近易遠。令在京庫藏年支見在之定數。所當供辦者。得以從便變賣。以待上令。稍收輕重斂散之權。歸之公上。而制其有無。以便轉輸。省勞費。去重斂。寬農民。庶幾國用可足。民財不匱矣。

宋史食貨志記均輸法施行之始末略云。

書既上。詔本司具條例以聞。而以發運使薛向領均輸平準事。賜內藏錢五百萬緡。上供米三百萬石。時議慮其為擾。向既董其事。乃請設置官屬。神宗使自擇之。向於是辟劉忱衞琪孫珪張穆之陳倩為屬。又請有司具六路歲當上供數中都歲用。及見儲度可支歲月。凡當計置幾何。皆預降有司。從之。其後侍御史劉琦侍御史裏行錢顗條例司檢詳文字蘇轍知諫院范純仁諫官李常等屢疏言其不便。且劾向。帝皆不聽。且下詔獎薛向。然均輸後迄不能成。

均輸之法。始於漢桑宏羊。至唐劉晏而益完密。荊公實師其制。非創作也。古代貨幣之用未周。民以實物為市。其國家之徵租稅。亦以實物。故緣道里之遠近。而輸送之勞佚有所不均。緣年歲之豐歉。而供求之相劑有所不調。下既大受其害。而上亦不蒙其利。誠有如條例司原奏所云者。故桑劉行均輸法。不加賦而國用足。史家美之。良非無由。今世交通之利大開。貨幣之用益溥。吾輩讀史。見其不憚煩為此。幾苦索解。而不知當時治事者之苦心孤詣。夐乎其不可及也。觀近世之漕運則可以知均輸之妙用如能用商運供京師之米而盡折南漕則國庫與人民交受其利者歲不以千萬計乎均輸之意亦猶是也夫漕米則亦以實物充租稅而古代拙制至今蛻化未盡者也而當時議者囂然攻之。何也。史稱其卒不能成。其所以不成之故未言之。豈以攻者多而中止耶。

## 第四　市易法

市易法者。本漢平準。將以制物之低昂而均通之。實一種之專賣法也。今記其緣起及其內容如下。

（宋史食貨志）熙甯三年。保平軍節度推官王韶倡為緣邊市易之說。丐假官錢為本。詔秦鳳路經略司以川交子易貨物給之。因命韶領其事。韶欲移司於古渭城。李若愚以為多聚貨以啓戎心。文彥博曾公亮馮京韓絳陳升之皆以爲疑。王安石乃言今蕃戶富者。往往蓄緡錢二三十萬。彼尙不畏劫𥁞朝廷威靈。乃至衰弱如此。今欲連生羌。則形勢欲張。應接欲近古渭邊砦。便於應接商旅並集居者愈多。因建爲軍。增兵馬擇人守之。則形勢張矣。且蕃部得與官市。邊民無復逋負。足以懷來其心。因收其羸。更闢荒土。異日可以聚兵

由此觀之。市易之起本出於荆公之殖民政策。蓋邊徼未開之地。而欲以人力助長之。使趨於繁盛。其下手必在商務。然地既未開。商賈裹足。非以國力行之。莫爲功也。此荆公之所以排羣議而行之也。後此既有成效。乃推以及腹地。

（宋史食貨志）熙甯五年。遂詔出內帑錢帛。置市易務於京師。先是有魏繼宗者。上言京師百貨無常價。富人大姓。乘民之亟。牟利數倍。財既偏聚。國用亦屈。請假榷貨務錢置常平市易司。擇通財之官任其責。求良賈爲之轉易。使審知市物之價。賤則增價市之。貴則損價鬻之。因收餘息以給公上。於是中書奏在京置市易務。官凡貨之可市及滯於民而不得售者。平其價市之。願以易官物者聽。欲市於官。則度其抵而貸之錢。責期使償。半歲輸息十一。及歲倍之。凡諸司配率。並仰給焉。……其後諸州皆設市易務。

竊嘗疑當時均輸法。何以暫行之而遽廢。彼神宗與荆公。決非搖於人言者。始因市易行而均輸遂罷也。市易與均輸。其立法之意略同。惟均輸所及者。僅在定額之租稅。而市易所及者。則在一般之商務。故其範圍有廣狹之異。而既有市易。則均輸之效。已可並寓於其中也。考荆公所以行市易法者。其用意蓋有二。一則專注重於經濟學上所謂分配之一方面。用以裁抑豪富。保護貧民。蓋小農小工。有所穫殖製造。鬻之於市。往往爲豪富聯行抑勒。不予善價。則貧民之生產者病。豪商既以賤價得之。及其轉鬻也。又聯行而昂其值。則貧民之消費者又病。荆

公思有以救濟之。故其法遇有客人物貨出賣不行願賣入官者。許至務中投賣。勾行人牙人與客人平其價而買之。其賣出亦隨時估價。不得過取。凡以求分配之均也。一則更注重於經濟學上所謂生產之一方面。使金融機關得以流通。而母財之用愈廣。蓋小農小工之從事生產者。其資本大率有限。必待所生產之貨物賣訖。然後能回復其資本以再從事於生產。則中間往往隔斷不相屬。而生產力緣此而萎微。荊公思有以救濟之。故其法。凡人民能得五人以上爲之保證者。或以產業金銀抵當者。官可以貸以錢。（當時以銅錢及絹布等爲貨幣。而金銀非貨幣。故得以充抵當品。）而以所借期限之長短。而取其息十之一或十之二。凡以廣生產之資也。

市易法立法之本意如此。荊公之盡心於民事。亦可謂至矣。然則其法果可行乎。曰以吾論之。荊公諸法之不可行者。莫此若也。請言其故。由後之說。則市易務實一銀行也。（青苗與市易二法。皆與今世銀行所營之業相近。青苗則農業銀行之性質也。市易則商業銀行之性質）也。夫以荊公生八百年前。乃能知銀行爲國民經濟最要之機關。其識固卓絕千古。雖然。銀行之爲物。其性質宜於民辦而不宜於官辦。雖以今世各國之中央銀行。猶且以集股而成。不過政府施嚴重之監督而已。而其他之大小銀行。無一不委諸民辦。更無論也。今一一由政府躬親之。而董之以官吏。靡論其瑣碎而非治體也。而又斷不足以善其事。此歐洲各國皆嘗試之。而不勝其敝者也。由前之說。則爲一種專賣制度。夫其立法之本意。不過曰貨之不售者。而官乃爲收之耳。而及其末流。則必至籠天下之貨。而悉由官司其買賣。即不然。亦須由官估其價值。蓋非是而其所謂平物價之目的不得達也。夫籠天下之貨而司以官吏。此近世社會主義派所主張條理之一種。顧彼有與之相輔者焉。蓋從其說。則以國家爲唯一之資本家。爲唯一之企業家。更無第二者以與之競爭。夫是以可行。然其果可行與否。猶未敢斷言也。若在現今社會制度之下。欲行此制。云胡而可。現今之經濟社會。惟有聽其供求相劑。而自至於平。所謂自由競爭者。實其不可動之原則也。今乃欲取營運之職。而悉歸諸國家。靡論其必不能致也。苟能致焉。而其危險乃將愈甚。蓋其初意本欲以裁抑兼并者。而其結果勢必至以國家而自爲兼并者也。夫兼并者之病民誠烈矣。然有一兼并者起。不能禁他之兼并者。不起而與之相競。相競則可以漸底於平矣。若國家爲唯一之兼并者。而莫與抗焉。則民之顚頓更安得蘇也。凡此皆市易不可行之理由也。且尤有一說焉。荊公欲以一市易法而兼達前此所舉之兩目的。而不知此兩目的非能以一手段而並達之也。銀行之性質。最不宜於兼營其他商務。而普通商業。又最忌以抵當而貸出其資本。今市易法乃兼此兩種矛盾之營業。有兩敗俱傷耳。故當時諸法中。惟此最爲厲民。而國庫之食其利也亦甚薄。則荊公之意雖善。而行之未得其道故也。

## 第五　募役法

募役法者。變當時最病民之差役制。以爲募役制。而令民出代役之稅。以充募資。實近於一種之人身稅。而其辦法極類今文明國之所得稅。荊公救時惠民之第一良政也。吾儕生當今日。自本朝康雍間實行一條鞭法以後。政府從無役其民之事。語及役法。往往莫解其爲何物。而豈意數千年來國民之宛轉以死於是者。不知凡幾。自大政治家王荊公出。乃始啓其蘇生之路。今日猶食其賜也。

考差役之法。其源甚古。經傳所稱有力役之征。卽所述先王之政。亦只言用民之力歲不過三日。準此以談。則力役之征。雖三代以前未嘗免矣。蓋古代租稅之制未備。國家財政極微。有所興作。不得不用民力。揆以人民對於國家之義務。此亦未足云厲。然君主每濫用之而無節制。故孟子稱奪其民時。使不得耕耨以致凍餓離散。其水深火熱之狀。可以想見秦漢以還沿而勿革。逮宋而其敝益甚。今最錄當時士大夫所記事實與其所建議。以見荆公之改革。乃應於時勢之要求。萬不容已。而其法之完善而周密。亦以校諸前此之論者而可見也。

仁宗皇祐中。知并州韓琦上疏曰。州縣生民之苦。無重於里正衙前。兵興以來。殘剝尤甚。至有孀母改嫁。親族分居。或棄田與人以免上等。或非分求死以就單丁。規圖百端。苟脫溝壑之患。每鄉被差疏密。與貲力高下不均。假有一縣甲乙二鄉。甲鄉第一等戶十五戶。計貲爲錢三百萬。乙鄉第一等戶五戶。計貲爲錢五十萬。番休遞役。卽甲鄉十五年一周。乙鄉五年一周。富者休息有餘。貧者敗亡相繼。豈朝廷爲民父母之意乎。英宗時。諫官司馬光言。置鄉戶衙前以來。民益困乏。不敢營生。富者反不如貧。貧者不敢求富。臣嘗行於村落。見農民生具之微。而問其故。皆言不敢爲也。今欲多種一桑。多置一牛。蓄二年之糧。藏十匹之帛。鄰里已目爲富室。指抉以爲衙前矣。況敢益田疇葺閭舍乎。臣聞其事。怒焉傷心。安有聖帝在上。四方無事。而立法使民不敢爲久生之計者乎。

及神宗卽位。知諫院吳充亦上言。衙前被差之日。官吏臨門。籍記杯杵匕箸。皆計資產。定爲分數。以應須求。至有家貲已竭。而逋負未除。子孫既沒。而鄰保猶逮。是以民間規避重役。土地不敢多耕。而避丁等。骨肉不敢義聚而憚人上。無以爲生。乞定早定鄉役利害。以時施行。

三司使韓絳亦言。害農之弊。無過差役。重者衙前。多致破產。次則州役。亦須重費。向聞京東有父子二丁。將爲衙前。其父告其子云。吾當求死。使汝曹免凍餒。自經而死。又聞江南有嫁其祖母及與母析居以避役者。此大逆人理所不忍聞。又有鬻田產於富戶。田歸不役之家。而役併增於本等戶。其餘戕賊農民。未易遽數。望令中外臣庶條具利害委侍從臺省官集議考驗古制裁定使力役無偏重之患則農民知爲生之利有樂業之心矣。

凡此所稱述十分未得其一端然千載下讀之猶使人膺眾鼻酸涕泗而不能禁則當時躬遭斯厄者尙得有人趣矣乎此所云衙前者不過役之最苦累者耳自餘名目更僕難數蓋衙前以主官物里正戶長鄉書手以課督賦稅耆長弓手壯丁以逐捕盜賊承符人力手力散從以給官使令縣曹司至押錄州曹司至孔目官下至雜職虞候揀掐等不可悉紀各以鄉戶等第定差而命官將吏僧道皆得復役（復者免役）黠者或投身彼輩爲之傭奴亦得隨免民以得度牒出家爲脫苦難度牒之值重於地契而鄉氓賤族應役愈繁數而生計愈窘觀前所錄諸奏議則當時國民經濟之困頓岌岌乎不可終日可以想見而史家猶稱仁宗之世家給人足此孟子所以不如無書之歎也而其致敝之根原則莫甚於役法前此范文正以天下縣多故役蕃而民瘠乃首廢河南府諸縣將以次及他州（然已爲舊黨所攻所廢者不久旋復）韓魏公欲驗鄉之闊狹役之疏密而均之然此皆補苴罅漏於根本救治咸無當也司馬溫公言衙前當募民爲之其餘諸役則農民爲之是亦五十步之與百步耳而募之必有所酬所酬將安出溫公未及計也及神宗立荆公相乃廓然與之更始而募役法以起文獻通考卷十二記其略云

熙甯二年詔制置條例司講立役法條例司言考合衆論悉以使民出錢僱役爲便即先王之法致民財以祿庶人在官者之意也願以條目付所遣官分行天下博盡衆議奏可於是條諭諸路曰衙前既用重難分數凡買撲酒稅坊場舊以酬衙前者從官自賣以其錢同役錢隨分數給之其廂鎮場務之類舊酬獎衙前不可令民買占者即用舊定分數爲投名衙前酬獎如部水陸運及領倉驛場務公使庫之類舊煩擾且使陪備者今

當省使無費承符散從等舊苦重役償欠者。今當改法除弊使無困。凡有產業物力而舊無役者。今當出錢以助役。皆其條目也。久之司農寺言今立役條所寬優者皆村鄉樸愿不能自達之窮氓所裁取者乃仕宦兼幷能致人言之豪右若經制一定則衙司縣吏又無以施誅求巧舞之姦。故新法之行尤所不便。築室道謀難以成就。欲自司農申明所降條約先自一兩州爲始候其成就。卽令諸州軍倣視施行。若其法實便百姓當特獎之。從之。於是提點府界公事趙子幾以其府界所行條目奏上之帝下之司農寺詔判寺鄧綰曾布更議之綰布上言畿內鄉戶計產業若家資貧富之上下分爲五等。歲以夏秋隨等輸錢。鄉戶自四等坊郭自六等以下勿輸。兩縣有產業者上等各隨縣中等倂一縣輸。析居者隨所析而升降其等。若官戶女戶寺觀未成丁減半輸。皆用其錢募三等以上稅戶代役隨役重輕制祿。開封縣戶二萬二千六百有奇。歲輸錢萬二千九百緡以萬二百爲祿。贏其二千七百以備凶荒欠闕。他縣倣此。然輸錢計等高下而戶等著籍昔緣巧避失實乃詔責郡縣坊郭三年鄉村五年農隙集衆稽其物業考其貧富察其詐僞爲之升降。若故爲高下者以違制論。募法三人相任。(案任者保證也)衙前仍供物產爲抵。弓手試武藝。典吏試書計。以三年或二年乃更。爲法既具。揭示一月。民無異辭著爲令。於是頒其法天下。天下土俗不同役重輕不一民貧富不等從所便爲法。凡當役人戶以等第出錢名免役錢。其坊郭等第戶及成丁單女戶寺觀品官之家舊無色役而出錢者名助役錢。凡歛錢先視州若縣應用僱直多少。而隨戶等均取僱直既已足用又率其數增取二分以備水旱欠闕雖增毋得過二分。謂之免役寬剩錢。

嗚呼。吾讀條例司及司農寺所擬役法條目。而歎荆公及其僚屬眞所謂體大思精。可以爲立法家之模範矣。夫差役之病民既已若彼其甚則勢不能以不革明矣然前此諸役固有其煩苛而可以逕蠲之者亦有其爲國家所必需而不能蠲之者今熙甯新法於其可蠲者而既已蠲之矣（即條例司原議所謂如部水陸運以下今當省使無費者是也）其不可蠲者既不復以役諸民又不能以不役民之故而廢其事則不得不由國家募民之願充者以充之此事理至易見者也然既募充矣則非復義務的性質而變爲合意契約的性質非有報酬而孰肯爲之然國家者非能如私人之自有財產也其有所需則取諸民而已而此等義務人民本已負之者既數十年徒以立法不善故樸愿而弱者益病黠而豪强者倖免今因其固有之義務而修明之易征徭之性質爲賦稅之性質視前非有所增也此免役錢所以爲衷乎理也而其徵收之也以財產之高下列爲等第富者所徵較重貧者所徵愈微其尤貧者則盡豁免之此與今世各文明國收所得稅之法正同各國之收所得稅凡人民之收入少而僅足以維持其生計者不稅其有羨則稅之（日本之法所得在三百圓以下者不稅以上則稅之各國定限不同意則同一）而其稅之也定其等級比例而累進之（日本之法所得三百圓以上者千分稅十五百圓以上者千分稅十二一千圓以上者千分稅十五如是凡分爲十一等直至十萬圓以上者千分稅五十五此其大較也他國略類是）此實極均平之課稅法而各國財政學家所最稱道也乃荆公當數百年前各國未發明此法之時而所定與之暗合所謂計產業若家資貧富之上下分爲等第隨等輸錢鄉戶自四等坊郭自六等以下勿輸者是也豪族僧侶不供賦役而國家一切負擔盡責諸弱而無力之平民此歐洲中世以來之弊政而法國之大革命與夫近百年來歐洲諸國之革命其動機之泰半皆坐是也荆公痛心疾首於此等不平之政不憚得罪於巨室而毅然課彼輩以助役錢此歐洲諸國流億萬人之血乃得之者而公紓籌於廟堂頃刻而指揮若定也夫其立法之完善而周備既若是矣猶不敢自信乃揭示一月民無異辭然後著爲令而其行之也又不敢急激先施諸一兩州候其成就乃推之各州軍所謂勞謙君子

有終吉者非耶。自此法既行後此屢有變遷。而卒不能廢。直至今日。而人民不復知有徭役之事。卽語其名亦往往不能解伊誰之賜。荊公之賜也。公之此舉取堯舜三代以來之弊政而一掃之。實國史上世界史上最有名譽之社會革命也。吾儕生今日淡焉忘之久矣。試一觀當時諸人所述舊社會顚沛杌隉之情形。又考歐洲中世近世之歷史。見其封建時代右族僧侶朘削平民之事實。兩兩相印證。則夫對於荊公宜如何尸祝而膜拜者。而乃數百年來一犬吠形百犬吠聲。至今猶曰迂闊也。執拗也。苛酷也。甚者則曰營私也。僉壬也。嗚呼我國民之薄於報恩可以慨矣。

當時立法者之言曰。今所寬優皆村鄉樸愿不能自達之窮氓。所裁取者乃仕宦兼幷能致人言之豪右。知新法之行。不便彼輩而撓之者必衆矣。果也當時所謂士君子者交起而攻之。而其所持之理由。則不外出於自利。今略舉一二。

蘇轍之言曰。役人之不可不用鄉戶。猶官吏之不可不用士人。

蘇軾之言曰。自古役人之必用鄉戶。猶食之必用五穀。衣之必用絲麻。濟川之必用舟楫。行地之必用牛馬。雖其間或有以他物充代。然終非天下所可常行。　又曰士大夫捐親戚棄墳墓以從宦於四方者。宣力之餘。亦欲取樂此人之至情也。若廚傳蕭然。則似危邦之陋風。恐非太平之盛觀。

神宗嘗與近臣論免役之利。文彥博言祖宗法制具在。不須更張以失人心。上曰更張法制於士大夫誠多不悅。然於百姓何所不便。彥博曰爲與士大夫治天下。非與百姓治天下也。

嗚呼當時之攻新法者。其肺肝如見矣。如二蘇言。認鄉民之服役爲天經地義而不可拔。此陷溺於階級制度之陋俗。以爲天之生民生而有貴賤也。法國大革命時之貴族。俄國現今之貴族。皆持此論以自擁護其不正之權利。而不意吾國所謂賢者乃若此也。夫在今日。無論中國外國。皆無所謂役人。無所謂用鄉戶者矣。是得毋不以五穀而得食。不以絲麻而得衣耶。東坡見此。其將何說之辭。況東坡所痛恨於免役者。徒以廚傳蕭然。無以供從官於四方者之取樂云爾。如其所言。以此飾太平之盛觀。夫盛則誠盛矣。曾不記吾民緣此有孀母改嫁親族分居棄田與人以免上等。非分求死以就單丁者乎。曾不記吾民緣此而不敢多種一桑多置一牛蓄二年之糧藏十匹之帛乎。夫以少數官吏取樂之故。而使多數人民離析凍餒祈死惟恐不速。是直飲人之血以爲樂耳。是豺狼之言也。稍有人心者何忍出諸口。不意號稱賢士大夫者。靦然言之。而數百年之賢士夫且附和焉。以集矢於爲民請命之誼辟哲相。吾有以見中國之無公論也久矣。至如文潞公所言。尤有深可駭者。曰與士大夫治天下。非與百姓治天下。信如後言。則盡掠奪百姓之生命財產以求容悅於士大夫者。其得非郅治之極也耶。吾請正告天下後世之讀史者曰。荊公當時之新法。無一事焉非以利民。亦無一事焉非不利於士大夫。彼士大夫之利害與人民之利害固相衝突者也。今吾輩所能考見者。則當時士大夫之言也。其人民之言則無一而可考見者也。而欲摭一面之詞以成信讞。則其冤豈直莫須有云爾哉。夫免役則其一端而已。

當時造作言說以相謗訕者不可殫紀。據文獻通考載有同判司農寺曾布條奏辯詰之文。則夫謗者之虛搆誣詞與夫不審情實而漫爲揣測者。皆可以見。今錄其略云。

畿內上等戶盡罷昔日衙前之役。故今所輸錢比舊受役時其費十減四五。中等人戶舊充弓手手力承符戶長之類。今使上等及坊郭寺觀單丁官戶皆出錢以助之。故其費十減六七。下等人戶盡除前日冗役。而專充壯丁。且不輸一錢。故其費十減八九。大抵上戶所減之費少。下戶所減之費多。言者謂優上戶而虐下戶。得聚斂之謗。臣所未諭也。提舉司以諸縣等第不實。故首立品量升降之法。開封府司農寺方奏議時。蓋不知已嘗增減舊數。然舊敕每三年一造簿書。等第常有升降。則今品量增減。亦未爲非。又況方曉諭民戶。苟有未便。皆與釐正。則凡所增減。實未嘗行。言者則以爲品量立等者。蓋欲多斂僱錢。升補上等。以足配錢之數。至於祥符等縣。以上等人戶數多。減充下等。乃獨掩而不言。此臣所未諭也。凡州縣之役。無不可募人之理。今投名衙前半天下。未嘗不典主倉庫場務綱運。而承符手力之類。舊法皆許僱人。行之久矣。惟耆長壯丁。以今所措置最爲輕役。故但輪差鄉戶。不復募人。言者則以爲專典僱人。則失陷官物。耆長僱人。則盜賊難止。又以爲近邊姦細之人應募。則焚燒倉廩。或守把城門。則恐潛通外境。此臣所未諭也。免役或輸見錢。或納斛斗。皆從民便。爲法至此。亦已周矣。言者則謂直使輸錢。則絲帛粟麥必賤。若用他物準直爲錢。則又退揀乞索。且爲民害。如此則當如何而可。此臣所未諭也。昔之徭役。皆百姓所爲。雖凶荒饑饉。未嘗罷役。今役錢必欲稍有餘羨。迺所以爲凶年蠲減之備。其餘又專以興田利增吏祿。言者則以爲助錢非如稅賦有倚閣減放之期。臣不知昔之衙前弓手承符手力之類。亦嘗倚閣減放否。此臣所未諭也。兩浙一路。戶一百四十餘萬。所輸緡錢七十萬耳。而畿內戶十六萬。率緡錢亦十六萬。是兩浙所輸財半畿內。然畿內用以募役所餘亦自無幾。言者則以爲吏緣法意。廣收大計。如兩浙欲以羨錢徼幸。司農欲以出剩爲功。此臣所未諭也。

觀此則知當時之謗者。皆務揚惡而隱善。又於變法前之利病。與變法後之利病。未嘗一比較而權其輕重。其言悉爲意氣之私。而非義理之公。夫免役則其一端而已。及神宗殂落。司馬溫公執政。首罷募役法。復差役法。而前此攻新法最力之范堯夫則謂差役之事當熟講。不然滋爲民害矣。前此以差用鄉戶比諸絲麻五穀之蘇子瞻。又極言役可雇不可差雖聖人復起不能易且謂農民應差官吏百端誅求比於雇役苦樂十倍矣。同是一人也。而前後十餘年其言論之相反如此。豈非前者駭於其所未經見及成效卓著乃始不得不從而心折耶。語曰非常之原黎民懼焉。又曰凡人可與樂成難與慮始以堯夫子瞻之賢。而其識乃不過與黎民凡人同科。則荆公概目之爲流俗豈得曰誣。然堯夫子瞻悟前說之非而幡然以改終不失爲君子之過獨怪彼司馬溫公者當荆公未行此法以前已極言差役之弊首倡募役之說及其繼相乃聽一僉壬反覆之蔡京以盡反故相之所爲且並棄前此己所持說而不顧焉謂其惡功名之不出自我而傾人以自快取私耶以溫公之賢吾固不敢以此疑之。然舍此以外吾又不能得其居心之何在也。

## 第六　其他關於民政財政諸法

以上青苗均輸市易募役四法皆當時荆公特創之法之關於民政財政者也。（保甲法亦民政之重要者今以荆公行之之意在整頓軍政故以入次章）其他就舊法而整頓改良之者尚多今略論焉。

### （甲）農田水利

荆公初執政卽分遣諸路常平官使專領農田水利。吏民能知土地種植之法陂塘圩埠堤堰溝洫利害者皆得自言行之有效隨功利大小酬賞其後在位之日始終汲汲盡瘁於此業。史稱自熙甯三年至九年府界及諸路所興修水利田凡一萬七百九十三處。爲田三十六萬一千一百七十八頃云。

荆公所開水利不可悉數其大者曰浚黃河淸汴河。公之言浚黃河也曰北流不塞占公私田至多。又水散漫久復澱塞。昨修二股費至少而公私田皆出。向之瀉鹵。俱爲沃壤。時司馬歐陽二公皆沮之。歐陽之言曰。開河如放火。不開如失火。與其勞人。不如勿開。荆公曰。勞人以除害。所謂毒天下而民從之者。夫即此二說而一爲偷安。一爲任勞。其孰賢蓋易見矣。淸汴之議。則荆公早倡之。直至乞休後。元豐元年始行之。用功四十五日而成。此兩事者。爲利爲害。吾未能言之。要之足以證公之盡心民事而已。而當時蘇軾上書詆之。謂天下久平。民物滋息。四方遺利已盡。今欲鑿空訪尋水利。必大煩擾。此皆以一切不事事爲主義者。當時之士風然也。夫中國直至今日。遺利猶且徧地。況宋代承大亂之後。而眞仁間之凋敝。又如前所述耶。謂曰已無遺利。抑誰欺哉。

（乙）　方田均稅

方田均稅者。荆公整理田賦之政也。史記其始末如下。

熙甯五年八月。詔司農以均稅條約幷式頒之天下。以東西南北各千步當四十一頃六十六畝一百六十步爲一方。歲以九月縣委令佐分地計量。隨陂原平澤而定其地。因赤淤黑壚而辨其色。方量畢。以地及色參定肥瘠而分五等。以定稅則。至明年三月畢。揭以示民。一季無訟。卽書戶帖。連莊帳付之以爲地符。均稅之法。縣各以其租額稅數爲限。舊嘗取蹙零。如米不及十合而收爲升。絹不滿十分而收爲寸之類。今不得用其數。均攤增展致溢舊額。凡越額增數皆禁之。若瘠鹵不毛及衆所食利山林陂塘路溝墳墓。皆不立稅。凡田方之角。立土爲埄。植其野之所宜木以封表之。有方帳。有莊帳。有甲帖。有戶帖。其分煙析生典賣割移。官給契。縣置簿。皆以今所方之田爲正。令既具。乃以濟州鉅野尉王曼爲指敎官。先自京東路行之。諸路倣焉。

此蓋當時調查土地整頓賦稅之一政策。雖非荆公所特創。然亦言理財者所首當有事也。方田法蓋如近世所謂土地臺帳法。言地稅者稱此法最善焉。但其每年釐定一次。未免太煩數。不能持久耳。先揭以示民。一季無訟。乃著爲令。此又至仁之政也。方帳莊帳甲帖戶帖。雖其內容今不可考。然與今世文明國之法度。蓋甚有合矣。嚴禁越額增數。豁免瘠鹵及公利之地。惠民之意尤多。孰謂公之立法損下益上哉。

（丙）漕運

累朝建都北部。仰食東南。故漕運實爲國家一大政。北宋時尤甚。前此漕運吏卒。上下共爲侵盜貿易。甚則託風水沈沒以滅跡。官物陷折。歲不減二十萬斛。熙甯二年。荊公薦薛向爲江淮等路發運使。始募客舟與官舟分運。互相檢察。舊弊乃去。歲漕常數既足。募商舟運至京師者又二十六萬餘石而未已云。此在荊公相業中。雖甚爲微末。然其知人善任綜核名實之效。蓋可見也。

以上所列。皆荊公興舉民政財政之大略也。其條目班班可考。其本意無一不出於利民。烏有所謂損下益上。如俗吏掊克之所爲乎。雖其時奉行不實。致有與立法之本意相迕。而收效不如其所期者。蓋亦有焉。然吾固言之矣。當交通未便之時代。而欲以干涉政策治大國。其事實難。然則是固不足爲荊公罪也。況當時所謂廉潔之君子。莫肯爲之助。則雖有用人不當。而其咎則所謂君子者當分之矣。吾故詳述當時財政之眞相如右。俾後之讀史者省覽焉。

## 第十一章　荊公之政術（三）　軍政

### 第一　省兵

宋以養兵敝其國。擁百餘萬之兵。所費居歲入三之二。而不能以一戰。稍有識者。未嘗不盡焉憂之。然而卒莫之能革者。積重之勢。非豪傑不足以返之。而當時士大夫習於婾惰。其心力未有足任此者也。今請先述當時諸賢所論養兵之弊。次乃及荊公省兵之策。（下所錄者雖頗冗長然讀此方能知當時法之極敝不得不變又以見荊公保甲法與省兵相輔而攻之者爲無理取鬧也）

仁宗嘉祐間知諫院范鎮上書云。

今田甚曠。民甚稀。賦斂甚重。國用甚不足者。正由兵多故也。議者必曰以爲契丹備也。且契丹五十年不敢南入爲寇者。金繒之利厚也。就使棄利爲害。則大河以北。婦人女子。皆是乘城之人。其城市無賴。隴畝力田者。又將焉用而預蓄養之以困民。夫取兵於民則民稀。民稀則田曠。田曠則賦役重。賦役重則民心離。寓兵於民則民稠。民稠則田闢。田闢則賦役輕。賦役輕則民心固。與其離民之心以備契丹。契丹未至而民力先已匱。孰若固民之心以備契丹。雖至而民力有餘。國用有備。其利害若視白黑。若數一二。而今以爲難者。臣所以深惑也。昔漢武以兵困天下者。用兵以征匈奴。空漠北。得所欲也。陛下以兵困天下者。不用兵養兵以至是也。非以快所欲也。何苦而爲是乎。

歐陽修亦論之云。

國家自景德罷兵三十三歲矣。兵嘗經用者。老死幾盡。而後來者未嘗聞金鼓識戰陣也。生於無事而飽於衣食也。其勢不得不驕惰。今衞士入宿。不自持被而使人持之。禁兵給糧。不自荷而僱人荷之。其驕如此。況肯冒辛苦以戰鬬乎。前日西邊之吏。如高化軍齊宗舉兩用兵而輒敗。此其効也。夫就使兵耐辛苦而能鬬戰。雖耗農民爲之可也。奈何有爲兵之虛名。而其實驕惰無用之人也。古之凡民長大壯健者。皆在南畝。農隙則教之以戰。今乃大異。一遇凶歲。則州郡吏以尺度量民之長大而試其壯健者。招之去爲禁兵。其次不及尺度而稍怯弱者籍之以爲廂兵。吏招人多者有賞。而民方窮時爭投之。故一經凶荒。則所留在南畝者。惟老弱也。而吏方曰不收爲兵則恐爲盜。噫。苟知一時之不爲盜。而不知終身驕惰而竊食也。古之長大壯健者任耕。而老弱者游惰。今之長大壯健者游惰。而老弱者留耕也。何相反之甚邪。然民盡力乎南畝者或不免乎狗彘之食。而一去爲增兵。則終身安佚而享豐腴。則南畝之民。不得不日減也。故曰有誘民之弊者。謂此也。

又云

古之善用兵者。可使之赴水火。今廂禁之軍。有司不敢役。必不得已而暫用之。則謂之借倩。彼兵相謂。亦曰官倩我。而官之文符亦曰倩。夫賞者所以酧勞也。今以大禮之故。不勞之賞。三年而一徧。所費八九十萬。有司不敢緩月日之期。兵之得賞。不以無功知愧。乃稱多量少。比好嫌惡。小不如意。則持梃而呼。羣聚欲擊天子之命吏。無事之時猶若此。以此知兵驕也。兵之敢驕者。以用之不得其術。而法制不立也。前日五代之亂。可謂極矣。五十三年之間。易五姓十二君。而亡國被殺者八。長者不過十餘歲。甚者三四歲而亡。其主豈皆愚邪。其心豈樂禍亂而不欲爲久安之計乎。顧其力不能者時也。當時東有汾晉。西有岐蜀。北有强胡。南有江淮閩廣吳越荆潭。天下分爲十三四。四面環之。以至加之中國。又有叛將强臣割而據之。其君天下者類皆爲國日淺。威德未洽。强君武主。力而爲之。僅以自守。不幸孱子弱孫。不過一再傳而復亂敗。是以養兵如兒子之啖虎狼。猶恐不爲用。尚何敢制。天下之勢。方若敝廬。補其奧則隅壞。整其桷則棟傾。支撑扶持。苟存而已。尚何暇法象規矩而爲制度。今宋之爲宋。八十年矣。外平僭亂。無抗敵之國。內削方鎮。無强叛之臣。天下爲一。海內晏然。爲國不爲不久。天下不爲不廣也。然而兵不足以威於外而敢驕於內。制度不可爲萬世法。而日益叢雜。一切苟且。不異五代之時。此甚可歎也。

蘇軾亦論之云。

夫兵無事而食。則不可使聚。聚則不可使無事而食。此二者相勝而不可並行。其勢然也。今夫有百頃之閒田則足以牧馬千駟。而不知費。聚千駟之馬而輸百頃之芻。則其費百倍。此易曉也。昔漢之制。有踐更之卒。而無營田之兵。雖皆出於農夫。而方其爲兵也。不知農夫之事。是故郡縣無常屯之兵。而京師亦不過有南北軍期門羽林而已。邊境有事。諸侯有變。皆以虎符調發郡國之兵。至於事已而兵休。則渙然各復其故。是以其兵雖不離農。而天下不至於弊者。未嘗聚也。唐有天下。置十六衞府兵。天下之府八百餘所。而屯於關中者至有五百。然皆無事則力耕而積穀。不惟以自贍養。而又足以廣縣官之儲。是以兵雖聚於京師。而天下亦不至於弊者。未嘗無事而食也。今天下之兵。不耕而聚於畿輔者以數十萬計。皆仰給於縣官。有漢唐之患。而無漢唐之利。擇其偏而兼用之。是以兼受其弊而莫之分也。天下之財。近自淮甸。而遠至於吳楚。凡舟車所至。人力所及。莫不盡取以歸於京師。晏然無事。而賦斂之厚。至於不可復加。而三司之用。猶苦其不給。其弊皆起於不耕之兵聚於內。而食四方之貢賦。非特如此而已。又有循環往來屯戍於郡縣者。昔建國之初。所在分裂。擁兵而不服。太祖太宗。躬擐甲冑。力戰而取之。既降其君。而籍其疆土矣。然其故基餘孽。猶有存者。上之人見天下之難合。而恐其復發也。於是出禁兵以戍之。大自藩府。而小至於縣鎭。往往皆有京師之兵。由此觀之。則是天下之地。一尺一寸。皆天子自爲守也。而可以長久而不變乎。費莫大於養兵。養兵之費。莫大於征行。今出禁兵而戍郡縣。遠者或數千里。其月廩歲給之外。又日供其芻糧。三歲而一遷。往者紛紛。來者纍纍。雖不過數百爲輩。而要其歸無以異於數十萬之兵三歲而一出征也。農夫之力安得不竭。餽運之卒安得不疲。且今天下未嘗有戰鬥之事。武夫悍卒非有勞伐可以邀其上之人。然皆不得爲休息閑居無用之兵者。其意以爲爲天子出戍也。是故美衣豐食。開府庫。輦金帛。若有所負。一逆其意。則欲羣起而噪呼。此何爲者也。天下一家。且數千百年矣。民之戴君。至於海隅。無以異於畿甸。亦不必舉疑四方之兵。而專信禁兵也。曩者蜀之有均賊。近歲貝州之亂。未必非禁兵致之。臣愚以爲郡縣之士兵。可以漸訓而陰奪其權。則禁兵可以漸省而無用。天下武健。豈有常所哉。山川之所習。風氣之所咻。四方之民一也。昔者戰國常用之矣。蜀人之怯懦。吳人之短小。皆嘗以抗衡於上國。夫安得禁兵而用之。今之士兵。所以鈍弊劣弱而不振者。彼見郡縣皆有禁兵。而待之異等。是以自棄於賤隸役夫之間。而將吏亦莫訓也。苟禁兵漸省。而以其資糧益優郡縣之士兵。則彼固以歡欣踴躍出於意外。戴上之恩而願效其力。又何遽不如禁兵邪。夫士兵日以多。禁兵日以少。天子扈從捍城之外。無所復用。如此。則內無屯聚仰給之費。而外無遷徙供億之勞。費之省者。又已過半矣。

又云。

三代之兵。不待擇而精。其故何也。出兵於農。有常數而無常人。國有事。要以一家而備一正卒。如斯而已矣。是故老者得以養疾。病者得以爲閑民。而役於官者。莫不皆其壯子弟。故其無事而田獵。則未嘗發老弱之民。師行而餽糧。則未嘗食無用之卒。使之足輕險阻。而手易器械。聰明足以赴旗鼓之節。强銳足以犯死傷之地。千城之衆而人人足以自捍。故殺人少而成功多。費用省而兵卒强。及至後世。兵民既分。兵不得復而爲民。於是

> 始有老弱之卒。夫既已募民而爲兵。其妻子屋廬。既已託於營伍之中。其姓名既已書於官府之籍。行不得爲商。居不得爲農。而仰食於官。至於衰老而無歸。則其道誠不可以棄去。是故無用之卒。雖薄其資糧。而皆廩之終身。凡民之生自二十以上至於衰老。不過四十餘年之間。勇銳强力之氣。足以犯堅冒刃者。不過二十餘年。今廩之終身。則是一卒凡二十年無用而食於官也。自此而推之。養兵十萬。則是五萬人可去也。屯兵十年。則是五年爲無益之費也。今天下募兵至多。往者陝西之役。舉籍平民以爲兵。加以明道寶元之閒。天下旱蝗。次及近歲青齊之饑與河朔之水災。民急而爲兵者日益衆。舉籍而按之。近世以來。募兵之多。無如今日者。然皆老弱不教。不能當古之十五。而衣食之費。百倍於古。此甚非所以長久而不變者也。凡民之爲兵者。其類多非良民。方其少壯之時。博奕飲酒。不安於家。而後能捐其身。至其少衰而氣沮。蓋亦有悔而不復者矣。臣以謂五十以上。願復而爲民者。宜聽。自今以往。民之願爲兵者。皆三十以下。則收限以十年。而除其籍。民三十而爲兵。十年而復歸。其精力思慮。猶可以養生送死。爲終身之計。其應募之日。心知其不出十年。而爲十年之計。則除其籍而不怨。以無用之兵終身坐食之費。而爲重募。則應者必衆。如此。縣官常無老弱之兵。而民之不任戰者。不至於無罪而死。彼皆知其不過十年而復爲平民。則自愛其身而重犯法。不至於叫呼無賴以自棄於凶人。今夫天下之患。在於民不知兵。故兵常驕悍。而民常怯。盜賊攻之而不能禦。戎狄掠之而不能抗。今使民得更代而爲兵。兵得復還而爲民。則天下之知兵者衆。而盜賊戎狄將有所忌。

讀此則當時養兵之積弊。其萬不能以不革也明矣。則范歐蘇諸公所建議者。乃卽荆公後此所實行者也。而其必有待於荆公者何也。則甚矣言之易而行之難。天下大業。終非坐論者之所能了也。夫仁宗固優柔之主。不可以語於大計矣。若夫神宗則英斷天縱。宜若可輔之以行其言。然帝一議及實行。則羣臣相率動色。莫敢負此責任矣。其首沮撓者則司馬光也。其言曰。

沙汰既多。人情皇惑。大致愁怨。雖國家承平。紀綱素張。此屬恟恟。亦無能爲。然詔書一下。萬一有道路流言。驚動百姓。朝廷欲務省事。復爲收還。則頓失威重。向後不復可號令驕兵。若遂推行。則衆怨難犯。梁室分魏博之兵。致張彥之亂。此事之可鑑者也。

溫公此論。殆可爲當時反對黨之代表矣。問其理由。則不過慮驕兵之不可制。一省之遂激而爲變。而務爲姑息以養癰而已。使非有荆公。則此舉亦以築室道謀而廢耳。當帝與公議省兵也。帝曰。密院以爲必有唐建中之變。公對曰。陛下躬行德義。憂勤政事。上下不蔽。必無此理。建中所以致變。以德宗用盧杞之徒而疏陸贄。其不亡者幸也。今但當斷自聖心。詳立條制。以漸推行。帝意遂決。於是熙甯元年。詔諸路監司察州兵不如法者。按之不任禁軍者降廂軍。不任廂軍者免爲民。尋又詔揀諸路半分年四十五以下勝甲者。陞爲大分。五十以上願爲民者聽之。舊制兵至六十一始免。猶不卽許也。至是免爲民者甚衆。冗兵由是大省。二年。遂詔廢併諸軍營。陝西馬步軍營三百二十七。併爲二百七十。馬軍額以三百人。步軍以四百人。其後總兵之撥併者。馬步軍五百四十五營。併爲三百五十五。而京師之兵。類皆撥併畿甸諸路。及廂軍皆總會畸零。各定以常額。自熙甯至元豐。歲有廢併甚衆。而增置武衞軍。嚴其訓練之法。不數年皆爲精兵云。

夫冗兵之當省。當時夫既盡人而知之。然而不敢發難者。謂懼兵之爲變也。然以荆公毅然行之。匕鬯不驚。則其所謂可懼者安在。毋亦諸賢憚於興作。不肯負責任。不肯貫勞怨。甯坐視國家之凋敝。而終不以己之爵位名譽嘗試於成敗不可知之數也。夫自爲計則得矣。但不知國家果何取乎有此大臣也。治平間之兵。凡一百十六萬二千。至熙甯省爲五十六萬八千六百八十八。元豐稍有增置。亦僅爲六十一萬二千二百四十三。蓋視前省其半矣。夫以荆公初執政。而能省宮廷費及其他冗費十之四。執政十年。而能次第省冗兵十之五。此其魄力之雄偉果毅。豈復可以測度耶。而其任事之艱貞勞瘁。亦可以想見矣。夫此二者。皆當時言論家所日日鼓舌以談之者也。談之而不能行。荆公行焉。則又從而詆之。其可謂無人心者也。而後之論史者。於此偉績。熟視若無覩焉。其可謂無目者也。荆公所省之兵。宋史兵志詳臚其廢併之迹。以建隆以來之制與熙甯以後之制兩兩比較。學者欲知其細。可以覆視。今弗具也。

第二　置將

荆公之省兵。非退嬰政策。而進取政策也。宋之兵所以雖多而不可用者。其原因不一。而其最病者。則將與兵不相知。兵與將不相習也。藝祖鑒晚唐五季之儆懼將之能私有其兵也。於是創爲更戍之法。分遣禁旅戍守邊城。其以彊悍將驕卒之跋扈計良得矣。然其儆也。非徒踐更旁午。蝕財病民而已。而以將不知兵。兵不知將之故。而有兵等於無兵。及荆公執政。始部分諸路將兵。總隸禁旅。使兵知其將。將練其士。平居知有訓厲。而無番戍之勞。有事而後遣焉。此實宋兵制一大改革也。今考當時將兵之數及其配置之地。列表如下。

（一）擁護京畿之兵。凡三十七將（熙甯七年置）
- 河北四路……自第一將以下共十七將
- 府畿……自第十八將以下共七將
- 京東……自第二十五將以下共九將

- 京西……自第三十四將以下共四將

（二）西北邊防之兵凡四十二將（熙甯八年置）

- 鄜延……九將
- 涇原……十一將
- 環慶……八將
- 秦鳳……五將
- 熙河……九將

（三）分戍東南之兵凡十三將（元豐四年置）

- 淮南
  - 東路……第一將
  - 西路……第二將
- 兩浙
  - 西路……第三將
  - 東路……第四將
- 江南
  - 東路……第五將
  - 西路……第六將
- 荊湖
  - 北路……第七將
  - 南路
    - 潭州……第八將
    - 全邵永州……第九將
- 福建路……第十將

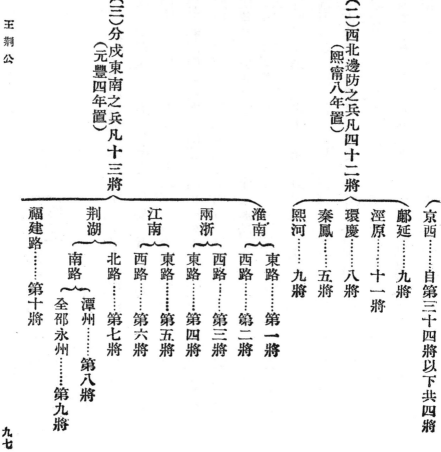

- 廣南
  - 東路……第十一將
  - 西路
    - 桂州……第十二將
    - 邕州……第十三將

總天下都爲九十二將而尙有馬軍十三指揮忠果十指揮士軍兩指揮都爲二十五指揮與將並行此荆公所定常備兵之編制也其一將一指揮之下所屬之兵數幾何史無明文今不可考但知其忠果十指揮額各五百人而東南路諸將所屬兵有在三千人以下者耳大約各隨屯地之險易以爲多寡其額非一定也其所謂將者非將帥之謂而一團體之名稱也殆有類於今日新軍制之所謂鎭有類於日本軍制所謂師團其以第一將第二將等爲之記號亦與今制暗合而其擇全國險要扼塞之地而分配之各得其宜則又今之治兵者所未能望其項背也其第一項之三十七將所以擁衞京師且防契丹也韓琦請撤之以免契丹之疑者卽此也（顏習齋嘗斥韓說卽御批通鑑輯覽亦不直之）其第二項之四十二將所以圖西夏也公之於二虜處心積慮以圖之故其兵力之集於此者特厚焉其第三項之十三將則以保境內之治安而已故置之遠在後而其兵力亦僅全國五之一也將兵之制所以與晚唐五代之制異者以其悉爲禁旅天子自爲大元帥以統之將官不得私有其兵故兵權無旁落之患也其所以與建隆以來之制異者則將與士相習有訓練之實而無更戍之煩也求諸今世惟德國日本之陸軍編制法最近之若中國現今之制則猶學焉而未能至者也嗚呼荆公倜乎遠矣

自元祐推翻新政將兵之制雖未盡廢然衆令州縣官得統轄兵隊與將官分權軍令不出於一而兵之偷惰乃日甚馴至女眞長驅莫之能禦而宋遂以此南渡矣悲夫

第三 保甲

省兵也。置將也。皆荊公一時權宜之政策。聊救時弊而已。若其根本政策。尚不在是。荊公者。蓋持國民皆兵之主義者也。欲達此目的。則必廢募兵以爲徵兵。於是乎保甲法與。

保甲之性質有二。其一則爲地方自治體之警察。其一則爲後備兵及國民兵也。荊公辦保甲之意。本欲以改革兵制。而其下手則先自警察始。請先言警察之保甲。

熙甯三年。始頒保甲法。其內容如下。宋史原文所載頗繁今撮而詮釋之

(一)十家爲一保。五十家爲一大保。十大保爲一都保。

其同保不及五家者。附於地保。有自外入保者。則收爲同保。俟滿十家。乃別置焉。

(二)每保置保長一人。每大保置大保長一人。以主戶有幹力者充之。每都置都保正一人。副一人。以衆所服者充之。凡任保正副保長。皆以選舉。

(三)每戶有兩丁以上者。選一人爲保丁。附保兩丁以上有餘丁而壯勇者亦附之。

(四)凡不在禁內之兵器。許保丁習之。

(五)每一大保夜輪五人儆盜。凡告捕所獲。以賞從事者。

(六)凡同保中有犯强盜殺人放火强姦略人傳習妖教造畜蠱毒等罪。知而不以告者罰之。但非法律所聽糾者。毋得告發。

(七)有窩藏强盜三人以上。經三日以上者。鄰保雖不知情。亦科以失覺之罪。

（八）此法先行諸畿甸以次推及諸路。

由此觀之則保甲法最初之性質與今世所謂警察者正相類明甚。而其警察權則委諸地方自治之團體者也。警察權當集諸中央乎抑當分諸地方乎當以官吏專任其職乎抑當以人民兼任其職乎。此兩者各有利害。至今言政者猶未能斷定。而在境宇寥廓之國中央政府之力苦難綜核以及於微末則以官吏謀之。良不如使民自爲謀。而荆公之保甲法則地方警察之性質也。

荆公之行保甲非徒以爲警察而已實欲改募兵以爲徵兵。而借保甲爲之造端。當時宋制有所謂義勇兵者。數頗不少。然其無用亦與禁兵廂兵等。公乃欲用其形式。而變其精神。此立保甲之本意也。草創伊始。廷臣莫或以爲然。公與神宗及諸臣反覆辨詰。乃克實行。今據宋史兵志錄其辨詰之詞如下。

帝謂府兵須與租庸法相須。

安石曰今義勇土軍上番供役。既有廩給。則無貧富皆可以入衞出戍。雖無租庸調法。亦自可爲。第義勇皆良民當以禮義奬養。今皆倒置者。以涅其手背也。教閱而糜費也。使之運糧也。三者皆人所不樂。若更毆之就敵。尤人所憚也。

馮京曰義勇亦有以挽强得試推恩者。

安石曰挑强而力有不足。則絕於進取。是朝廷有推恩之濫。初非勸奬。使人趨武用也。今欲措置義勇。皆當反此。使害在於不爲義勇。而利在於爲義勇。則俗可變。而衆技可成。臣願擇鄉間豪傑以爲將校。稍加奬拔。則人自悅服。矧今募兵爲宿衞。及有積官至刺史以上者。移此與彼。固無不可。況不至如此費官祿。已足使人樂爲哉。陛下誠能審擇近臣。皆有政事之材。則異時可使分將此等軍矣。今募兵出於無賴之人。尙可爲軍廂主。則近臣以上。豈不及此輩哉。此乃先王成法。社稷之長計也。

帝曰然。

帝又言節財用。

安石曰。減兵最急。

帝曰。比慶歷數已甚減矣。因舉河北陝西兵數。慮募兵太少。緩急或闕事。

安石曰。精訓練募兵。而鼓舞三路之民習兵。則兵可省。臣屢言河北舊爲武人割據。內抗朝廷。外敵四鄰。亦有禦奚契丹者。兵儲不外求而足。今河北戶口蕃息。又舉天下財物奉之。常若不足以當一面之敵。其設施乃不如武人割據時。則三路事有當講畫者。在專用其民而已。

帝又言邊兵不足以守。徒費衣廩。然固邊圉又不可悉減。

安石曰。今更減兵。則誠無以待緩急。不減則費財困國無已時。臣以爲倘不能理兵稍復古制。則中國無富強之理。

帝曰。唐都長安。府兵多在關中。則爲强本。今都關東。而府兵盛。則京師反不足待四方。

安石曰。府兵在處可爲。又可令入衞。則不患本不强。

韓絳呂公弼皆以入衞爲難。

文彥博曰。如曹濮人專爲盜賊。豈宜使入衞。

安石曰。曹濮人豈無應募。皆暴猾無賴之人。尚不足以爲慮。義勇皆良民。又以物力戶爲將校。豈當復以爲可疑也。

陳升之欲令義勇以漸戍近州。

安石曰。陛下若欲去數百年募兵之敝。則宜果斷。詳立法制。令本末備具。不然無補也。

帝曰。制而用之在法。當預立條制。以漸推行。

彥博等又以爲土兵難使千里出戍。

安石曰。前代征流求討黨項。豈非土兵乎。

帝曰。募兵專於戰守。故可恃。至民兵則兵農之業相半。可恃以戰守乎。

安石曰。唐以前未有黥兵。然亦可以戰守。臣以爲募兵與民兵無異。顧所用將帥何如耳。將帥非難求。但在人主能察識而善駕御之。則人材出而爲用。不患無將帥。有將帥則不患民兵不爲用矣。

帝曰。經遠之策。必當什伍其民。費省而兵衆。且與募兵相爲用矣。

安石曰。欲公私財用不匱。爲宗社久長計。募兵之法。誠當變革。

帝曰。密院以爲必有建中之變。

安石曰。陛下躬行德義。憂勤政事。上下不蔽。必無此理。建中所以致變。德宗用盧杞之徒。而疏陸贄。其不亡者幸也。

時有造作謠言。謂朝廷教練保甲。將徙之戍邊者。鄉民驚擾。或父子聚首號泣。或自殘傷以避團。韓維等請暫停以安民。
安石曰。乃者保甲人得其願上番狀。然後使之。宜於人情無所驚疑。且今居藏盜賊及爲盜賊之人。固不便新法。陛下觀長社一縣。捕獲府界劇賊爲保甲迫逐出外者至三十人。此曹旣不容京畿。又見捕於輔郡。其計無聊。專務煽惑。自古作事。未有不以勢率衆而能令上下如一者。任其自去來。卽孰肯聽命。若以法驅之。又非人所願。爲且爲天下者。如止欲任民情所願而已。則何必立君而爲之張置官吏也。今宜遣官先諭上旨。然後以法推行之。
帝一日謂安石曰。曾孝寬言民有斬指訴保甲者。
安石曰。此事得於蔡駰。趙子幾使駰驗問。乃民因斲木誤斬指。參證者數人。大抵保甲法。上自執政大臣。中則兩制。下則盜賊及停藏之人。皆所不欲。然臣召鄉人問之。皆以爲便。雖有斬指以避丁者。不皆然也。況保甲非特除盜。固可漸習爲兵。旣人皆能射。又爲旗鼓變其耳目。且約以免稅上番代巡檢兵。又自正長而上能捕賊者奬之以官。則人競勸。然後使與大兵相參。則可以銷募兵之驕志。且省財費。此國家長久之計也。
帝遂變三路義勇如府畿保甲法。
馮京曰。義勇已有指揮使。指揮使卽其鄉里豪傑。今復作保甲。令何人爲大保長。
安石曰。古者民居則爲鄉。伍家爲比。比有長。及用兵。卽五人爲伍。伍有伍司馬。二十五家爲閭。閭有閭胥。二十五人爲兩。兩有兩司馬。兩司馬卽閭胥。伍司馬卽比長。第隨事異名耳。此三代六鄉六軍之遺法。其法見於書。自夏以來至周不改。秦雖決裂阡陌。然什伍尚如古制。此所以兵衆而强也。近代唯府兵爲近之。今舍已然之成憲。而乃守五代亂亡之餘法。其不足以致安强無疑。然人皆恬然。不以因循爲可憂者。所見淺近也。

或曰保甲不可代正軍上番

安石曰。俟其習熟。然後上番。然東兵技藝。亦弗能優於義勇保甲。臣觀廣勇虎翼兵固然。今爲募兵者。大率皆偷惰頑猾不能自振之人。爲農者朴力一心聽令之人。則緩急莫如民兵可用。

馮京曰。太祖征伐天下。豈用農兵

安石曰。太祖時接五代因極。豪傑多以從軍爲利。今百姓安業樂生。而軍中不復有如嚮時拔起爲公侯者。卽豪傑不復在軍。而應募者皆媮惰不能自振之人耳。

文彥博曰。以道佐人主者。不以兵强天下。

安石曰。以兵强天下者。非道也。然有道者。固能柔能剛。能弱能强。方其能剛强。必不至柔弱。張皇六師。固先王之所尙也。但不當專務兵强耳。

帝曰。保甲義勇芻糧之費。當預爲之計。

安石曰。當減募兵之費。以供之所供保甲之費。纔養兵十之一二。

帝曰。畿內募兵之數。已減於舊。强本之勢。未可悉減。

安石曰。既有保甲代其役。卽不須募兵。今京師募兵逃死停放。一季乃數千。但勿招塡。卽爲可減。然今廂軍既少。禁兵亦不多。臣願早訓練民兵。民兵成則募兵當減矣。且今保甲閱藝八等。勸獎至優。人競私習。不必上番然後就學。臣愚願期以數年。其藝非特勝義勇。必當勝正兵。正兵技藝取應官法而已。非若保甲人人有勸心也。

以上皆初設保甲時荆公廷辯之言。所以不憚冗沓而詳錄之者。（所錄尚有刪節）一以此法爲荆公精神所寄。宜有以傳之。一以宋史所載荆公政績。恆務爲簡略。無以考見其立法之精意。惟兵志於此事言之稍詳。更不可以不表而出之也。嗚呼。吾讀此而歎荆公識見之遠。憂國之誠。任事之勇。誠曠古而無其匹矣。夫服兵役者。國民對於國家至大之義務。無所逃於天地之間者也。故士農工商舉宜爲兵。而萬不容於士農工商以外。別有所謂兵之一階級者存。使於士農工商以外別有所謂兵之一階級者存。則此階級必爲藏垢納污之所。而其兵未有能用者也。宋以募兵之故。而致兵別爲一階級。彼其積敝。當日諸賢言之既詳。然豈必遠徵諸宋。即以近今之旗兵綠營防勇。其腐敗之跡。固已與我輩以共見矣。荆公欲清其病源。乃發明專用鄉民農民之義。此曾胡江羅之治湘軍所以能有功也。其言曰。農民朴力一心。聽令緩急。惟民兵足恃。試繙曾文正函牘中。其類此之言。不可悉數。蓋非實心治事而有經驗者。未易能見及此也。而其所以用之之法。則首在獎養之以禮義。而鼓舞之以名譽。夫曾羅諸賢之所以克建大業者。恃此而已。夫日本人所日日自夸衒以爲大和魂。遂以屢奏奇捷。使天下萬國瞠目而相視者。恃此而已。而中國自秦漢以後二千年間。所稱賢士大夫。其能知之者有幾人耶。其能知之而復能行之者。更有幾人耶。荆公當時所行諸新法中。惟保甲法所注心力尤多。而其受謗賈怨也亦最重。蓋其他諸法。大率專以便民。故非之者。惟朝廷意氣之徒。民莫或和也。獨至保甲法。以其與減兵交相爲用也。故募兵從而怨之者一矣。以其職司警察以維治安也。則爲盜者與藏盜者從而怨之者二矣。然此猶未足以爲病也。乃其爲法也。舉天下成年之壯夫。無貧無富。無貴無賤。而悉勞之以武事。範之以紀律。則夫不願從事而從而怨之者三矣。夫常人之情好佚而惡勞好放縱而惡束縛況以中國數千年來久慣放任之人民重以有宋中葉紀綱蕩然上下習於媮惰以爲成性乃一旦欲取而銜勒之勞其筋骨而張其負擔民之以爲厲己固其所耳故夫當時廷臣耳目所接謂有斬指以避丁聚首以號泣者此實情理所宜有未必純爲虛搆誣罔之詞也雖然此足以爲保甲病乎子產有孰殺之歌孔子有麛裘之謗凡一政當改革之始則必有多數人大感其苦痛者矣緣是而遂廢法不行則天下甯復有能革之弊耶公之言曰自古作事未有不以勢率衆而能令上下如一者又曰如止欲任民情所願而已則何必立君此豈漫爲法家專制之言哉蓋政治之大原理實如是也夫所惡乎專制者惡其病民病國而自以爲利耳若夫事之關於國利民福而總攬主權者强制以執行之則何惡之有夫强國民以服兵役之義務則正國家之所當有事也其有抗焉則是對於國家而行叛逆也而荆公當時對於此輩曾未嘗一懲艾焉惟反復勸諭且多爲其途以誘導奬勸之使徐以自悟吾但見其仁心之盎然而已而議者乃反以爲束溼之政則甚矣羣盲之論不足以爲是非也

史記訓練保甲以爲民兵之次第云

熙甯二年十一月始立府界集敎大保長法以王中正狄諮兼提舉府界敎保甲大保長總二十二縣爲敎場十一所大保長凡二千八百二十五人每十人一色事藝置敎頭一凡禁軍敎頭二百七十都敎頭三十使臣十弓以八斗九斗一石爲三等弩以二石四斗二石七斗三石爲三等馬射九斗八斗爲二等其材力超拔者爲頭等當敎時月給錢三千日給食官予戎械戰袍又具銀楪酒醪爲賞犒

三年大保長藝成乃立團敎法以大保長爲敎頭敎保丁焉凡一都保相近者分爲五團卽本團都副保正所

居空地聚教之以大保長藝成者十人袞教五日一周之五分其丁以其一爲騎二爲弓三爲弩府界法成乃推之三路各置文武官一人提舉河北則狄諮劉定陝西則張山甫河東則黃廉王崇拯以封樁養贍義勇保甲錢糧給其費是歲引府界保甲武藝成帝親閱錄用能者餘賜金帛四年改五路義勇爲保甲　其年府界河北河東陝西路會校保甲都保凡三千二百六十六其正長壯丁凡六十九萬一千九百四十五歲省舊緡錢一百六十六萬一千四百八十三歲增費緡錢三十一萬三千一百六十六而團教之賞爲錢一百萬有奇不與焉

迄熙甯九年凡義勇保甲及民兵七百一十八萬二千二十八人云

此保甲法推行之大略也

荆公之治保甲成效卓著始焉用之爲警察而盜賊大息前此環畿羣盜攻劫殺掠歲輒二百起至是則無復一也僅長野一縣而捕獲近畿劇賊爲保甲迫逐出外者且三十人也繼焉用之爲民兵教閱之初衆論沸騰教藝既成乃勝正兵其勸獎賞賚所需皆取諸封樁及禁軍闕額所省溢者未嘗費戶部一錢司農官親任其事督責檢察極精密縣令有强使保甲置衣裝非理騷擾者皆予處分故人莫敢不奉法而獎厲既優仕宦及有力之家子弟皆欣然趨赴也（以上皆節宋史兵志語）由此觀之則荆公與神宗十餘年經營之苦心其亦可謂不負矣而豈意神宗之骨未寒而良法美意遂破壞以盡也

元豐八年哲宗嗣位知陳州司馬光即首上疏乞罷保甲其言曰

（前略）自唐開元以來民兵法壞戍守戰攻盡募長征兵士民間何嘗習兵國家承平百有餘年戴白之老不

識兵革。一旦畎畝之人皆戎服執兵奔驅滿野。耆舊歎息。以爲不祥。事既草創。調度無法。比戶騷擾。不遺一家。又朝廷時遣使者徧行按閱。所至犒設賞賚。糜費金帛以巨萬計。此皆鞭撻平民銖兩丈尺而斂之。一旦用之如糞土。而鄉村之民但苦勞役。不感恩澤。農民之勞既如彼。國家之費又如此。終何所用哉。若使之捕盜賊衞鄉里。則何必如此之多。使之戍邊境事征伐。則彼遠方之民。以騎射爲業。以攻戰爲俗。自幼及長更無他務。中國之民大半服田力穡。雖復授以兵械。敎之擊刺。在敎場之中坐作進退。有似嚴整。必若使之與敵人相遇。塡然鼓之。鳴鏑始交。其奔北潰敗。可以前料。決無疑也。(後略)

嗚呼溫公之所以難保甲法者。其所持之理由。不過如此而已。吾今試得取而辨之。其謂民不知兵者已百餘年。故民兵勢不可復。夫人之所以貴於萬物者。以其學焉而能也。就令前此未嘗經見之事。苟國家有以獎敎之。則無不可以馴致。而況於百年前之遺跡。湮沒未盡者耶。如溫公言。則國家之一切敎養大政。皆可不舉。甯獨保甲也。其言耆老不識兵革。見有戎服執兵者。歎息以爲不祥。其隨義之可笑。抑更甚焉。大臣爲國家謀百年大計。而其政策乃取決於鄉鄙之耆老。天下事可知矣。夫正惟人民不識兵革。則執政之所以振厲之。愈不容已。此神宗與荆公所爲劍及屨及。而尅期以觀武德之成也。如溫公言。舉國諱兵。而執冰以嬉。其於歌舞太平良得矣。而後此胡騎長驅。百城蕩靡。吾又不知其何祥也。其言草創之初。調度無法。比戶騷擾。夫事之屬草創者。未積經驗。舉措乖方。諒所難免。然亦聞事之當行否耳。苟其當行。則雖累挫失。猶不當戛然止也。況溫公建言之時。距熙甯草創十七年矣。吏已習其事。而法已睹其效。追罪往昔。甯得謂平。而況乎昔以民所未習之。而興舉之固爲騷擾。今以民所已安者而廢壞之。甯得曰非騷擾乎。以暴易暴。猶且不可。而矧於以暴易仁也。其言犒設賞賚。糜費國用。

似矣。獨不思保甲之所費。咸取諸封樁及省兵之羨餉。未嘗動戶部一文乎。不觀熙甯四年之統計。以改行保甲之故。歲省百六十餘萬。而保甲與賞犒所需僅百三十餘萬。兩者比較。所省猶不下三十萬乎。（此所舉者爲畿內之統計合諸全國所省必更多）夫爲保持國家起見。雖費亦不可以已。今世各國。不惜擲數億萬以造艦隊是也。而況乎其有省於前也。溫公此言。得毋亦欲熒人主之聽而已。至其最後所論。謂中國之民雖敎之以武事。亦無所用。此言也。對於國民而科以大不敬之罪焉可也。如彼言。則是外國之民。在理宜永爲征服者。而中國之民。在理宜永爲被征服者也。（參觀前葉所引奏議原文）夫人民既雖敎焉而不可以戰矣。彼募兵者。獨非人民之一分子乎。前此募兵之不可以禦侮。五尺童子皆能知之。甯以溫公而不知者。今但言保甲之不可戰而已。而不更求其所以恃爲可戰者。則推溫公之意。豈非以臣妾於北虜爲天經地義而莫敢或畔也。嗚呼。以當時諸賢所不慊於新法者。其理由乃僅如此。卽保甲一端而他可推矣。

自元祐廢保甲以後。元符二年。雖議恢復。而不可果行。至徽宗崇甯間。蔡京以反覆小人。託言紹述。乃復倡之。然其精神形式。皆非復荊公之舊矣。善夫高安陳氏汝錡之言也。曰『宋武衰而積弱之國也。將權釋於杯酒。而藩方之兵弱。天子之禁軍。以戍邊備征討。而王畿之兵弱。招游手而涅刺之。旣違土著。兼困民供。而所在防禦之兵弱。以故金虜一訌。陷朔代。圍太原。下燕薊。直擣汴京。有南朝無人之歎。而太后手詔。亦有人不知兵之恨。使保甲不廢。則訓練以時。韜鈐日熟。家有干櫓。而人皆敵愾。縱胡馬南嘶。亦何至掉臂行數千里。無一城一壘攖其鋒者。而又何至紛紛召集。下哀痛勤王之詔也哉。故吾以爲編保甲法。習民兵。已逆知他日之必有靖康。而靖康之所以河決魚爛者。正以保甲之法壞。蒙其名而棄其實。額日廣而銳日銷。驅病婦弱子。張空弮以與餓豺狼鬥。而立碎於爪吻之下耳尙介甫之詛且詈乎』蔡氏著年譜引嗚呼此言可謂先得我心矣保甲之法旣廢將兵之制復壞宋欲不南更可得耶然則禍宋者果荆公乎哉抑溫公乎哉

## 第四　保馬

保馬法者官給民以馬使代養之且獎厲民自養之俟有緩急時則償其直而收其用也馬爲戰陣一利器治兵者不容忽之故歷代皆以馬政爲國家大政之一即今世各國亦有然宋代馬極缺乏前此特置羣牧監常以樞府大臣領之以重其事然官馬作弊甚多縻費浩大而不能收蕃息之效至荆公而有保馬法

熙甯五年五月詔開封府界諸縣保甲願養馬者聽仍以陝西所市馬選給之六年又詔司農寺立養馬法於是曾布等上其條約凡五路義勇保甲願養馬者戶一匹物力高者願養二匹者聽皆以監牧見馬給之或官予其直令自市毋或强予府界毋過三千匹五路無過五千匹襲逐盜賊之外乘越三百里者皆有禁在府界者免輸糧草二百五十束加給以錢布在五路者歲免折變緣納錢三等以上十戶爲一保四等以下十戶爲一社以待病斃補償者保戶馬斃保戶獨償之社戶馬斃者社人半償之歲一閱其肥瘠禁苛留者凡十有四條先從府界頒焉五路委監司經略司州縣更度之

荆公所創諸新法中其最不衷於學理者莫如保馬法蓋馬者生物其肥瘠生死往往不盡由人力而責民養之有失則令其賠償此非政體也元祐初政建議者爭言其病民以理卜之殆爲可信雖然荆公當時所以行此者亦自有故蓋荆公所最注重者爲訓練民兵即保甲是也而練民兵不可以無馬官不給則缺於用官給之則馬無所出故貸馬於民而使之自養凡以與保甲法相維繫而已然即爲此計亦自有道保馬之法於其所不宜于

涉者而干涉之。斯千慮之一失也。今世各國。所以籌畫馬政之法頗多。以非關宏旨。不縷述也。

## 第五　軍器監

器械不精。以卒予敵。軍器之重。自昔然矣。宋自仁宗以來。狃於太平。軍器皆朽窳不可復用。熙甯五年。崇政殿說書王雱上疏曰。

漢宣帝號中興賢主。而史稱技巧工匠。獨精於元成之時。是雖有司之事。而上繫朝廷之政。方今外禦邊患。內虞盜賊。而天下歲課弓弩甲冑入充武庫者以千萬數。乃無一堅好精利實可爲用者。臣嘗觀諸州作院兵匠乏少。至拘市人以備役。所作之器。但形質而已。武庫之吏。計其多寡之數而藏之。未嘗責其實用。故所積雖多。大抵敝惡。夫爲政如此。而欲抗威決勝。外攘內修。未見其可也。倘欲弛武備示天下以無事。則金木絲枲筋膠角羽之材。皆民力也。無故聚工以毀之。甚可惜也。莫若更制法度。斂數州之作。聚爲一處。若今錢監之比。擇知工事之臣。使專其職。且募天下良工。散爲匠師。而朝廷內置工官以總制其事。察其精窳而賞罰之。則人人務勝。不加責而皆精矣。

上然其言。明年。遂置軍器監。總內外軍器之政。置判一人。同判一人。先是軍器領於三司。至是罷之。一總於監。凡知軍器利害者。聽詣監陳述。於是吏民獻器械法式者甚衆云。

按元澤爲荊公愛子。其學行才能。皆有大過人者。惜蚤卒不得表見。而後人詆之不遺餘力。卽宋史載此奏。亦以爲逢迎上意。欲妄更舊制。夫舊制之敝壞既已若此。卽欲不更之。其可得乎。觀其所言。與今東西諸國之法正暗合。蓋國家而欲強兵。非先利其器不可。而欲利戎器。非設專官以董其事不可。若如宋前此之制。委各州官吏循例供獻。卽欲求其不朽窳而差堪用。猶不可得。況能改良以日新者哉。夫軍器監之設。雖以今日之中國。尙爲當務之急。而執政者且惽惽未見及也。而元澤於千年前能言之。其識不亦遠耶。以宋史兵志所載。自軍器監設置之後。其發明新式之軍器。不一而足。勸工之效。亦可見矣。而元祐更張。又一舉而廢之。還責諸諸路坊作。斯眞元澤所謂聚工以毀天地有用之材耳。宋之爲宋如此。雖欲不南。安可得也。

綜觀荆公之軍政。其大體悉衷於學理。與今世各國之軍政略相近。而其欲變募兵以爲民兵。更經國之遠謨。今之中國猶未能行。而非斷行之不足以圖强者也。但其保甲之法。全仿古制。非徒使人人爲兵而已。又欲使人人無時而不爲兵。夫人人爲兵宜也。人人無時而不爲兵。此在古代小國寡民。或可行之。而非可以施諸秦以後泱泱之大國。何也。古代部落。以戰爭爲國家第一大事。而經濟不過爲供給戰爭之資。及夫世運日進。文明則以經濟爲國家第一大事。而戰爭不過保護經濟之具。人人無時而不爲兵。則雖曰農隙講武。而有妨於生產者終不少焉。法之未盡善。此其一也。又古代小國寡民。非盡籍爲兵。不足以禦侮。後世禹域一家。民數自數千萬以增至數萬萬。使人人無時而不爲兵。則國家固無需此多兵。且卽盡搜一國之財。亦不足以供其費。法之未盡善。此其二也。故唐府兵之所以變爲彍騎。雖曰執政之無術。然亦勢所必至者矣。然曰荆公人人皆兵之主義。竟不能實行乎。曰是又不然。今世各國之區別常備兵豫備兵後備兵。得其道矣。人人皆有執干戈衞社稷之義務。然其服此義務也。或一年或二年三年。過此以往。則散而歸農。非有大故。則徵調不及也。此各國已然之成法。雖有後聖。亮無以易矣。曰然則以荆公之學識。胡乃見不及此乎。曰荆公蓋已見及之。曰既見及則何爲不行。曰是當論其世也。彼荆公執政之時。國家固已有募兵百餘萬。此卽比於各國之常備兵者也。以荆公之計畫。固欲盡廢之而代以民兵也。然中唐以來數百年之積弊革之不能驟也。故以漸焉。於一方面減募兵。同時於一方面以民兵補其所省之額。於是乎有所謂上番者。其上番之民兵。即服常備兵之義務者也。其退番之民兵。即服豫備兵後備兵之義務者也。孰謂荆公而見不及此也。使無反對黨之阻撓。而荆公更久於其位。則安知現今各國通行之軍制。我國不於千年前創之以爲世界模範耶。

## 第十二章　荆公之政術（四）　教育及選舉

民政財政軍政。荆公之新法。殆盡於是矣。此外尚有一二。請括而論之。

### 第一　教育

教育行政。荆公平昔所最重也。其上仁宗書言之最切。及執政。首注意於學校。熙甯元年。增太學生員。四年。以錫慶院朝集院爲大學講舍。釐學生員爲三等。初入學爲外舍。外舍升內舍。內舍升上舍。上舍員百。內舍二百。外舍不限員。其後內舍生增至三百人。外舍生限二千人。其年。置京東京西河東河北陝西五路學。以陸佃等爲諸州學官。其後諸路州府皆悉立學。而學官共五十三人。馬氏端臨謂是時大興學校。而教官只有此數者。蓋重師儒之官。不肯輕授濫設故也。

其所教者以經爲主。人專一經。至熙甯八年。以荆公所編著三經新義頒於學官焉。三經者。周官及詩書也。

按三經新義。亦爲當時及後世攻擊荆公之一大口實。史稱蘇嘉在太學。顏復嘗策問王莽後周變法事。嘉極論其非。在優等。荆公怒。遂逐諸學官。以李定常秩同判監事。選用學官。非執政所喜者不與。其後遂頒三經新義云。考荆公平日言論。多以一學術爲正人心之本。則史所云云。諒非誣辭。此實荆公政術之最陋者也。蓋欲社會之進化。在先保其思想之自由。故今世言政治者。無一不以整齊畫一爲貴。而獨於學術則反是。任其並起齊茁。而信仰各從乎人之所好。則理以辨而愈明。人心之靈。濬之而不竭矣。强束而歸於一。則是敝之也。自漢武帝罷黜百家。而中國學術史上光耀頓減。以荆公之賢。而猶蹈斯故智。悲夫。

考荆公當時。亦並非於新義之外。悉禁異說。不過大學以此爲教耳。夫既設學校。則必有教者。教者必有其所主張之說。學校既爲一國學術所從出。則此說遂若占特別勢力於社會。此亦事勢所必至。無可逃避者。即如今之日本。其帝國大學二三老輩之學說。頗爲新進諸彥所抨擊。然舉國學者。大率仍誦習之。此亦無可如何也。然則是亦不足深爲荆公罪矣。蓋使荆公而禁異說。則爲戕賊思想之自由。然公固未嘗禁之。不過提倡己之所主張而已。夫學者有其所主張之說。則必欲發揮光大之。以易天下。非徒於理不悖。抑責任亦應爾也。於公乎何尤。若夫學者不求自立。而惟揣摩執政之所好尙。欲以干祿。此則學者之罪。而非倡新說者之罪也。

三經新義。自元祐廢黜以後。南宋學者更抨擊不遺餘力。自是數百年來承學之士。羞稱之。詩書義出荆公子雱及其門人之手。已佚。惟周官義乃荆公所手著。本朝乾隆間修四庫書。從永樂大典掇拾重編。尙可得而見焉。吾嘗竊取讀之。其精要之處蓋甚多。實爲吾中國經學闢一新蹊徑。自漢以迄今日。未有能過之者也。此當於第二十章別論之。今不先贅。而學者不察。隨聲附和。肆爲詆排。昌黎所謂蚍蜉撼大樹。可笑不自量者。非耶。荆公未嘗禁人習王氏以外之學說。而反對荆公者。則禁人習王氏學說。然則束縛思想自由者。爲荆公耶。爲反對荆公者耶。是又不可以不察也。哲宗元祐元年。國子司業黃隱焚三經義之版。禁諸生誦習矣。

大學諸生聞荆公之薨，欲設齋致奠，且禁之矣。二年，下詔禁科舉用王氏經義字説矣。欽宗靖康間，祭酒楊時奏言王安石著爲邪説，以塗學者耳目，請追奪王爵，使邪説淫亂不能爲學者惑矣。高宗紹興六年，張浚爲相，又申臨川學禁矣。由此觀之，以荆公視諸賢何如哉。當楊時之詆王學也，御史中丞王過庭劾之云：五經義微，諸家因而異見，所不能免也。以所是者爲正，所否者爲邪，此乃一偏之大失也。頃者指蘇軾爲邪學而加禁切，已弛其禁，許采其長而用之，實爲通論。祭酒楊時矯枉太過，復詆王氏以爲邪説，此又非也。諸生習用王學，率衆見時而詆詈之，時引避不出，乃得散退。此亦足以見時之不能服衆矣。

此言可爲篤論。楊時何人，即程門高弟，依附蔡京以干進，而學者尊之爲龜山先生，從祀孔子廟庭，至今未廢者也。而諸儒之所以尊之者，蓋又以其排斥王學之功獨高也。當時程氏之徒，自以其學爲孔子之正統，凡異己者皆攘斥之。夫著書講學，闢他人之説以申己説，此固學者本分所當然，獨奈何欲挾帝者之力以箝天下之口也。有宋之黨爭，前此不過在政見之異同耳，及程氏之徒得志，始焉禁錮蘇氏之蜀學，繼焉禁錮王學，自是學黨之爭日烈，而政界又益相水火，以至終宋之世，誰生厲階，君子不能不深惡痛絶於楊時輩也。後此慶元僞學之禁，讀史者咸能斥之。夫韓侂冑之禁僞學，則誠非矣。然亦曾思作俑者誰乎。侂冑所爲，亦請君入甕而已。夫吾於程朱之學，雖非所願學者，然固敬仰之，豈敢妄詆。然於諸君子之妄自尊大，排斥異己，非直不敢附和，且以爲中國近數百年來學術之不發達，厥由程朱之徒務束縛人思想自由，實尸其咎，故今因論荆公經義而及之。

熙甯五年，又建武學於武成王廟，選文武官知兵者爲教授，教以諸家兵法，纂次歷代用兵成敗，前世忠義之節，足以訓者解釋之生員以百人爲額。

熙甯六年又於大學置律學敎授四員凡命官學人皆得自占入學同年又詔進士諸科及選人任子並令試斷案律令大義。

又於大學置醫學敎授以翰林醫官以下與上等學生及在外良醫爲之學生常以春試取三百人爲額有方脈科鍼科瘍科考察升補略如諸學之法其選用最高者爲尙藥醫師以次醫職餘各以等補官爲本學博士正錄及外州醫學敎授云。此事宋史失載今據文獻通考但通考不言何年設立但云神宗時耳

此荆公敎育行政之大概也觀其所設施大率注重於京師大學而各州縣之學規模似未大完不知史失載耶抑當時之力尙有所不暇給也至其大學以校諸今日歐美各國雖未可云備然觀其有律學醫學等科與經學並重則是分科大學之制實濫觴於是其起原視英之阿士弗大學爲尤古矣使非中道廢棄能繼續其業以至今日則豈不足以自豪於世界耶然卽此曇花一現已足爲我國學術史之光矣當荆公之初置法科也司馬光奏言『律令敕式皆當官者所必須何必置爲一科使爲士者豫習之夫禮之所去刑之所取爲士者果能知道義自與法律冥合若其不知則習法徒成刻薄爲政豈有循良非所以長育人材敦厚風俗也』嗚呼溫公此論在今日法治論大昌之時稍有識者當知其非無俟深辯果如其言則今世諸文明國非曾治法學者不得任官宜其無一循吏矣吾壹不解溫公之於荆公一舉一措無論大小而必反抗之不遺餘力其用心果何在也吾又不解後世讀史者於當時一舉一措無論大小而必袒溫公以抑荆公其用心果又何在也

第二　選舉

科舉取士非荊公意也。其上仁宗書論其弊詳矣。乃及其執政。而猶不革之者何也。則公自言之矣。其請改科條制箚子云『今欲追復古制以革其弊。則患於無漸。宜先除去對偶聲病之文。使學者得以專意經義。以俟朝廷興建學校。講求三代所以教育選舉之法。施於天下。』由此觀之。則僅罷詩賦而試經義。不過荊公權宜之制。而非其心之所以爲安也。然當時攻之者已雲起矣。

熙甯二年。議更貢舉法。罷詩賦明經諸科。以經義論策試進士。直史館蘇軾上議。略云。

得人之道。在於知人。知人之法。在於責實。使君相有知人之明。朝廷有責實之政。則胥吏皂隸。未嘗無人。而況於學校貢舉乎。雖用今之法。臣以爲有餘。使君相無知人之明。朝廷無責實之政。則公卿侍從。常患無人。況學校貢舉乎。雖復古之制。臣以爲不足矣。夫時有可否。物有興廢。使三代聖人復生於今。其選舉亦必有道何必由學乎。且慶歷間嘗立學矣。天下以爲太平可待。至於今惟空名僅存。今陛下必欲求德行道藝之士。責九年大成之業。則將變今之禮。易今之俗。又當發民力以治宮室。歛民財以養游士。置官立師。而又時簡不帥教者屏之遠方。徒爲紛紛。其與慶歷之際何異。至於貢舉。或曰鄉舉德行而略文章。或曰專取策論而罷詩賦。或欲舉唐故事。兼採譽望而罷封彌。或欲變經生朴學。不用帖墨而考大義。此皆知其一。未知其二者也。夫欲興德行。在於君人者修身以格物。審好惡以表俗。若欲設科立名以取之。則是敎天下相率而爲僞也。上以孝取人。則勇者割股。怯者廬墓。上以廉取人。則敝車羸馬。惡衣菲食。凡可以中上意者。無所不至。德行之弊。一至於此。自文章言之。則策論爲有用。詩賦爲無益。自政事言之。則詩賦論策。均爲無用矣。雖知其無用。然自祖宗以來。莫之廢者。以爲設法取士。不過如此也。近世文章華麗。無如楊億。使億尚在。則忠淸鯁亮之士也。通經學古無如孫復石介使復介尙在。則迂闊誕謾之士也。矧自唐至今。以詩賦爲名臣者。不可勝數。何負於天下。而必欲廢之。

上讀軾疏。疑焉。以問荆公。公曰『若謂此科嘗多得人。自緣仕進別無他路。其間不容無賢。若謂科法已善。則未也。今以少壯時正當講求天下正理。乃閉門學作詩賦。及其入官。世事皆所不習。此乃科法敗壞人才。致不如古。』於是上意決。乃罷明經及諸科進士罷詩賦。各占治詩書易周禮禮記一經。兼以論語孟子。每試四場。初大經。次兼經。大義凡十道。次論一首。次策三道。禮部試卽增二道。中書撰大義式頒行。此當時科舉制之大略。而此沿之數百年以至於今者也。嗚呼荆公之良法美意。何限皆廢絕無一遺。獨此權宜不得已之制。爲荆公所欲廢而及身未能廢之者。則沿襲數百年以毒天下。悲夫。

能悉廢科舉而代以學校。善之善矣。而當學校未成。而國家又不可以一日不取士也。則科舉固不能驟廢矣。既不能驟廢。則與其試詩賦。又不如試經義。彼善於此。又至易見者也。乃東坡之言。一則曰三代聖人復生於今。其選舉亦不由學。再則曰詩賦雖無用。然設法取士。不過如此。三則曰詩賦何負於天下。而又痛詆興學之政。爲徒爲紛紛勞民傷財。此眞所謂莠言亂政。宜荆公斥彼輩爲流俗也。今科舉已廢。稍有識者。皆知其說之非。不俟深辯。然猶著之者。凡以見當時反對新法之人。其所言皆持之不能有故。言之不能成理。率類此也。

以上三章。荆公當時所設施者。大端備矣。自餘小節。亦所在多有。非關一代興亡大計。則不著也。

（考異七）世傳荆公當國設宮觀祠祿之官。以處異己者。萬口相傳。莫知其所自來。王漁洋池北偶談。乃更確指爲熙甯二年所增置。非祖宗故事。且引邱文莊世史正綱以爲證。而御批通鑑輯覽亦沿之。吾不知邱氏所據者果又爲何書。但考諸宋史職官志云。祠祿之官。以佚老優賢。先時員數絕少。熙甯以後增置焉。又曰在京宮觀。舊制以宰相執政充使。前宰執留京師者。多除宮觀。以示優禮。然則此制不創於荊公甚明。宋史諸傳中前大臣罷政領宮觀者不可悉數。卽以見於臨川集者論之。王德用以同中書門下平章事。除會靈觀使。在慶歷八年。賈文元以檢校太師充景靈宮使。在嘉祐二年。凡此皆遠在熙甯以前者也。熙甯初朝廷議廢宮觀使副都監。荊公曰宮觀置使提舉都監。誠爲冗散。然今所置。但爲兼職。其有特置。則朝廷禮當尊寵。不以職事責之者也。廢與置其爲利害亦不多。若議冗費。則宮觀之類自有可議。非但置使提舉都監爲可省也。據此則荊公當國。安有增置員數之事。職官志殆亦緣謗者之言而采入之耳。而𤨏山漁洋之徒。於祠祿所由來載於諸書者。若全未入目。亦何足與語史事哉。因論荊公新法而附辨之如此。

## 第十三章　荊公之武功

俗儒詆荊公最甚者二事。其一則聚斂。其一則黷武也。荊公之理財。絕非聚斂。吾旣極言之矣。荊公之用兵。獨得云黷武乎。是又不可以不辨。

今外人動誚我爲不武之國。我之不武。非自昔而然也。宋以後之學說誤之也。宋人之以忍恥包羞爲德也久矣。自澶淵議和以後。舉國以得免兵革爲幸。自是而增歲幣求割地。若小侯之事大國。匪敢不從。若乃曩爾西夏。自繼遷德明以來。叛服不常。雖韓范迭爲安撫經略。議戰議守。而環慶延鄜諸州。仍累年救死傷不贍。曷嘗聞有人焉出一步建一策爲進取之計者。孫子曰。毋恃敵之不來。恃我有以待之。若前此宋之君臣。則不謀所以待敵。而惟僥倖於其不來者也。重以西南土蠻屢思蠢動。爲心腹之患。而安南邊場又數不靖。夫攝於兩大敵之間。已一日不能即安。況重以小醜之竊竊議其後者乎。荊公之政策。先肅清小醜。且藉此以增長軍事上之經驗。然後從事於大敵。而其策二敵也。謂彼若合以謀我。則吾所以應之者且殆。則先圖其較易圖者。然後及其難圖者。復河湟以制西夏。制西夏以弱契丹。此荊公畢生之抱負。而當國時即著著實行之者也。今論次當時戰績。以示世之讀史者。以證黷武之謗。果爲當焉否也。

## 第一　河湟之役

河湟者何。即今甘肅鞏昌以西岷州洮州之地。沿洮河一帶是也。秦築長城。起於臨洮。漢置武威張掖酒泉燉煌五郡。稱爲斷匈奴右臂。自古與西北夷爭强弱。未有不注重此地者。且以逼近秦隴之故。若爲敵有。則中國將無甯日。蜀漢末姜維數出狄道以撓隴西。魏人建爲重鎭。維不能以得志。晉之衰也。河西擾亂。大約舉狄道則足以侵隴西。狄道失而河西有唇齒之虞。拓拔魏兼有秦涼。以狄道爲咽喉之地。列置郡縣。恃爲藩蔽。唐拒吐蕃。以臨州爲扼控之道。及臨州不守。而隴右遂成荒外矣。此古今得失之林也。

自唐中葉以後。此地沒於吐蕃。中更五季。以迄宋有天下百年。莫有議恢復者。熙甯元年。前建昌軍司理參軍王韶詣闕上平戎策三篇。其略云。

國家欲取西夏。當先復河湟。河湟復。則夏人有腹背受敵之憂。夏人比年攻青唐。不得克。萬一克之。必併兵南向。大掠秦渭之間。牧馬于蘭會。斷古渭境。盡服南山生羌。西築武勝。遣兵時掠洮河。則隴蜀諸郡。當盡驚擾。瞎征兄弟。其能自保耶。今嘃氏子孫。惟董氈粗能自立。瞎征欺巴溫之徒。文法所及。各不過一二百里。勢豈能與西人抗哉。武威之南。至于洮河蘭鄯。皆故漢郡縣。土地肥美。宜五種者在焉。其地可以耕而食。其民可以役而使。幸今諸羌瓜分。莫相統一。此正可合併而兼撫之時也。陛下誠能擇通材明敏之士。周知其情者。令往來出入於其間。推忠信以撫之。使其傾心向慕。驩然有歸附之意。但能得大族首領五七人。則其餘小種。皆可驅迫而用之。諸種既失。嘃氏敢不歸。嘃氏歸。卽河西李氏在吾掌握中矣。急之可以蕩覆其巢穴。緩之可以脅制其心腹。所謂見形於彼而收功於此也。

疏上。上奇其言。荆公亦力贊之。於是以韶爲管幹秦鳳司經略機宜文字。熙甯之年。韶請築渭涇上下兩城。屯兵以撫納洮河諸部。下秦鳳經略使李師中議。師中以爲不便。乃詔師中罷帥事。韶又言渭原至秦州。緣河五六百里。良田不耕者萬頃。治千頃。則歲可得三十萬斛。請置市易司。取其贏以治田。從之。命韶領市易事。師中屢與韶爲難。謂韶所指田。不過極邊弓箭手地。置市易司。所得不補所亡。荆公力主韶議。爲罷師中。以竇舜卿代之。後帥郭逵劾韶盜貸市易錢。荆公以爲莫須有。卽有亦不足校。徙逵涇原。四年。置洮河安撫司。命韶主之。五年。建古渭砦爲安遠軍。以韶兼知軍事。行教閱法。韶首降青唐部大首領。賜姓名曰包順。八月。韶擊吐蕃。大破之。復武勝。武勝者。唐之臨州。今蘭州府狄道也。遂城之。以爲鎭洮軍。韶尋破木征於鞏令城。荆公集中有與王子醇第一書。卽此時也。書略云。

洮河東西。蕃漢附集。卽武勝必爲帥府。今日築城。恐不當小。若以目前功多難成。城大難守。且爲一切之計。亦宜勿隳舊城。審處地勢。以待異時增廣。城成之後。想當分置市易務。爲蕃巡檢作大廨宇。募漢有力人。假以官本置坊列肆。使蕃漢官私兩利。則其守必易。其附集必速矣。

十月。升鎮洮軍爲熙州鎮洮軍節度。置熙河路。以韶爲經略安撫使。十一月。河州首領瞎藥等來降。十二月。築熙州南北關及諸堡砦。荆公有與韶第二書云。

承已築武勝。又討定生羌甚善。聞郢成珂等諸酋皆聚所部防拓。恩威所加。於此可見矣。然久使暴露。能無勞費。恐非所以慰悦衆心。今見內附之利。謂宜喻成珂等放散其衆。量領精壯人馬防拓。隨宜犒勞。使悉懷惠。城成之後。更加厚賞。人少則賞不費財。賜厚則衆樂爲用。不知果當如此否。請更詳酌。蕩除强梗。必有穀可獲以供軍。有地可募人以爲弓箭手。特恐新募未便得力。若募選秦鳳涇原舊人投換。卽素教之兵。足以鎮服初附。事難遥度。心所謂然。聊試言之。

六年二月。韶遂克河州。獲吐蕃木征妻子。河州元魏時之枹罕。今蘭州府河州治也。公有與韶第三書云。

今熙河所急。在修守備。嚴戒諸將。勿輕舉動。武人多欲以討殺取功。此而不禁。則一方憂未艾也。竊謂公厚以恩信撫屬羌。察其材者收之爲用。今多以錢粟養戍卒。乃適足備屬羌爲變。而未有以事秉常董氈也。誠能使屬羌爲我用。則非特無內患。亦宜賴其力以乘外寇矣。自古以好坑殺人致畔。以能撫養收其用。皆公所覽見。且王師以仁義爲本。豈肯以多殺斂怨耶。喻及青唐既與諸族作怨。後無復合理。固然也。然則近董氈諸族事定之後。以兵威臨之。而宥其罪。使討賊自贖。隨加厚賞。彼亦宜遂爲我用。無復與賊合矣。與討而驅之使堅附賊爲我患。利害不侔也。又聞屬羌經討者既亡蓄積。又廢耕作。後無以自存。安得不屯聚爲寇。如募之力役。因以活之。宜有可爲。幸留意念恤。邊事難遥度。想公自有定計。意所及。嘗試言之。

其年九月。降羌有叛者。韶回軍擊之。木征以其間復據河州。韶力戰破走之。岷州首領木令征與木征異人以城降。韶入之。於是宕洮疊三州羌酋皆以城附。韶軍行五十四日。涉千八百里。得州五。斬首數千級。獲牛羊馬以萬計云。岷宕洮疊皆今甘肅鞏昌府屬也。

捷至。帝御紫宸殿受羣臣賀。解所服玉帶以賜荆公。所以奬運籌功也。自韶之爲安撫司。不過二年。而闢地二千餘里。招撫大小蕃族三十餘萬。取二百餘年來淪沒之舊疆。一舉而復之。亦可謂振古奇勛也已。然非荆公知人之明。委任之篤。調度之勤。亦安克及此。元厚之平戎慶捷詩云。何人更得通天帶。謀合君心只晉公。蓋前此盈廷沮撓。實更甚於元和討蔡之時。而神宗之得荆公。又過於唐憲之有裴度。玉帶之寵。惟公無媿矣。其明年四月。公復有與韶第四書云。

木征內附。熙河無復可虞。唯當省冗費。理財穀。爲經久之計而已。上以公功信積著。虛懷委任。疆場之事。非復異論所能搖沮。公當展意思有以報上。餘無可疑者也。

觀韶所經畫。及荆公所與韶諸書。則知熙河之復。誠非得已。而公慈祥惻怛。不欲塗炭斯民之心。亦可以見矣。而論者乃嘵嘵然以輕開邊釁爲韶罪。且爲荆公罪。夫開釁者。敵本無釁。自我開之云爾。曾亦思繼遷德明元昊六七十年間。用兵不已。當時執國命者。果誰爲開之乎。抑釁由敵開。而我雖欲不應之。而有所不能也。景佑元年。元昊攻環慶衞。二年攻唃廝羅。取瓜肅沙三州。元昊欲南侵。恐唃廝羅制其後。復舉兵攻蘭州諸羌。當是時也。譬如甲與乙遇。鬥於塗。甲自知不敵矣。疾走而避之。鍵戶而守之。而攘臂者猶在門。彼德明元昊數攻唃廝羅。其勢將及我秦隴。亦何以異此。然則欲禦西夏。必開熙河。欲開熙河。必取諸羌。所以絕夏人南侵。莫切於此也。夫不計夏人南侵爲中國大患而以開邊釁罪二王然則必開門揖盜而始爲無罪耶尤可異者元祐初司馬光執政荆公之法更張既盡幷欲舉熙河而廢之時有孫路執圖以進曰若此則陵西一道危矣光乃止昔漢靈帝時西羌反韓遂作亂隴右司徒崔烈以爲宜棄涼州傅燮曰『司徒可斬也涼州天下要衝國家藩衞高祖初興使酈商別定隴右世宗拓境列置四郡以爲斷匈奴右臂今使一州叛逆乃欲割棄一方萬里之土若使左衽之虜得居此地士勁甲堅因以作亂此國家之至慮社稷之深憂也』由此言之河西爲夏人必爭之地其不可棄較然益明光能著通鑑豈其於傅燮之言不一記省乃悍然必欲棄之吾不解其何心也況崔烈之時猶値有叛亂者而傅燮且以爲可斬熙河之復十餘年矣荆公所以策其善後者雖趙充國之議屯田未之或過觀其與韶之諸書而可見也諸羌回首面內漸已同化其地耕牧所入足以資圉守未嘗勞朝廷以西顧之憂何嫌何疑而必欲廢之推光之意不過曰凡安石之所爲者我必廢之然後爲快也嗚呼是直以國家大計爲其洩憤復仇之具謂古大臣而宜若是吾未之聞也嗚呼卽此一事而元祐諸人狺狺然抗言新法之若何誤國若何病民者皆可以作如是觀矣

## 第二　西南夷之役

中國古代史一漢族與苗族相爭之歷史也自女媧黃帝以迄神禹用兵凡數百年而漢族之位置始克大定苗族見蹙轉徙於江淮以南旣而宛轉以入於溪峒自是不復敢與中國抗顏行然一國之中而有言語不通風俗不同之兩民族錯處其間終非長治久安之道故撫循苗蠻使之同化實爲中國最要之一政策而至今尚未蕆其業者也自秦以後最能實行此政策者前則有漢武帝之闢西南夷後則有本朝之兩度改土歸流而中則有

## 王荊公之經略湖川夷蠻

荊公之經略夷蠻。凡分兩路。一在今之湖南。一在今之四川。其湖南一路所命之主帥。則章惇也。其四川一路所命之主帥則熊本也。今分別論之。

### （甲） 湖南路

湖南溪峒諸蠻。自春秋時始役屬於楚。戰國時秦白起略取之。置黔中郡。漢改爲武陵郡。後漢時大爲寇鈔。馬援擊破之。歷晉宋齊梁陳或叛或服。隋置辰州。唐置錦州溪州巫州敍州。率羈縻勿絕而已。唐季之亂。蠻酋分據其地。自署爲刺史。馬希範據湖南時。蠻猺保聚依山阻江。殆十餘萬。至周行逢時。數出寇邊。逼辰永二州。殺掠民畜無甯歲。及宋之有天下。兵威不振。力不及遠。其酋據地自署。朝廷即因而命之。以故驕縱日益甚。其强者有北江之彭氏。南江之舒氏田氏向氏。梅山之蘇氏。誠州之楊氏等。北江彭氏世有溪州。州有三。曰上中下溪。又有龍賜天賜忠順保靜感化永順州凡六。懿安新遠給富來甯南順高州凡十一。總二十州。南江諸蠻自辰州達於長沙。各有溪峒。曰敍曰峽曰中勝曰元。則舒氏居之。曰奬曰錦曰懿曰晃。則田氏居之。曰富曰鶴曰保順曰天賜曰古。則向氏居之。皆刻剝其民。且自相讎殺。塗炭無藝。又屢寇邊。爲良民患苦。至熙甯初。湖北提點刑獄趙鼎言峽州峒首刻削無度。蠻衆願內屬。辰州布衣張翹亦上書言南北江利害。時神宗與荊公方思用兵以威四夷。五年七月。乃遣章惇察訪荊湖北路。經制蠻事。

其年十一月。惇遂招降梅山峒蠻蘇氏。梅山舊不通中國。其地東接潭。南接邵。西接辰。北接鼎澧。惇招降之。籍其民萬四千八百餘戶。田二十六萬四百餘畝。均定其稅。使歲一輸。築武陽開峽二城。置安化縣。即今長沙府之安化縣與寶慶府之新化縣也。

六年十月南江蠻向永晤舒光銀各以其地降惇。獨田氏有元猛者頗桀驁。惇進兵攻懿州南江州峒悉平。遂置沅州以懿州新城爲治所後誠徽州蠻酋楊光富亦率其族姓二十三州峒歸附因置誠州。沅州卽今之沅州府。誠州卽今之靖州而徽州則今靖州屬之綏甯縣也。

九年正月惇又招降下溪蠻彭師晏。先是彭氏世長五溪。自策爲刺史凡數世。朝廷莫敢過問。惇既平南江。師晏恐懼。惇乃與湖北提刑李平招降之凡所屬二十州皆歸版籍卽今之辰州府也遂詔築下溪城賜名會溪戍以兵隸辰州使出租賦如漢民焉。

惇經制蠻事。三年有奇。所招降巨酋十數。其地四十餘州。當今四府。又自廣西融州創開道路。達誠州。府增置潯江等堡。融州卽今柳州府融縣也。元祐初傅堯俞王巖叟請盡廢熙甯間所置新州以蠻情安習已久不便盡廢。乃廢誠州而留沅州其所創開之道路。所創置之砦堡。悉毀之。自是五溪郡縣棄不復問矣。

王船山論之曰『章惇經制湖北蠻夷。探神宗用兵之志以希功賞宜爲天下所公非。然而澧沅辰靖之間蠻不內擾。而安化靖州等州縣迄今爲文治之邑。與湖湘諸郡縣齒則其功又豈可沒乎。惇之事不終。而麻陽以西沅溆以南苗寇不戢。至今爲梗。近蠻之民軀命妻子牛馬粟麥莫能自保則惇之爲功爲罪昭然不昧。胡爲樂稱人之惡。而曾不反思耶。乃若以大義論之則其爲功不僅此而已語曰王者不治夷狄。此言夫九州以外耳。（節略）若夫九州之內負山阻壑之族。其中爲夏者。其外爲夷。其外爲夏者。其中又爲夷。互相襟帶。而隔之絕之。使胸腋肘臂相亢悖而不相知非無可治而非不當治也。然且不治則又奚貴乎君天下者哉。君天下者。仁天下者也。仁天下者，莫大乎別人於禽獸，而使貴其生。苗夷部落之魁，自君於其地者，皆導人以駤戾淫虐，沈溺於禽獸，而掊削誅戮，無間於親疏，仁人固弗忍也。則誅其長，平其地，受成賦於國，滌其腥穢，被以衣冠，漸之摩之，俾詩書禮樂之澤興焉，於是而忠孝廉節文章政事之良材，承和氣以生，夫豈非仁天下者之大願哉，惟然，而取蠻夷之土，分立郡縣，其功溥，其德正，其仁大矣。（中略）且彼辰沅澧靖之山谷負險阻兵者，豈獨非漢唐政教敷施之善地歟，出之泥滓，登之雲逵，雖有誅戮，仁人之所不諱，而勞我士馬，費我芻糧，皆以保艾我與相接壤之婦子，勞之一朝，逸之永世，即有怨咨，可弗避也，君天下者所宜修之天職也，夫章惇之立心，逢君生事以邀功，誠不足以及此，而既成乎事，因有其功，既有其功，終不可以爲罪，迄於今日，其所建之州縣存者，猶在目也，其沿之以設，若城步天柱諸邑之碁布者，抑在目也，而其未獲平定，爲苗夷之穴，以侵陵我郡邑者，亦可覩也，孰安孰危，孰治孰亂，孰得孰失，徵諸事，問諸心，奚容揜哉，概之以小人而功亦罪，是亦非，自怙爲清議，弗能奪也，雖然，固有不信於心者存矣。』船山平日持論，固不袒荆公者，獨至論此事，可謂能見其大矣，獨怪元祐諸賢，於既成之功，而務必隳之以爲快，夫曰騷擾生事，則其跡固已陳矣，後此因而修之而已，國家勞費不多，而蠻民安之已久，其必須廢置之理由果安在，從可知當時譊譊於朝，囂囂於野者，全出於意氣之私，而未嘗有一事焉爲國家百年計也。

（乙）　四川路

巴蜀徼外諸夷，自漢以來，有夜郎、滇、邛都、巂、昆明、徙、莋都、冉駹、白馬氐等，其後離合畔服不常，熙甯初，瀘州烏蠻有二酋領，曰晏子，曰斧望箇恕，寖强大，擅劫晏州山外六姓及納溪二十四姓生夷，自淯井謀入寇，六年，命熊本察訪梓夔，得以便宜治夷事，本謂彼能擾邊者，介村豪爲鄉導耳，以計致百餘人，梟之瀘州，其徒股栗，願矢死自贖。本請於朝重賞之。皆踴躍順命。獨柯陰一酋不至。本合晏州十九姓之衆。發黔南義軍强弩擊潰之。於是淯井。長甯烏蠻羅氏鬼王諸夷皆內附。願世爲漢官奴。提點刑獄范百祿爲文以誓之曰。

蠢茲夷醜。淯溪之滸。爲虺爲豺。憑負固圉。殺人于貨。頭顱草莽。莫慘燔炙。莫悲奴虜。狃唬熟慝。胡可悉數。疆吏苟玩。噤不敢語。奮若之歲。酋是疆禦。躑躅嘯聚。三壕羅募。償我將佐。戕我士伍。西南繹騷。帝赫斯怒。帝怒伊何。神聖文武。民所安樂。惟曰慈撫。民所疾苦。惟曰砭去。乃用其良。應變是許。粥熊裔孫。爰馭貔虎。殲其渠酋。刳其黨與。旣奪之心。復斷右股。攝提孟陬。徂征有敍。背孤擊虛。深入厥阻。兵從天下。鐵首其舉。紛紜騰沓。莫敢嬰牾。火其巢穴。及其囷貯。暨其貲畜。墟其林麓。殺傷係縲。以百千數。涇灘望風。悉力比附。丁爲帝民。地曰王土。投其器械。籍入官府。百死一贖。莫保銅鼓。歃盟神天。視此狗鼠。敢忘誅絕。以干罪罟。乃稱上恩。俾復故處。殘醜崩角。泣血愬語。天子之德。雨暘覆護。三五噍類。請比涇仵。大邦有令。其警戒汝。天旣汝貸。汝勿予侮。惟十九姓。往安汝堵。吏治汝責。汝力汝布。吏時汝耕。汝稻汝黍。懲創於今。無忕往古。小有堡障。大有城戍。汝或不聽。汝擊汝捕。尙有虓將。突騎强旅。傳此黔軍。毒矢勁弩。天不汝容。暴汝居所。不汝遺育。悔於何取。

文成。立石於武甯砦。本還朝。神宗勞之曰。卿不傷財。不害民。一旦去百年之患。乃擢集賢殿修撰。賜三品服。自是徼外諸夷相繼內附。淯井在今長甯縣北。長甯今爲縣。屬敍州府。烏蠻居姚州。則今瀘州也。

熙甯八年。渝州南川獠木斗叛。詔本安撫之。本進營銅佛壩。破其衆。木斗氣索。舉秦州地五百里來歸。爲四砦九堡。建銅佛壩爲南平軍。渝州秦州者。今之重慶府也。

## 第三　交阯之役

熙甯八年冬安南國主李乾德入寇陷欽廉二州明年春陷邕州（今廣西南甯府）以郭逵爲安南招討使趙卨副之發兵進討荆公自爲敕牓云

敕交州管內溪峒軍民官吏等眷惟安南世受王爵撫納之厚實自先朝含容厥愆以至今日而乃攻犯城邑殺傷吏民干國之紀刑茲無赦致天之討師則有名今順時興師水陸兼進天示助順已兆布新之祥人知侮亡咸懷敵愾之氣然王師所至弗迓克奔咨爾士庶久淪塗炭如能諭王內附率衆自歸爵祿賞賜當倍常科舊惡宿負一皆原滌乾德幼稚政非己出造廷之日待遇如初朕言不渝衆聽毋惑比聞編戶極困誅求已戒使人具宣恩旨暴征横賦到卽蠲除冀我一方永爲樂土

八年春逵次長沙先遣將復邕廉而自將西征至富良江蠻以精兵乘船逆戰官軍不能濟卨分遣將吏伐木治攻具機石如雨蠻船皆壞因設伏擊之斬首數千殺其僞太子洪眞乾德懼遣使奉表詣軍門降富良江去國已不遠然官兵僅八萬人冒暑涉瘴地死者過半故不復渡得其廣源州門州思浪州蘇茂州桄榔縣而還羣臣稱賀詔以廣源爲順州赦乾德罪還其封自是終宋之世安南未嘗寇邊貢獻不絕

（考異八）續通鑑云自王安石用事鋭意開邊知邕州蕭注喜言兵羨王韶等獲高位乃上疏言交趾雖奉朝貢實包禍心久矣今不取必爲後憂詔以注知桂州經略之注入朝帝問攻取之策注復以爲難乃以沈起代注起迎合安石遂一意事攻擊交阯始貳　又宋史本傳云諜得交趾露布言中國作青苗助役法窮困生民今出兵欲相拯濟安石得書大怒自草敕榜詆之續通鑑又云張方平言舉西北壯士健馬棄之炎荒其患不可勝言若師老費財無功而還社稷之福也後皆如其言今案此所云云一意以醜詆

荆公爲事。至謂交趾入寇。全由公啓之。而其靖邊之功。悉略而不錄。此宋以來史家之慣技。吾司空見慣殆不以爲駭矣。然其言支離誣罔。實有不可不辨者也。考宋史蕭注傳載其請圖交趾之疏。而不言爲何年所上。又言熙甯初以注知桂州。帝問攻取之策。對曰昔者臣有是言。今交人生聚教訓十五年矣。未可輕議。又言注既至桂。延訪山川曲折老幼安否。皆得驩心。李乾德動息必知之。注之知桂州。不知在何年。然沈起代注在熙甯六年。則注之治桂。當在四五年間。既入覲然後就任。其入覲之時。日當更在前。而其對神宗之言。謂十五年前事。今昔殊異。然則注之倡議取安南。乃在嘉祐元二年之間。時安石僅爲羣牧判官。未嘗與聞朝政。更何有於王韶。以渺不相屬之事。而牽引以入人罪。雖周興來俊臣之斷獄。當不能如是也。續通鑑云云。蓋本於宋史沈起傳。起傳與注傳同在一卷。前後相去數葉。而其文矛盾至是。學者其猶以宋史爲足信否耶。　考交阯自李公蘊篡黎氏而自立。屢蓄異志。其子德政。德政子日尊。皆頗驍雄。景祐中。郡人陳公永等六百餘人內附。德政遣兵千餘境上捕逐之。三年。入寇邕州之思陵州西平州石西州及諸峒。略居人馬牛。焚屋廬而去。慶歷三年。滅占城。虜其王。皇祐二年。儂智高反。德政率兵二萬。聲言入助。及日尊立。嘉祐四年。寇欽州。五年。寇邕州。五年。又上表索溫悶洞等地。其父子祖孫。雖受中國册命。實則帝制自爲。至日尊竟僭稱法天應運崇仁至道慶成龍祥英武睿文尊德聖神皇帝。國號大越。改元寶象。由此觀之。交趾當討之日久矣。其累歲寇邊。真仁英三朝未嘗絕。豈因安石好用兵而自開邊釁者。而於青苗助役諸法。更何與焉。中國行新法數年。只聞臣僚交攻於朝。未聞氓庶揭竿於野。即外夷假異說爲兵端。亦何至及此。史家之爲此言。務欲以天下之惡。皆歸於安石而已。及觀安石所作榜文。則眞王者之師．仁人之言．與所謂大怒以誑者．何太不相肖也．　夫當時交趾之包藏禍心．衆所共見．使宋而稍自振者．宜膺懲之久矣．徒以滿朝泄沓性成．畏言兵事．驕縱之使之夜郎自大．乃至兩月之間連陷我三州．其時荊公當國．安能坐視不恤．然公方銳意內治．內力未張．不欲遽用之於外．且遼夏二大敵在前．更不宜自敝．而授之以可乘．故亦薄伐之．以勦爲撫而已．讀榜文其意可見也．史家美張方平之言．謂爲先見．吾不知方平所謂師老費財無功而還者．果何所驗．趙卨等以熙甯八年春出征．其冬卽大捷於富良江．不得謂老師．洪眞見戮．乾德乞降．略其數州．置爲郡縣．不得謂無功．若以不滅其國．虜其王爲罪耶．則當用兵之初．其計畫本不如此．蓋將養其力以有待也．而交人自茲以後．終宋之世．不復敢寇邊．則知此役之所以懲艾之者至矣．吾不知方平之言之所謂驗者何在也．如當時廷臣之意．敵雖壓境．而猶不思所以應之．應之則曰好事也．黷武也．然則欽廉邕諸郡邑．幾何不淪爲燕雲十六州．而勢不至歲以繒幣事李乾德而不止也．噫．

綜諸役以觀之．則知荊公當時用兵．皆出於不得已．絕非如誣謗者所云黷武．而其所拔擢委用之人．如王韶如熊本如章惇如趙卨．皆以文臣而富將略．所向有功．則知人善任．又可見矣．嗚呼．數千年國史中．如公者有幾人哉．

## 第十四章　罷政後之荊公

『齊有倜儻生．魯連特高妙．明月出海底．一朝開光曜．卻秦振英聲．後世仰末照．意輕千金贈．顧向平原笑．吾亦澹蕩人。拂衣可同調。』此太白詠史詩也。嗚呼。吾於荆公見之矣。

公少年嘗有詩云。『天下蒼生待霖雨不知龍向此中蟠。』又有詩云。『誰似浮雲知進退。纔成霖雨便歸山。』其抱負之偉大。其性情之恬退。於此二詩見之矣。求諸先世。則有范蠡之泛舟五湖。張良之從赤松子遊。其跡與公頗相類。然彼等皆見其主之不可以共安樂。爲自全計。苟以免禍而已。是老氏之學也。公則不然。可以仕而仕。可以已而已。其一進一退之間。悉衷於道。自古及今。未有能過之者也。

公以熙甯二年二月參知政事。四年同中書門下平章事。七年六月罷知江甯府。八年二月復相。九年十月再罷。其進退之節。有皦然予天下以共見者。今於本集中擷錄數文而論次之。其熙甯七年乞解機務劄子凡六上。今錄其二。

臣以羈旅之孤。蒙恩收錄。待辠東府。於今四年。方陛下有所變更之初。內外大小紛然。臣實任其罪戾。非賴至明辨察。臣宜誅斥久矣。在臣所當圖報。豈敢復有二心。徒以今年以來。疾病浸加。不任勞劇。比嘗粗陳懇款。未蒙陛下聽從。故復黽勉至今。而所苦日甚一日。方陛下勵精圖治。事事皆欲盡理之時。乃以昏疲。久尸宰事。雖聖恩善貸。而罪釁日滋。至於不可復容。則終上累陛下知人之明。非特害臣私義而已。臣所以冒昧有今日之乞也。伏奉宣諭。未賜哀矜。彷徨屏營。不如所措。然臣所乞。固已深慮熟計而後敢言。與其廢職而至誅。則甯違命而獲譴。且大臣出入。以均勞逸。乃是祖宗成憲。蓋國論所屬。怨惡所歸。自昔以擅其事。鮮有不遭罪黜。然則祖宗所以處大臣。不爲無意也。臣備位亦已久矣。幸蒙全度。偶免譴訶。實望陛下深念祖宗所以處大臣之宜。使臣獲粗安。便異時復賜驅策。臣愚所不敢辭。(右其一)

臣伏奉聖恩特降中使令臣入見供職臣之懇誠略已冒昧天聽高邈未蒙垂憫輒復陳敍仰冀哀憐伏念臣孤遠疵賤衆之所棄陛下收召拔擢排天下異議而付之以事八年於此矣方陛下興事造功之初羣臣未喻聖志臣當是時志存將順而不知高明強禦之爲可畏也然聖慮遠大非愚所及任事以來乖失多矣區區夙夜之勞曾未足以酬萬一之至恩今乃以久擅寵利羣疑並興衆怨總至罪惡之釁將無以免而天又被之疾疢使其意氣昏惰而體力衰疲雖欲勉強以從事須臾勢所不能然後敢干天威乞解機務竊以謂陛下天地父母宜垂矜憐諭其無功則雖可誅閔其有志則或宜宥終始全度使無後艱而未蒙天慈顧哀猶欲強以重任使臣黽勉尙能有補聖時則雖滅身毀宗無所避憚顧念終無成效而方以危辱上累朝廷此臣所以不敢也陛下明並日月何所不燭願賜容光之地稍委照焉則知臣之惓惓非敢苟忤恩指也臣乞且於東府聽候朝旨伏望陛下垂恩早賜裁處(右其六)

又答手詔留居京師劄子云

臣伏奉手詔欲留京師以爲論道官宜體朕意速具承命奏來臣才能淺薄誤蒙陛下拔擢歷職既久無以報稱加以精力衰耗而咎釁日積是以冒昧乞解重任幸蒙聖恩已賜矜允而繼蒙恩遣呂惠卿傳聖旨欲臣且留京師以備顧問臣竊伏惟渥荷知遇誠不忍離左右既又熟計論道之官固非所宜且以置之閑地似爲可處陛下付託既已得人推誠委任足以助成聖治臣義難以更留京師以速官謗若陛下付臣便郡臣不敢不勉至於異時或賜驅策卽臣已嘗面奏所不敢辭

觀其乞解機務疏凡六上言詞哀惻始蒙允許猶復手詔慰留使居京師以備顧問眷顧之隆實無倫比而公猶

浩然必欲歸者。則前後所上箚子。蓋其實情。夫以公當國數年間。文事武備。內政外交。百廢具舉。以吾儕今日讀史。猶覺應接不暇。而公以一人獨膺其繁劇。則精力耗減。實在意中。而處羣疑衆謗之中。欲引退以塞嘵嘵者之口。亦不得已之所為也。然公不乞之於前數年。而乞之於此日者何也。則以前此一切新政。草創伊始。一去則非徒慮有動搖而已。而非躬負責任。亦難冀底於成。至是則大端已舉。以神宗之明。主持於上。而繼位者能蕭規曹隨。則九仞之功。可不虧於一簣。此公之所以能翛然而去也。而或謂其以去要君。則是以小人之腹。度君子之心。夫苟有所求於其君而不獲。斯或要之耳。神宗於荆公。言聽計從。固無所待於要。而公亦更何要之有。

（考異九）宋史本傳云。鄭俠上疏。繪所見流民扶老攜幼困苦之狀。為圖以獻。曰旱由安石所致。去安石。天必雨。慈聖宣仁二太后流涕謂帝曰。安石亂天下。帝亦疑之。遂罷為觀文殿大學士知江陵府。　今案以此諸箚子證之。則與宋史所記。何其適相反耶。乞解機務之疏。凡六上。僅見聽許。猶欲强留之京師。帝果疑安石。乃如是耶。且繼相之人為韓絳呂惠卿。皆安石所薦。帝如因俠及太后之言。乃罷安石。則何為更用所薦之人耶。是知宋史無一而不妄也。

公既獲就閑散。卽以其餘力著成三經新義。未及一年。被召復相。意必當時神宗嘗與要約。謂再召勿得辭。然後許之。故其箚子屢言異時或賜驅策。所不敢辭。至是不得不應召也。然再相年餘。江湖之興。愈不可遏。卒復引退。表數上。不見聽許。至於勅斷來章。不許陳請。公不得已。復託王珪為之開陳。集中有與參政王禹玉二書云。

某久尸宰事。每念無以塞責。而比者憂患之餘。衰疹浸加。自惟身事。漫不省察。持此謀國。其能無所曠廢。以稱主上任用之意乎。況自春以來。求解職事。至於四五。今則疾病日甚。必無復任事之理。仰恃契眷。謂宜少敦僚

友之誼。曲為開陳。使得早遂所欲。而不宜迪上見留。以重某逋慢之罪也。(右其一)

纔蒙賜臨傳諭聖訓。徬徨蹴踖。無所容措。某羈孤無助。遭值大聖獨排衆毀。付以宰事。苟利於國。豈辭糜殞。顧自念行不足以悅衆。而怨怒實積於親貴之尤。智不足以知人。而險詖常出於交游之厚。且據勢重而任事久。有盈滿之憂。意氣衰而精力弊。有曠失之懼。歷觀前世大臣如此而不知自弛。乃能終不累國者。蓋未有也。此某所以不敢逃逋慢之誅。欲及罪戾未積。得優游里閭。為聖時知止不殆之臣。庶幾天下後世。於上拔擢任使無所譏議。伏惟明公方佐佑大政。上為朝廷公論。下及僚友私計。謂宜少垂念慮。特賜敷陳。某既不獲通章表。所恃在明公一言而已。心之精微。書不能傳。惟加憫察。(右其二)

公至是蓋益衰病。不任繁劇。故八年二月再相。九年春卽辭至四五。久之。旣不得請。乃復乞同僚以助之。而詞意肫肫。皆懼曉廢所職。以誤國家。而累其君知人之明。至是而神宗亦知公高蹈遠舉之志。終不可回矣。於是以檢校太傅。依前尚書左僕射同中書門下平章事。使持節都督洪州諸軍事。充鎮南節度管內觀察處置使。判江甯府。加食邑一千戶。食實封四百戶。仍改賜推誠保德崇仁翊戴功臣。蓋以使相居外。宋代優禮勳臣之特典也。公屢表辭。不獲命。明年。拜集禧觀使。封舒國公。元豐二年。復拜左僕射觀文殿大學士。換特進。改封荆。公居江甯十年。恩賚存問稠疊。終神宗之世。行公政策不少變。

(考異十)宋史本傳云。安石與呂惠卿相傾。上頗厭安石所為。及子雱死。尤悲傷不堪。力請解機務。上益厭之。罷判江甯府。終神宗世不復召。　國史氏曰。嘻。甚矣宋史之敢於誣安石而並誣神宗也。安石謝事之本意。具見前所錄諸文中。惟兢兢焉以盈滿為戒。以曠失為憂。以累其君知人之明為懼。其於大臣進退之義可謂無遺憾矣安石既去而寵以使相之尊封荆封舒爲僕射爲特進遣賜湯藥存問無虛歲其謝表見於本集者蓋數十章其於待去國之臣亦可謂恩至義盡矣況當其第二次之辭職也自春徂冬表數上皆不得請乃至勅斷來章不許陳訴至託同僚爲之轉圜試思安石去志之決既若此欲再起之其可得乎曾公亮嘗言上與介甫如一人神宗亦自言自古之君臣如朕與安石相知絕少惟其君臣相知甚深故不惟知其才知其德且知其志安石之初罷政也言異時有所驅策所不敢辭故一聞召卽起應命踐其言也至其再罷則所以報其君者已盡浩然不復可挽神宗深知之矣故惟恩賜存問聊酬其勩而不復再强之以負責任此其所以十年不召也若如宋史所言一則曰上亦厭之再則曰上益厭之又曰太后亦嘗涕泣宮中也吾試有以詰之使安石爲相而帝果厭之也則徑罷黜之可耳安石豈擁兵自重而帝有投鼠忌器之懼者耶卽不然而曰優禮大臣養其廉恥則於其辭而卽聽之去可耳曷爲每懇至再三猶未之允且至勅斷來章耶且上既厭之則安石既去新法宜可以速改上有以慰太后之心而全其孝而已亦得以少寬其厭惡之情何新法行於元豐十年如一日耶夫呂惠卿所創之手實法鬻祠法惠卿一去而卽罷矣而安石之法終神宗世無一廢棄則知曾公亮所謂上與介甫如一人者洵不誣矣竊嘗論自古君臣相與之際蓋難言之矣蕭何與漢高帝並起爲吏佐帝定天下功臣位居第一其後益封置衞買民田宅君有疑於其臣臣亦致疑於其君卒下相國廷尉械繫之唐太宗謂魏徵箴規過失不可一日離左右其薨也既自製碑文又許以公主妻其子乃未數月而踣碑罷婚求其如神宗之與荆公咸有一德二十年如一日者振古未嘗有也蓋君與臣皆惟知有國惟知有民而不知有其私而其謀

事之識。任事之勇。皆足以相輔。故能沆瀣一氣。始終無間然也。宋之小人儒。銜安石次骨。所以詆之者無所不用其極。其銜神宗。蓋亦如是矣。然不敢於遡詆神宗也。而又見乎詆安石之卽無異於詆神宗也。於是不得不造爲誣詞。而曰上亦厭之。上益厭之。不知上之所以待安石者。章章在人耳目。上之所以繼安石之志而思竟其業者。亦章章在人耳目。將誰欺。欺天乎。神宗而有知。吾信其必不瞑於九原也。夫使荆公而果如蘇洵所言。合王衍盧杞爲一人也。則神宗亦必如楊用修所言。合赧亥桓靈爲一人而後可。蓋其君相二人。已成一體。功則俱功。罪則俱罪。賢則俱賢。不肖則俱不肖也。今旣欲共竄荆公。又不得不堯舜神宗。進退失據。而造爲此矛盾之言。不亦大可哀耶。然固已著之正史。以一手掩天下目者千年於玆矣。因知穢史之毒天下。甚於洪水猛獸也。

隱居詩話云。

熙甯庚戌冬。王荆公自參知政事拜相。造門奔賀者相屬。公以未謝。皆不見。獨與余坐西廡小閣。語次。忽取筆書窗曰。霜筠雪竹鍾山寺。投老歸歟寄此生。放筆揖余而入。

蓋公生平進退大節。其所以自處。不皆定之於夙。彼其禀德高尚。軒軒若雲間鶴。人世富貴。視若浮雲。曾不足以芥其胸。而又夙持知命不憂之義。雖以道之興廢。猶信爲不可强致。故當受事之始。卽已懷歸耕之志。而後此乃一一踐其言。所謂皭然泥而不滓者非耶。黃山谷題公畫像云。予嘗熟觀其風度。眞視富貴如浮雲。不溺於財利酒色。一世之偉人也。象山陸子云。英特邁往。不屑於流俗聲色利達之習。介然無毫毛得以入於其心。潔白之操。寒於冰霜。公之質也。又云。公以蓋世之英。絕俗之操。山川炳靈。殆不世有。吾輩生千年後。讀公之書。猶穆然想見其爲人高山仰止景行行止雖不能至心嚮往之然如穢史所記則公乃直一熱中利祿之徒其進也以詭遇其退也乃見疏於其君而猶汲汲焉思獻媚以覬再起則夫山谷象山之言爲皆囈語矣吾於詆新法者僅憐其無識耳猶自可恕至詆及公之人格者吾每一讀未嘗不髮爲上指也

（考異十一）諸雜史如邵氏見聞錄之類記公罷政後謀再相之事往往而有今不屑辨不屑述也

公自幼僑寓江寧故尤樂之其憶昨詩云想見江南多翠微歸心動蕩不可抑自少已然矣神宗知其意故命以使相判江寗公遂老焉罷政後日徜徉此間借山水之勝以自娛翛然如一野人讀其詩詞幾不復知爲曾造作掀天動地大事業開拓千古者也嗚呼歐公所謂無施不可者至此益信矣晚年著字說一書精心結撰而頗耽佛老見道益深云

元祐元年四月公薨於江寧司馬溫公致呂晦叔書云

介甫文章節義過人處甚多但性不曉事而喜遂非致忠直疏遠讒佞輻輳敗壞百度以至於此今方矯其失革其弊不幸介甫謝世反覆之徒必詆毀百端光意以爲朝廷宜特加優禮以振起浮薄之風苟有所得輒以上聞不識晦叔以爲何如更不煩答以筆札扆前力言則全仗晦叔也

於是勅贈太傅其文曰

朕式觀古物灼見天意將以非常之大事必生希世之異人使其名高一時學貫千載智足以達其道辯足以行其言瑰瑋之文足以藻飾萬物卓絕之行足以風動四方用能於期歲之間靡然變天下之俗故觀文殿大學士守司空集禧觀使王安石少學孔孟晚師瞿聃罔羅六藝之遺文斷以己意糠粃百家之陳跡作新斯人

屬熙寧之有爲冠羣賢而首用。信任之篤。古今所無。方需功業之成。遽起山林之興。浮雲何有。脫屣如遺。屢爭席於漁樵。不亂羣於麋鹿。進退之際。雍容可觀。朕方臨御之初。哀疚罔極。乃眷三朝之老。邈在大江之南。究觀規模。想見風采。豈謂告終之問。在予諒闇之中。胡不百年。爲之一涕。於戲。死生用捨之際。孰能違天。贈賻哀榮之文。豈不在我。是用寵以師臣之位。蔚爲儒者之光。庶幾有知。服我休命。可特贈太傅。

此勅文見東坡集。蓋東坡所草也。此實蘇子由衷之語。亦爲王公沒世之光。飾終尚有此文。公論庶幾未泯。當時熙甯之政。更張殆盡。溫公東坡。又皆平昔相排最力之人。然溫公稱其節義過人。力請優䘏。東坡撰勅。於其政績。雖不置可否。而誦其盛德。讚不容口。雖公平昔操行。有以見信於友朋。而溫公東坡之賢。亦不可及矣。

自是而此絕世偉人。遂去此世界。而長留其事業言論。以供後世史家公案。

（考異十二）與荆公並時諸賢。除呂晦一人外。（呂晦非端人次章別論之）從未有詆及荆公私德者。所爭者在新法而已。蓋荆公之操行。有與人以共信者也。自楊時邵伯溫范沖魏泰輩出。始汚衊荆公。無所不至。而又以其言一一託諸前人。以爲徵信。於是有蘇老泉辨姦之論。有東坡謝張方平作老泉墓表之文。又有溫公日錄。涑水紀聞等書。皆描寫荆公醜態。讀之則數千年來窮凶極惡之小人。宜莫有荆公若也。夫使此等文而果出於老泉東坡溫公之手。則荆公晚年。東坡屢從之游。嚮往備至。悉見坡集。是東坡爲甘於比匪。而乃翁所詆爲陰賊險狠。與人異趣。不近人情。爲大姦惡者。而東坡乃謂爲希世異人。學貫千古。卓絕之行。風動四方。明目張胆。與其父爲難。東坡尚得爲人子哉。至溫公與晦叔書。既言介甫節義過人處甚多。而又慮反覆之徒。必詆毀百端。則後此之事。溫公其知之矣。若如日錄及涑水紀聞所記。則介甫之爲人殆狗彘不若而尙何節義之可言。且其所謂反覆之徒詆毀百端者不已躬自蹈之耶。蔡氏上翔力辨此等文書皆南宋以後小人儒所僞造。可謂特識。非特爲荆公雪寃。亦爲溫公蘇公諸賢雪寃也。而獨恨謬說流傳。習非勝是。胡元陋儒采入正史。遂成鐵案。莫敢或疑。乃至儕稷契於共驩。指夷齊爲跖蹻。公論亡而人道或幾乎息矣。予豈好辯哉。予不得已也。

# 第十五章　新政之成績

荆公之新政。爲成乎。爲敗乎。其不能具謂之成。無待言也。何也。以其效果往往不如其所豫期也。雖然。具謂之敗焉不得也。何也。彼行之誠不免有流弊。然爲救時之計。利率逾於病也。熙寧五年。公嘗有上五事劄子云。

陛下卽位五年。更張改造者數千百事。而爲書具。爲法立。而爲利者何其多也。就其多而求其法最大。其效最晩。其議論最多者。五事也。一曰和戎。二曰青苗。三曰免役。四曰保甲。五曰市易。今青唐洮河幅員三千餘里。舉戎羌之衆二十萬獻其地。因爲熟戶。則和戎之策已效矣。昔之貧者舉息之於豪民。今之貧者舉息之於官。官薄其息而民救其乏。則青苗之令行矣。惟免役也。保甲也。市易也。此三者有大利害焉。得其人而行之。則爲大利。非其人而行之。則爲大害。緩而圖之。則爲大利。急而成之。則爲大害。傳曰。事不師古以克永世。匪說攸聞。若三法者。可謂師古矣。然而知古之道。然後能行古之法。所謂大利害者也。蓋免役之法。出於周官所謂府史胥徒。王制所謂庶人在官者也。然而九州之民。貧富不均。風俗不齊。版籍之高下不足據。今一旦變之。則使之家至戶到。均平如一。舉天下之役人人用募。釋天下之農歸於畎畝。苟不得其人而行。則五等必不平。而募役必不均矣。保甲之法。起於三代丘甲。管仲用之齊。子產用之鄭。商君用之秦。仲長統言之漢。而非今日之立異也。然而天下之人。梟居雁聚。散而之四方而無禁也者。數千百年矣。今一旦變之。而使行什伍相維。鄰里相屬。察姦而顯諸仁。宿兵而藏諸用。苟不得其人而行之。則搔之以追呼。駭之以調發。而民心搖矣。市易之法。起於周之司市。漢之平準。今以百萬緡之錢。權物價之輕重。以通商而貰之。令民以歲入數萬緡息。然甚知天下之貨賄未甚行。竊恐希功幸賞之人。速求成效於年歲之間。則吾法隳矣。臣故曰三法者得其人緩而謀之。則爲大利。非其人急而成之。則爲大害。故免役之法成。則農時不奪而民力均矣。保甲之法行。則寇亂息而威勢强矣。市易之法成。則貨賄通流而國用饒矣。

孔子曰。欲速則不達。又曰。其人存則其政舉。其人亡則其政息。凡百皆然。豈直此三事者。而公獨舉此三法。鄭重言之。則以此三法最繁重。而官吏之舞文亦較易故也。而荆公當諸法草創將次就緒之時。忽焉而上此劄子。毋亦微窺神宗當時不免有求治太急。用人太濫之弊耶。觀其論館職劄子言陛下卽位以來所拔用多士之有小才而無行義者。則知其慮此也久矣。據公此劄。則知和戎青苗二事。乃公所認爲已有成效者。和戎之事。其功與天下以共見。不必論。青苗法立意雖善。然以理勢度之。不能有利而無弊。其或初年行之頗得其人。故見效多而見病少歟。抑公之聰明猶有所蔽。未及盡察歟。雖然。如當時反對黨之詆其有弊而無利。此又殆必無之事。觀後此元祐欲廢之而訟其不可廢者反甚多。斯可見也。免役法釐革數千年之苛政。爲中國歷史上開一新紀元。當改革伊始。雖不免一部分人略感苦痛。然所不利者。在豪右之家。前此有特權者耳。自餘細民。則罔不食其賜也。此可謂純有利而絕無病者也。保甲法體大思精。爲公一生最用力之事業。其警察的作用。可謂有利而無病。其成效亦已章章可睹其寓兵於農的作用。則以當時募兵未能盡廢。常備後備之區別不立。其稍擾民固意中事。然爲起宋之衰勢不得不爾也。獨至市易法其用意雖非不善然萬不可以行於專制政體之國家。萬不可以行於以自由競爭爲根本觀念之經濟社會。奉行者雖得其人猶懼以國家爲兼幷之戎首。奉行者若非其人則將爲官吏開利孔而使小民生計日以顚頓。荊公之失策。殆未有過是者。而當時成效之無可見。亦莫此爲甚也。當時沮撓新法者。靡不言以新法之故致小民顚連困苦無所控訴。其言載於史籍者。未易一二數也。然稽諸往古。凡行厲民之政者。鮮不及身以召亂亡。若秦始隋煬之徒無論矣。又如王莽固亦託於周官。以變更百度。然其所行者無一爲法先王之意。而亦自始無樂利其民之心。故怨讟繁興。不數年而海內雲擾矣。後世之論荊公者甚或以比新莽。夫荊公剏法立制。無一不以國利民福爲前提。其不可與新莽同年而語。固不待辯。而末學膚受之輩。或見不及此。則盡取其結果而比校之。使荊公之法而果爲病民。則民當呻吟枕藉救死不贍之時。勢必將鋌而走險。荊公雖有絕大之專制力。安能禁之。乃宋自眞仁以來。雖號稱太平。而潢池竊發。猶累歲不絕。其椎埋剽掠於鄉邑者。更所在而有。夫其前此固已募强悍之民納之於兵矣。而國內之不能保其安甯秩序也。猶且若此。獨至熙寧元豐二十年間。舉一切而更革之。而又以行保甲之故。不禁民挾弓弩。苟政府之設施。而果大拂民情也。則一夫攘臂。萬衆響應。其於釀成大亂易易也。乃不特不聞有此而已。卽萑苻之盜。亦減於舊。而舉國熙熙融融。若相忘帝力於何有。讀當時諸賢之詩文集。其氣象可想見也。荊公集中有元豐行示德逢一首云。

四山翛翛映赤日。田背坼如龜兆出。湖陰先生坐草室。看踏溝車望秋實。
雷蟠電掣雲滔滔。夜半載雨輸亭皐。旱禾秀發埋牛尻。豆死更蘇肥莢毛。

倒持龍骨挂屋敖。買酒澆客追前勞。三年五穀賤如水。今見西成復如此。元豐聖人與天通。千秋萬歲與此同。先生在野故不窮。擊壤至老歌元豐。

又後元豐行一首云。

歌元豐。十日五日一風雨。麥行千里不見土。連山沒雲皆種黍。水秧綿綿復多稌。龍骨長乾挂梁梠。鰣魚出網蔽洲渚。荻筍肥甘勝牛乳。百錢可得酒斗許。雖非社日長聞鼓。吳兒蹋歌女起舞。但道快樂無所苦。老翁塹水西南流。楊柳中間杙小舟。乘興歌眠過白下。逢人歡笑得無愁。

又歌元豐絕句五首云。

水滿陂塘穀滿篝。漫移蔬果亦多收。神林處處傳簫鼓。共賽元豐第二秋。

露積成山百種收。漁梁亦自富鰕鰌。無羊說夢非眞事。豈見元豐第二秋。

湖海元豐歲又登。秬生猶足暗溝塍。家家露積如山壠。黃髮咨嗟見未曾。

放歌扶杖出前林。遙和豐年擊壤音。曾侍土階知帝力。曲中時有譽堯心。

豚柵雞塒晻靄閒。暮林搖落獻南山。豐年處處人家好。隨意飄然得往還。

杜工部之追詠開元全盛也。曰稻米流脂粟米白。公私倉廩俱豐實。九州道路無豺虎。遠行不勞吉日出。齊紈魯縞車班班。男耕女桑不相失。讀公此數詩。氣象彷彿似之矣。非極太平之治。安得有此。斯時新法之行。已十餘年。而荆公亦既歸休矣。以視溫公所述英宗時民間景況。謂不敢多種一桑。多置一牛。不敢蓄二年之糧。不敢藏十匹之帛者。其相去抑何遠耶。夫前後不過二十年耳。而胡以人民生計之紓蹙。其霄壤乃忽若此。豈不以最厲民

之差役法既已豁除復有青苗錢挹注其間以助生產之發達而保甲既行盜賊衰息故外戶不閉之盛不期而自至也準此以談新政之效亦可睹矣

蘇子瞻有與滕達道書云此書不知在何年大約元豐間也某欲面見一言者蓋謂吾儕新法之初輒守偏見至有同異之論雖此心耿耿歸於憂國而所言差謬少有中理者今聖德日新衆化大成回視向之所執益覺疏矣若變志易守以求進取固所不敢若曉曉不已則憂患愈深公此行尙深示知非靜退意但以老晚衰病舊臣之心欲一望淸光而已如此恐必獲一對公之至意無乃出於此乎

夫子瞻固疇昔詆新法最力者也其上神宗書則詆新法者所視爲聖經賢傳謂懸諸日月而不刊者也而其晚年定論則若此深感歎於聖德日新衆化大成然則熙寧元豐之治必有度越前古予人以心悅誠服者矣新法果何負於天下而元祐諸賢之擾擾果何爲也哉

# 第十六章　新政之阻撓及破壞（上）

國史氏曰吾讀泰西史而歎公黨之有造於國家如彼其偉也吾讀國史至宋明兩朝而歎私黨之貽毒於國家如此其烈也彼私黨者其流品不必爲小人也而君子亦多有焉其目的不必以求祿位也而以辭祿位爲目的者亦有焉其所爭者不必爲政治問題也然無論從何種問題發端而其葛藤恆牽及政治其黨徒不必爲有意識的結合也然隨遇一事興風作浪有一吠影者倡之於前卽有百吠聲者和之於後一言以蔽之曰意氣用事

而已。意氣勝而國家之利害可以置諸不問。此其風起於荊公得政以前。成於荊公執政之時。而烈於荊公罷政以後。宋以是亡。而流毒至易代而未已。察此性質。則當時新法所以被阻撓被破壞之故。從可識矣。

荊公之初得政。其首劾之者實爲呂誨。其事則熙寧二年也。今錄誨疏而辨之。

臣切以大姦似忠。大詐似信。惟其用舍繫時之休否也。至如少正卯之才。言僞而辨。行僞而堅。順非而澤。强記而博。非宜父聖明。孰能去之。唐盧杞天下謂之姦邪。德宗不知。終成大患。所以言知人之難。堯舜其猶病諸。陛下卽位之初。起王安石就知江寧府。未幾召爲學士。縉紳皆慶陛下之明擢有文之得以適其用也。及進二台席。僉論未允。衡石之下。果不能欺其重輕也。古人曰。廟堂之上。非草茅所當言。正謂是也。臣伏覩參知政事王安石外示樸野。中藏巧詐。驕蹇慢上。陰賊害物。斯衆所共知者。臣略疏十事。皆目覩之實迹。冀上寤於宸監。一言近誣。萬死無避。安石向在嘉祐中。判糾察刑獄司。因開封府爭鵪鶉公事。舉駁不當。御史臺略移文催促。謝恩倨傲不恭。相次仁宗皇帝上仙。未幾安石丁憂。其事遂已。安石服滿。託病堅臥。累詔不起。終英宗朝不臣。就如有疾。陛下卽位。亦合赴闕一見。稍存人臣之禮。及就除江寧府。於私安便。然後從命。慢上無禮。其事一也。安石任小官。每一遷轉。遜避不已。自知江寧府除翰林學士。不聞固辭。先帝臨朝。則有山林獨往之思。陛下卽位。乃有金鑾侍從之樂。何慢於前而恭於後。見利忘義。豈其心乎。好名欲進。其事二也。人主延對經術之士。講解先王之道。設侍講侍讀常員。執經在前。乃進說。非傳道也。安石居是職。遂請坐而講說。將屈萬乘之重。自取師氏之尊。眞不識上下之儀。君臣之分。況明道德以輔益聰明者乎。但要君取名而已。其事三也。安石自居政府。事無大小。與同列異議。或因奏對。留身進說。多乞御批。自中而下。以塞同列沮論。是則掠美於己。非則斂怨於君。用情罔公。其事四也。安石自糾察司。舉駁多不中理。與法官爭論刑名不一。常懷忿隙。昨許遵誤斷謀殺公事。力爲主張。妻謀殺夫用按問欲舉減等科罪。挾情壞法。以報私怨。兩制定奪。但聞朋附二府看詳。亦皆畏避。徇私報怨。其事五也。安石初入翰林。未聞進一士之善。首率同列稱弟安國之才。朝廷與狀元恩例。猶謂之薄。主試者定文卷不優。其人遂罹中傷。小惠必報。纖仇必復。及居政府。纔及半年。賣弄威福。無所不至。自是畏之者。勉意俯從。附之者自鬻希進。奔走門下。唯恐其後。背公死黨。今已盛矣。怙勢招權。其事六也。宰相不視事旬日。差除自專。逐近臣補外。皆不附己者。妄言盡出聖衷。若然。不應是安石報怨之人。丞相不書勅。本朝故事。未之聞也。意示作威。聳動朝著。然今政府同列依違。宰臣避忌。遂專恣而何施不可。專威害政。其事七也。凡奏對御座之前。惟肆强辨。向與唐介爭論謀殺刑名。遂致諠譁。衆非安石而是介。介忠勁之人。務守大體。不能以口舌勝。不幸憤懣發疽而死。自是同列尤甚畏憚。雖丞相亦退縮不敢較。是非任性。凌轢同列。其事八也。陛下方稽法唐堯。敦睦九族。奉親愛弟。以風天下。而小人章辟光獻言。俾岐王遷居於外。離間之罪。固不容誅。上尋有旨送中書。欲正其罪。安石堅拒不從。仍進危言。以惑聖聽。意在離間。遂成其事。朋姦之迹甚明。其事九也。今邦國經費要會在於三司。安石居政府。與知樞密者同制置三司條例。兵與財兼領之。其掌握重輕可知矣。又舉三人者勾當八人者。巡行諸路。雖名之曰商摧財利。其實動搖於天下也。臣未見其利。先見其害。其事十也。臣指陳猥瑣。煩黷高明。誠恐陛下悅其才辯。久而倚毗。情僞不得知。邪正無復辨。大姦得路。則賢者漸去。亂由是生。臣究安石之迹。固無遠略。惟務改作。立異於人。徒文言而飾非。將罔上而欺下。臣切憂之。誤天下蒼生。必斯人矣。伏望陛下圖治之宜。當稽於衆。方天災屢見。人情未和。唯在澄清。不宜撓濁。如安石久居廟堂。必無安靜

之理。臣所以瀝懇而言、不虞横禍、期感動於聰明、庶判別于眞僞。況陛下志在剛決、察於隱伏、當質於士論。然

　後知臣言之中否。然詆訐大臣之罪。不敢苟逭。孤危苦寄。職分難安。當復露章請避怨敵。

呂誨何人。卽治平間因濮議劾韓琦歐陽修請戮修以謝祖宗者也。修所著濮議。於其語言狀貌心術。刻畫無餘蘊矣。修所謂揚君之惡以彰己善。猶不可。況誣君以惡而買虛名哉。當時臺諫大率類此。而誨其代表也。今請按其所劾安石者而辨之。誨發端卽以盧杞比安石。方謂所疏十事。必有大不得已於言者。而乃首舉爭鵪鶉一案。當時安石所判當否。今全案不見於史。無所考辨。卽使不當。亦法官解釋法文之誤。其細抑已甚。且事在嘉祐之末。至是已六七年。是亦不可以已乎。其第一第二兩事。皆言安石養望沽名。實懷干進。本屬一事。而强分爲二。以足十事之數。已爲可笑。若以其所劾。按諸實事。考治平二年七月。安石服滿。英宗趣召赴闕。至於再三。安石亦有辭赴闕三狀。見集中。但云抱病日久。未任跋涉。稍可支持。復備官使。猶且乞一分司官於江寧府居住。冀便將理。則三狀如一。曷嘗堅卧不起哉。以此而云慢上無禮。誨將不許人作病耶。治平四年正月英宗崩。神宗卽位。閏三月除安石知江寧府。猶有辭知江寧府狀。見集中。以疾尙未瘳也。曷嘗有不屑事英宗。惟欲事神宗之意哉。安石自弱冠以迄中年。皆爲貧而仕。不卑小官。所謂山林獨往之思者。其晚年誠有之。而前此未嘗有。雖生平交游往來書牘。未嘗流露。無論對君也。其前此辭試館職。辭集賢校理。辭同修起居注。則皆有故。見於集中。班班可考也。至治平四年九月除翰林學士。自是不聞固辭者。徒以無必須辭之理由耳。前此嘉祐六年除知制誥。固亦未嘗辭矣。知制誥與翰林學士相去幾何。此而謂其前慢後恭。見利忘義。何深文之甚也。其第三事以安石主坐講。謂爲要君取名。古者三公坐而論道。自漢迄唐。未之或廢。自宋藝祖篡周。而范質以前朝舊相。自居嫌疑。不敢就坐

自此沿爲成例。人主之前。無復臣下坐位。人臣始以奴隸自居。而忘其爲與天子共供天職矣。荆公之請復坐講。非徒法古。且實合於至道。似此而曰要君取名。則唐以前無一、純臣矣。考葉夢得石林燕語。稱熙寧初侍講官建議復坐講者。呂申公王荆公吳沖卿。同時韓持國刁景純胡宇夫皆是申公等言。蘇子容龔鼎臣周孟陽王汾劉攽韓忠彥。以爲講讀官曰侍。蓋侍天子非師道也。申公等議遂格。是主坐講者非一人。何得以安石獨見彈章。且其事已格。何其罪猶不可逭也。其後元祐初。程頤爲崇政殿說書。疏請坐講殿上甚力。其時給事中顧臨以爲不可。頤遂復上太皇太后書。辨顧臨非是。至千五百餘言之多。此與安石前後一轍者。安石爲要君取名。伊川得勿亦要君取名耶。後此通鑑綱目。只載頤經筵講讀疏。言豫養君德。而不及坐講一事。豈以嚮時呂誨攻安石太過。不得不爲伊川諱歟。且自是講學之徒。亦無復以坐講議安石者。豈其旣爲伊川諱。而安石亦遂得從末減歟。甚矣宋人是非之無定也。其第四事言是則掠美於己。非則斂怨於君云云。自新法行。舉朝歸過於安石。有惡而無美。有非而無是。若曰掠美於己。不知此時更有何美可掠。誨能實指其所掠之美乎。若曰斂怨於君。則衆所攻者新法。所怨者安石。不知更有何非可獨斂怨於君者。誨亦能實指其事否也。其第五事爲登州阿芸之獄。議自許遵。而安石主之。卽謂不免失出。亦觀過可以知仁。乃猥指爲徇私報怨。試問案中之人。果誰爲安石所私。而誰又爲安石所怨耶。且此事亦瑣末極矣。而嘵嘵言之。何不憚煩也。其六事以王安國之及第爲安石罪。考王氏之登進士榜者。眞宗咸平三年有王貫之。安石從祖也。祥符八年有王益。安石父也。仁宗慶歷二年則安石。六年則有王沆。安石從弟也。皇祐二年有王安仁。則安石兄也。嘉祐六年有王安禮。則安石弟也。英宗治平四年有王雱。則安石子也。六十年中。祖孫父子兄弟皆進士者七人。則科名亦其家所固有。區區此何物。豈必以奧援而始得之者安石兄弟皆有聲當世，而安國實與兄齊名，前此吳孝宗上張江東書，言稱道安國之賢，欲舉之者甚衆，而嘉祐五年，歐陽公有送平甫下第詩云：自慚知子不能薦，白首胡爲侍從官，則安國之賢可知矣。熙寧元年，安國由韓絳邵亢所薦，召試賜進士及第，於安石何與，而以此見誣耶，幸而安石子雱先一年成進士，否則又爲誨之彈章增一資料矣。其第七事言安石專權，如其所言，似有可議，然考諸宋史，言當時中書除目，數日不決，帝輒諭問安石，然則此出神宗之意，不可以專云也。其八事言唐介憤死云云，考宋史介傳，言介數與安石爭論，安石強辯，而帝主其說，介不勝憤，疽發於背，薨，年六十，而誨云嘗與唐介爭論刑名，則又專爲阿芸事言之，人死於病疽，常也，介年六十而死，尤常也，介嘗與文彥博以燈籠錦事爭論於帝前，至遭遠竄不死，而死於爭論失出之一婦人，信其然也，則可謂輕於鴻毛者矣。以同列死一人，而列爲罪狀，誰則無罪也。其第九事言章辟光請岐王居外云云，自古專制之國，以兄弟爭位致亂者，史不絕書，故後世諸王分封，必使出居於外，以爲與其地近而偪，不若疏遠而可長保無虞也。岐嘉二王，爲神宗同母兄弟，親愛莫加焉。熙甯初，著作佐郎章辟光以遷居外邸爲請，則與陰邪小人私行離間者異矣。神宗欲罪辟光，固親親之道宜然，安石獨違衆議，不欲以深罪罪辟光，要亦大臣謀國大公之義，且岐嘉二王本賢王，熙甯以來，岐王屢請居外，章上輒卻，是岐王之以禮自處也。元豐八年，神宗不豫，先時二王日問起居，及既降制立延安郡王傭爲太子，卽令毋輒入，夫以宣仁太后母子至親，神宗二十年友愛，何嫌何疑，然猶若此者，是又宣仁之以禮處二王也。元祐初，始賜顥親賢坊與弟頵對邸，且下制曰：『先皇帝篤兄弟之好，以恩勝義，不許二王出居於外，蓋武王待周公之意，太皇太后嚴朝廷之禮，以義制恩，始從其請，出居外宅，得孔子遠其子之意，二聖不同，同歸於道。』由是言之，則辟光之請，律以同歸於道之旨，其不可以離間深罪罪之益明矣。而安石更無論也。其第十事攻三司條例。始爲議及新法。夫當時之財政。不可不整理。而整理財政。必須有一機關。則條例不可不立。前既詳論之矣。至遣使巡行諸路。則又先以調查。乃立法制。誠得治事之次序者也。其所遣八人中。則有若劉彝謝卿材侯叔獻程顥。當時所號爲賢者皆在焉。原則初心豈有意於任用小人以敗壞天下事哉。當時均輸保甲青苗免役諸制。尚未施行。荊公之懷抱。尚未一試。而誨何由卽見其爲誤天下蒼生也。考宋史誨傳云。章辟光上言岐王顥宜遷居外邸。皇太后怒。帝令治其離間之罪。安石謂無罪。誨請下辟光吏不得。遂上疏劾安石。然則誨實因爭辟光事不得。激於意氣。而不惜重誣安石。與前此因爭濮議不得。激於意氣。而不惜重誣韓琦歐陽修。事同一轍。若此輩者。就令寬以律之。已不免孔子所謂好直不好學。苟嚴以繩之。則直帝堯所謂讒說殄行震驚朕師也。史稱誨將入對。司馬光遇之朝。密問今日所言何事。誨曰。袖中彈文。乃新參也。光愕然曰。衆喜得人。奈何論之。是可見當時之賢士大夫。無一人不信荊公之爲人。其詆及私德者。實一呂誨耳。此與蔣之奇彭思永之以帷薄事誣歐陽公者。無以異。而後人莫或申理焉。吾故不憚詞費辨之如右。

右所辨者半采蔡氏上翔之言以間參己說故不著蔡名附注於此

(考異十三)宋史呂誨傳又云。辟光之謀。本安石呂惠卿所導。辟光揚言。朝廷若深罪我。我終不置此二人。據此以談。則王呂實爲此案罪魁。且又揚言於外。誨尤必備聞之。不難據情直指。而此疏不言何也。豈誨猶有所愛於安石耶。然則此必後之惡安石者。因誨言而加厲焉。而史乃采之。致與原疏全然不合。亦厚誣之一端也。

今將當時以爭議新法去官者。臚舉於下。

熙寧二年五月翰林學士權開封府鄭獬以斷謀殺獄．不依新法．出知杭州．宣徽北院使王拱辰．知制誥錢公輔皆以與安石議新法不合．拱辰出判應天府．公輔出知江寧府．

六月御史中丞呂誨劾安石．帝還其章．誨遂求去．出知鄧州．

八月知諫院范純仁言安石變祖宗法度．掊克財利．民心不寧．帝不聽．純仁力求去．出知河中府．尋徙成都轉運使．以新法不便．戒州縣不得遽行．安石怒其沮格．左遷知和州．

同月侍御史劉述劉琦錢顗連章劾安石．出述知江州．琦監處州鹽酒務．顗監衢州鹽稅．

同月條例司檢詳文字蘇轍以與呂惠卿論新法不合．出爲河南推官．

十月同平章事富弼稱疾求退．出判亳州．

三年正月判尚書省張方平極言新法之害．力求去．出判應天府．

二月河北安撫使韓琦以論青苗不見聽．上疏請解安撫使．止領大名府路．從之．

（考異十四）史稱荆公痛詆韓琦富弼．謂弼象恭滔天．又稱其以附麗韓琦爲歐陽修罪．又稱其子雱言梟韓琦富弼之首於市．則新法可行云云．種種誣罔之辭．不一而足．使荆公而果有此言．雖謂之病狂喪心可也．然考之臨川集．乃適與相反．集中有賜允富弼辭免左僕射詔云．『卿翊朕祖考．功施於時．德善在躬．終始如一．忠賢體國．義乃可留．邦有大疑．庶幾求助云云．』（後略）有賜允韓琦乞州詔云．『卿以公師之官．將相之位．統臨四路．屏扞一方．寄重任隆．羣臣莫比．雖罹疢疾．冀即有瘳．而章書頻頻．來以病告．宗工元老．視遇有加．恩禮之間．然何敢薄．重違懇惻．姑即便安．』　又有賀韓魏公啓云（前略）『伏惟我公受天間氣。爲世元龜。誠節表於當時。德望冠乎近代。典司密命。總攬中權。毀譽幾致於萬端。夷險常持於一意。故四海以公之用舍。一時爲國之安危。（中略）若夫進退之當於義。出處之適其時。以彼相方。又爲特美。某久叨庇賴。實預甄收。職在近臣。欲致盡規之義。世當大有。更懷下比之嫌。用自絕於高閎。非敢忘於舊德。（後略）由此觀之。則公於韓富二公。實不勝其嚮往之誠。而韓富與公。雖論新法不合。而私交始終未渝。其屢次乞休。亦實緣老病。未必專以新法之故。而史所傳公醜詆韓富之說。其必爲誣罔。蓋無疑矣。

同月。以司馬光爲樞密副使。固辭不拜。

三月。知審官院孫覺以論青苗法不便。出知廣德軍。

四月。御史中丞呂公著以論青苗法。出知潁州。

同月。參知政事趙抃懇求去位。出知杭州。

同月。監察御史林旦薛昌朝范育劾安石罪狀。不報。三人亦不見罷斥。

同月。監察御史裏行程顥張戩右正言李常御史王子韶交章言新法不便。各乞退。出顥爲京西路提刑。戩知公安縣。子韶知上元縣。常通判滑州。

七月。樞密使呂公弼以劾安石。出知太原府。

九月。翰林學士司馬光屢求去。留之不可。出知永興軍。

十月。翰林學士范鎮劾安石。以戶部侍郎致仕。

四年三月。詔察奉行新法不職者。先是知山陰縣陳舜俞。不散青苗錢。知長葛縣樂京知湖陽縣劉蒙。不奉募役法。皆奪官。至是有是詔。知陳留縣姜潛到官數月。青苗令下。潛即榜於縣門三日無人至。遂撤榜付吏曰。民不願矣。即移疾去。

四月。監官告院蘇軾上疏極論新法。不聽。乞外任。出爲杭州通判。

五月。知開封府韓維以論保甲法不合。力請外郡。固留不可。出知襄州。

六月。知蔡州歐陽修以老病致仕。

（考異十五）綱目云。修以風節自持。既連被汚衊。年六十。即乞謝事。及守青州。上疏請止散青苗錢。帝欲復召執政。王安石力詆之。乃徙蔡州。至是求歸益切。馮京請留之。安石曰。修附麗韓琦。以琦爲社稷臣。如此人在一郡則壞一郡。在朝廷則壞朝廷。留之安用。乃以太子少師致仕。　蔡氏上翔辨之曰。自宋天聖明道以來。歐陽公以文章風節負天下重望。慶曆四年。曾子固上歐公書曰。王安石雖已得科名。彼誠自重。不願知於人。以爲非歐公無足以知我。是時安石年二十四也。至和二年。歐公始見安石。自是書牘往來與見諸章奏者。愛歎稱譽。無有倫比。歐公全書可考而知也。熙甯三年。公論青苗法非便。而又擅止青苗錢不散。要亦祇論國家大事。期有益於公私而止。曷嘗斥爲奸邪。狠若仇讐。如呂誨諸人已甚之辭哉。而世乃傳安石既相。嘗痛詆歐公。考公擅止青苗錢在熙甯三年夏。至十二月。安石同平章事。明年春。公有賀王相公拜相啓。其言曰。高步儒林。著一朝甚重之望。晚登文陛。受萬乘非常之知。夫以伉直如歐公。使果有大不說於參政之時。而復獻諛於爲相之日。是豈歐公之所爲哉。踰年歐公薨。而安石爲文祭之。於歐公之爲人爲文。其立朝大節。其坎軻困頓。與夫生平知己之感。死後臨風想望之情。無不畢露。夫以安石之得君如彼。其專行新法如彼。其決曾何所忌於歐公而必欲擠而去之。乃生則詆其人爲天下大惡。而死則譽其爲天下不可幾及之人。是又豈安石之所爲哉。考歐公於治平三時。以濮議見攻於呂誨彭思永。四年以飛語見毀於彭思永蔣之奇。自是力請外郡。出而知亳州知青州知蔡州。以至於薨。則凡熙甯四年間。公未嘗一日立於朝。而累年告病。尤在安石未執政之前。於安石何與哉。在一國則亂一國諸語出於楊中立之神宗日錄辨。其爲誣顯而易見。後人執此以爲安石罪。而此兩公全集皆不一寓目何也。　今按蔡氏之文辨證確鑿。無待更贊。歐公之去。不緣荆公。而敍之於此者。凡以辨荆公排斥忠良之誣也。歐公如此。則凡雜史述荆公詆他人之言。又豈可盡信耶。荆公祭歐公文。實中國有數文字。今錄入第二十章。可參觀。

七月。御史中丞楊繪監察御史裏行劉摯上疏論免役法之害。出繪知鄭州。摯監衡州鹽倉。

五年三月。判汝州富弼上書言新法臣所不曉。不可以治郡。願歸洛養疾。許之。授司空武甯節度使致仕。

六年四月。樞密使文彥博求去。授司空河東節度使判河陽。

七年二月。監安上門鄭俠進流民圖。言大旱爲新法所致。未幾以擅發馬遞罪付御史鞫治。八年正月。竄之於英州。

以上所述。皆當時阻撓新政之大概情形也。巖巖元老。梗之於上。嶽嶽臺諫。鬨之於下。而荆公以孑然一身。挺立於其間。天下之艱危。莫過是矣。公於熙甯三年有答手詔慰撫劄子云『竊觀天錫陛下聰明睿智。誠不難與堯舜之治。故不量才力之分時事之宜。敢以不肖之身任天下怨誹。欲以奉承聖志。自與聞政事以來。遂及期年。未能有所施爲。而內外交搆。合爲沮議。專欲誣民以惑聖聽。流俗波蕩。一至如此。陛下又若不能無惑。恐臣區區。終不克勝。』其危苦之情。百世下讀者猶將哀之。非堅忍不拔如公者。其何一事之能就耶。後世之惡公者。不必道矣。其好公者亦不免以任用小人爲公惜。夫公所任用者果皆爲小人與否。吾將別論之。而當時阻撓新政之人豈非世所稱爲君子耶。若程明道。若蘇子由。皆公所最初特拔以爲僚佐者也。其餘韓富文呂諸元老。與公共事者。或一年。或二三年。或四五年。公自始何嘗欲排擠之者。而諸賢動以去就爭新法。公將以慰留僚友之故而枉所學。隳所志乎。抑以行其學行其志之故而得罪於僚友乎。二者不得不出於一。故公於熙甯三年。嘗上疏乞罷政事。亦以所志既不能行。則奉身以退耳。而神宗既信之愈篤。任之愈專。有君如此。公何忍負。則鞠躬盡瘁。以求大業之克終。諸賢既不肯苟同。誓不與並立。夫本朝亦惟有聽其去而已。我輩生今日爲公設身處地以計之。果有何道得以兩全者。夫公當時所立之法。非不善也。其所革之弊。則皆諸賢所蹙頞而言之者也。其後此之成績。或不能如初之所期。則亦以奉行者非其人已爾。使諸賢能與公和衷共濟。時復相補助而去其泰甚。安見其成效之不更著耶。而乃不問是非可否。凡一新更之法。必出死力以攻之。明知攻之而必不能回上意也。則投劾而去。以自成其名而已。甚或身爲方面而戒州縣勿得奉行朝令。其人既屬巨室。爲士庶所具瞻。則夫不利於新法者。皆得所趨附。以簧鼓天下之耳目。使人民疑所適從。譬之一手畫圓而十手畫方。雖有良法美意。而終不能以推行。有固然矣。然則使新法之利不償其弊者。誰之罪也。逼荊公以不得不用小人者。誰之罪也。雖然荊公之所以待異己者。抑可謂盡其道矣。其於諸元老。則皆自乞居外。猶再三慰留。不獲已然後許之也。其於諸小臣。亦不過左遷外補未嘗有一人焉削其官秩而治罪更無論也其間惟鄭俠一人下吏遠竄則荆公罷相歸江甯一年間之事也（公以熙甯七年六月罷相以八年二月復相而鄭俠之竄英州則熙甯八年正月間事也）以視子產商鞅之待貴族何如以視張江陵之待臺諫何如以視孔子之誅少正卯何如吾友南海潘氏（博）嘗論荆公謂惜其純任儒術而乏法家之精神可謂篤論而世之論者咸謂荆公行申商之術以峻法繩百僚何其與當時情實適相反對耶荆公之待士大夫也以禮雖其法緣是不能盡行然大臣之度足以模範千古而元祐諸賢之所以待熙豐大臣者則何如吾論至此而不禁有茫茫之感也

章氏袞王臨川文集序云

（前略）熙甯之政君以堯舜其民之心堅主於上臣以堯舜其君之心力贊之於下要皆以爲天下而非私己也諸臣若能原其心以議其法因其得以救其失推廣以究未明之義損益以矯偏勝之情務在協心一德博求賢才以行新法宋室未必不尙有利也而乃一令方下一謗隨之今日鬨然而攻者安石也明日譁然而議者新法也臺諫借此以買敢言之名公卿藉此以徼恤民之譽遠方下吏隨聲附和以自託於廷臣之黨而政事之堂幾爲交惡之地且當時下則未有不逞之民借新法以爲倡亂之端遠則未有二虜之使因新法而出不遜之語而縉紳之士先自交搆橫潰洶洶如狂人挾勝心牢不可破祖宗之法概以爲善其果皆善乎新創之法概詆爲惡其果皆惡乎抑其爲議有一人之口而自相牴牾者如蘇穎濱嘗言官自借貸之便而乃力詆青苗錢之非司馬公在英宗時嘗言農民租稅之外當無所與衙前無募民爲之而乃力詆雇役之非蘇東坡嘗言不取靈武則無以通西域西域不通則契丹之强未有艾而乃力詆熙河之役之非又如已非雇役不可

行而他日又力爭雇役不可罷之類是也有事體相類自來行之則以爲是公行之則以爲非者如河北弓箭社實與保甲相表裏蘇東坡請增修社約并加存恤而獨深惡保甲法之類是也(中略)似此之類既非眞知是非之定論亦非曲盡利害之訏謨宜公概謂流俗而主之益堅行之益力也一時議論既如此矣而左右記注之官異時記載之筆又皆務爲巧詆至或離析文義單摭數語而張皇之然則當時所以攻新法者非實攻新法也攻公而及其法耳(中略)彼管仲子產商鞅之數子者諸侯之貴臣耳然皆以其計數之審果敢堅忍大得逞於其國而公以世不常有之材當四海爲家之日君臣相契有如魚水乃顧落落如彼者時勢異而媢忌衆故也夫國內多故四竟多敵譬彼舟流不知所屆惟才與智衆必歸之此管仲之人所以得志也宋之治體本涉優柔眞仁而降此風寖盛士大夫競以含糊爲寬厚因循爲老成又或高談雅望不肯破觚解攣以就功名而其小人晏然如終歲在閑之馬雖或芻豆不足一旦圉人剪拂而燒剔之必然趯然踶而斷然齧當此時而欲頓改前轍以行新法無惑乎其駭且謗矣公之所以不理於口者此其一也賈誼年少美才疏遠之臣慨然欲爲國家改制立法當時絳灌之徒雖甚害之而未至若是之甚者以誼未嘗得政而文帝直以衆人待之也公令聞廣譽傾一世既已爲人所忌加以南人驟貴父子兄弟蟬聯禁近神宗又動以聖人目之而寄以心膂及横議蠭起公又悍然以身任天下之怨力與之抗而不顧公之所以不理於口者此又其一也(後略)

章氏此論言公所以見沮之故可謂洞見癥結其言以南人驟貴媢嫉者衆尤爲得間嗚呼以公絜白之質曠遠之胸方如凰皇翔於千仞豈省有鵷雛嚇腐鼠於其下者耶而公之失敗竟坐是矣莊子曰中國之人明於禮義而昧於知人心又曰人心險於山川難於知天荆公惟昧於知人心也故以遇世之所謂小人者而失敗以遇世

之所謂君子者、而亦失敗、論荆公之所短、蓋莫此爲甚矣、雖然、使公而明於知人心乎、則且隨俗波靡、非之無非、刺之無舉、非徒得徼容悅之一時、而且將有令譽於後世、又安肯以國家之故、而犧牲一身之安樂、聞謷叢萬詬而不悔也、嗚呼、吾中國數千年來之士君子、其明於知人心者則多矣、而昧焉者幾人哉、

## 第十七章　新政之阻撓及破壞(下)

元豐八年三月、神宗崩、哲宗立、宣仁太后臨朝、五月、以司馬光爲門下侍郎、遂盡廢新法、且竄逐神宗朝舊臣、今記其略如下、

元豐八年七月、罷保甲法、

十一月、罷方田法、

十二月、罷市易法、

同月、罷保馬法、

元祐元年閏二月、蔡確出知陳州、章惇出知汝州、

同月、罷青苗法、

三月、罷免役法、

四月、罷熙河經制財用司、

六月、竄鄧綰李定於滁州、竄呂惠卿於建州、

二年正月。禁用王氏經義字說。

四年四月。罷明法科。

五月。竄蔡確於新州。

以上不過舉其犖犖大者。其他不復枚述。一言蔽之。則當時於熙豐所行之事。無一不罷。於熙豐所用之人。無一不黜而已。范純仁嘗語司馬光曰。去其泰甚者可也。差役一事。尤當熟講而緩行。不然。滋爲民病。願公虛心以延衆論。不必謀自己出。謀自己出。則諂諛得乘間迎合矣。役議或難回。則可先行諸一路。以觀其究竟。光不從。持之益堅。純仁曰。是使人不得言爾。若欲媚公以爲容悅。何如少年合安石以速富貴哉。（見宋史純仁本傳）昔光嘗奏對神宗。謂安石賢而愎。夫光之賢。吾未知視安石何如。若其愎則何相肖而又加諸厲也。而新法遂從茲已矣。

新法之當廢與否。吾於前數章既詳論之。不再贅。而據俗史所紀。則謂元祐初政。天淸地明。全國歡欣。四夷動色者也。吾不暇與之辨。請引先儒之說一二。助我張目焉。陳氏（汝錡）司馬光論云。

靖康之禍。論者謂始于介甫。吾以爲始於君實。非君實能禍靖康。而激靖康之禍者君實也。夫新法非漫然而姑嘗試之者。每一法立。其君其相。往復商訂。如家人朋友相辨析。積歲彌月。乃始布爲令甲。而神宗又非生長深宮。懵於閭里休戚之故者。推利而計害。原始而究終。法未布於方內。而情僞已瞭徹胸中。如列眉。故雖以太后之尊。岐王之戚。上自執政。下逮監門。競苦口焉。而不爲中止。雖其間奉行過當。容有利與害隣。而實與名戾者。要在因其舊以圖其新。救其疵以成其美。使下不厲民。而上不失先帝遺意。斯宵小無所乘其間。而報復之禍無從起矣。安在悻悻自用。盡反前轍。前以太后諸人爭之而不能得之於神宗者。今以范蘇諸人爭之而亦不能得之於君實。一有逢己之蔡京。則喜爲奉法。蓋先帝肉未冷。而諸法破壞盡矣。是欲以臣而勝君。而謀之數十年者。可廢之一朝也。是謂己之識慮爲能賢於先帝。而昔以爲良法。今以爲秕政也。不大橫乎。孔子何以稱孟莊子之不改父臣與父政乎。今其言曰。先帝之法。其善者百世不可變。若王安石所建爲天下害者。改之當如救焚拯溺。夫以神宗之爲君。豈政由甯氏。聽穿鼻於其臣者。而云安石所建立乎。安石免相居金陵者八年。新法之行如故也。安石建之。能使神宗終身守之。而不與手實鬻祠俱報罷乎。且元祐之剗除更張無孑遺。而所云百世不可變者安在乎。吾恐先帝有靈。目不能一日瞑地下也。又云太皇太后以母改子。非以子改父。夫一切因革所爲。告之宗廟。頒而播之天下。臣民者。吾君之子。不曰吾君之母也。君母而可廢閣先帝行事。是呂后之所以滅劉。而武后之所以簒唐爲周也。人臣而可挾母后之權。弁髦其主。是徐紇鄭儼李神軌之共相表裏。而勢傾中外也。尚可訓乎。況元祐之初。嗣君已十餘齡矣。非遺腹襁褓。而君者。朝廷進止。但取決於宣仁。而嗣君無與焉。雖嗣君有問。而大臣無對。此何禮也。蘇子容危其事。每謂諸老無太紛紜。君長誰任其咎。而哲宗亦謂惟蘇頌知君臣之禮。蓋哲宗之藏怒蓄憤。已不在紹聖親政之日。而小人之逢君報怨。亦不待惇京用事之時矣。何者。人臣而務勝其君以爲忠。豈人子而不務繼述其父以爲孝。上見其意。下將表異。一表之於章惇。而羈管竄逐無虛日。再表之於蔡京。而爲妖爲孽。外假紹述之名。而以濟其私。而宋事不可爲矣。君實不當少分其咎哉。孔子曰。言必慮其所終。行必稽其所敝。不慮終。不稽敝。乃舉而委之於天。曰天若祚宋。必無此事。天可倖乎。天而以死先君祚宋乎。則太甲之顚覆典刑。爲天實祚商。而漢惠帝之與曹參輩守畫一而清靜焉。爲天不祚漢矣。

王氏夫之宋論云。

哲宗在位十有五年。政出自太后者。凡八年。哲宗親政以還。凡六年。紹聖改元以後。其進小人。復苛政。爲天下病者。勿論矣。元祐之政。抑有難於覆理者焉。紹聖之所爲。反元祐而實效之也。則元祐之所爲。矯熙豐而抑未嘗不效之。且啓紹聖而使可效者也。嗚呼。宋之不亂以危亡者幾何哉。天子進士以圖吾國。君子出身以圖吾君。豈借朝廷爲定流品分清濁之場哉。必將有其事矣。事者國事也。其本君德也。其大用治敎政刑也。其急圖邊疆也。其施於民者。視其所勤而休養之。視其所廢而修明之。拯其天災。懲其吏虐。以實措之安也。其登進夫士者。養其恬靜之心。用其方新之氣。拔之衡茅而相勸以君子之實也。豈徒紹聖哉。元祐諸公之能此者幾何邪。所能卓然出其獨至之忱。超出於紛紜爭論之外。而以入告者。劉器之諫覓乳媼。而以伊川請就崇政延和講讀。勿以暑廢而已。范淳夫勸帝以好學而已。自是而外。皆與王安石已死之灰爭是非。寥寥焉無一實政之見於設施。其進用者。洵非不肖者矣。乃一惟熙豐所貶斥之人。皇皇然力爲起用。若將不及。豈新進之士。遂無一人可推轂以大任之。樹百年之屏翰者。而徒爲嶺海遷客。伸久鬱之氣。遂可無曠天工乎。其恤民也。安石之新法在所必革矣。頻年豈無水旱。而拯救不行。四海豈無冤民。而清問不及。督行新法之外。豈無漁民之墨吏。而按劾不施。觸忤安石之餘。豈無行惠之循良。而拔尤不速。西陲之覆敗。孔棘。不聞擇一將以捍其侵陵。契丹之歲幣屢增。不聞建一謀以杜其欺侮。夫如是則宋安得有天下哉。一元祐諸公揚眉舒憤之區宇而已矣。馬呂兩公。非無憂國之誠也。而剛大之氣。一洩而無餘。一時蠖屈求伸之放臣。拂拭於蠻煙瘴雨之中。惛惛自得。出不知有志未定之沖人。內不知有不可恃之女主。朝不知有不修明之法守。野不知有難仰訴之疾苦。外不知有睥睨不逞之疆敵。一舉而委之夢想不至之域。羣起以奉二公爲宗主。而日進改圖之說。二公且目眩耳熒。以爲惟罷此政。黜此黨。召還此人。復行此法。則社稷生民。鞏固無疆之術。不越乎此。嗚呼。是豈足以酬天子心膂之託。對皇天質先祖。慰四海之孤惸。折西北之狡寇。而允稱大臣之職者哉。吾誠養君德於正。則邪自不得而窺。吾誠修政事以實。則妄自無從而進。吾誠慎簡干城之將。以固吾圉。則徼功生事之說自息。吾誠蠲剔中飽之弊。以裕吾用。則掊克毒民之計自消。吾誠育士以醇靜之風。拔賢於難進之侶。爲國家儲才於百年。則姦佞之覬覦自戢。而善類之濯磨自宏。曾不出此。而夜以繼日。如追亡子。進一人。則曰此熙豐之所退也。退一人。則曰此熙豐之所進也。興一法。則曰此熙豐之所革也。革一法。則曰此熙豐之所興也。然則使元祐諸公處仁英之世。遂將一無所言。一無所行。優游而聊以卒歲乎。未見其有所謂理也。氣而已矣。氣一動而不可止。於是呂范不協於黃扉。雒蜀朔黨不協於羣署。一人煢立於上。百尹類從於下。尚惡得謂元祐之猶有君。宋之猶有國也。而紹聖諸姦。駕駟馬。騁康莊。以進莫之能禦矣。反其所爲者。固師其所爲也。是故通哲宗在位十四年中。無一日而不爲亂媒。無一日而不爲危亡地。不徒紹聖無然矣。當其時。耶律之臣主。亦昏淫而不自保。元昊之子孫。亦偷安而不足逞。藉其不然。靖康之禍。不能待之他日也。而契丹衰。夏人弱。正漢宣北折匈奴之時會。乃恣通國之精神。敝之於一彼一此之短長。而弗能自振。嗚呼。豈徒宋之存亡哉。無窮之禍。自此貽之矣。立乎今日。以覆考哲宗之代之所爲。其言洋溢於史冊。以實求之。無一是當人心者。苟明於得失之理。安能與登屋遮道之愚民同稱慶快邪。

案船山此文有「爲嶺海遷客伸久鬱之氣」及「拂拭於巒煙瘴雨之中」二語。此失考也。荆公當國時。

未嘗竄逐一人。據前表所列。已較然甚明。即荆公罷政後。八年間。亦未聞有謫廷臣於嶺海之事。故元祐時竄蔡確於新州。而范淳夫言此路荆棘近七十年。此可證也。

章氏袞王臨川文集序云。

元豐之末。公既罷相。神宗相繼殂落。羣議既息。事體亦安。元祐若能守而不變。循習日久。膏澤自潤。孰謂非繼述之善也。乃毅然追懟。必欲盡罷熙豐之法。公以瞑眩之藥攻治之於先。司馬公又以瞑眩之藥潰亂之於後。遂使國論屢搖。民心再擾。夷想當時言新法不可罷者。當不止於范純仁李清臣數子。特史氏排公不已。不欲備存其說爾。不然。哲宗非漢獻晉惠比也。何楊畏一言。而章惇即相。章惇一來。而黨人盡逐。新法復行哉。悲夫。始也羣臣共爲一黨。以抗君。終也君子小人各自爲黨。以求勝。糾紛決裂。費時失事。至於易世。而猶不知止。從古以來。如是而不禍且敗者。有是理哉。公昔言於仁宗。謂晉武帝因循苟且。不爲子孫長遠之謀。當時在位。亦皆偷合苟容。棄禮義。捐法度。後果海內大擾。中國淪於夷狄者二百餘年。又謂可以有爲之時。莫急於今日。過此則恐有無及之悔。由此觀之。則靖康之禍。公已逆知其然。所以苦心戮力。不畏艱難。不避謗議。而每事必爲者。固公旦天未陰雨綢繆牖戶之心也。而古今議者。乃以靖康之禍歸於公。毋亦秦人梟轘參夷之習未亡乎。

陳氏章氏。固平昔崇拜荆公者也。其言或不免與余同病。阿其所好。若王氏之詆荆公。蓋無以異於俗儒。而其論元祐之政也若此。彼堯舜宣仁而梟轘馬呂者。其可一省矣。且元祐諸人之可議者。猶不止此。宋人王氏明清玉照新志云。(原書未見。據蔡氏荆公年譜引。)

元祐黨人。天下後世莫不推尊之。紹聖所定。止三十二人。至蔡元長當國。凡背己者皆著焉。殆至二百九人。然而禍根實基於元祐嫉惡太甚焉。呂汲公梁況之劉器之定王介甫親黨呂吉甫章子厚而下三十人。蔡持正親黨安厚卿曾子宣而下十人榜之朝堂。范淳父上疏以爲殲厥渠魁脅從罔治。范忠宣太息語同列曰。吾輩將不免矣。後來時事既變。章子厚建元祐黨。果如忠宣之言。大抵皆出於士大夫報復。而卒使國家受其咎。悲夫。

章蔡之興黨獄。至今稍有識者。皆深惡而痛絕之。夫章蔡之宜惡絕無論也。庸詎知肇造此孽者。不在章蔡。而在天下後世所推尊之元祐諸賢。苟非有玉照新志偶爲記述。則四十人榜於朝堂之事。迄今無復知之者矣。夫黨籍榜與黨籍碑則何以異。況渺碑頒諸天下。乃崇甯間事。其在紹聖時。亦不過榜之而已。（宋史李清臣傳云。惇既逐諸臣。幷籍呂公著文彥博以下三十人。將悉竄嶺表。清臣曰。更先帝法度不爲無過。然皆累朝元老。若從惇言。必駭物聽。帝曰。是豈無中道耶。合揭榜朝堂。置餘人不問。）由此觀之。則作俑者實呂梁劉諸人。而章蔡乃尤而效之。其罪反得從末減也。而黨籍碑爲萬世唾罵之資。黨籍榜則無人齒及。豈有幸有不幸耶。亦史家賦之以幸不幸而已。

蔡確之既貶也。臺諫猶論之不已。諫議大夫范祖禹亦言確之罪惡。天下不容。執政將誅確。范純仁王存獨以爲不可。力爭之。文彥博欲貶確嶺嶠。純仁聞之。謂呂大防曰。此路自乾興以來。荊棘近七十年。吾輩開之。恐不自免。大防遂不敢言。越六日。竟竄確於新州。（今廣東肇慶府新興縣。即嶺嶠也。）純仁又言於太后曰。聖朝宜務寬厚。不可以語言文字之間。曖昧不明之語。誅竄大臣。今舉動宜爲將來法。此事甚不可開端也。不聽。確遂死於竄所。嗚呼。此以視荊公執政時所以待異己者何如。而荊公蒙峻刻之名。元祐諸賢論者或猶咎其除惡不盡。天下尚有是非乎哉。

陳氏汝錡又曰。『楊中立當靖康之初。謂今日之事。雖成於蔡京。實釀於安石。此語既倡。口實翩翩。以熙寧爲禍敗靖康之始基以安石爲鼓舞蔡京之前茅其誣甚矣今史牒具在凡京所逢迎如虛無是溺土木是崇脂膏朘剝於下而宮闈盤樂於上蠹國害民者非一政然何者爲熙寧之政凡京所交結如內侍則童貫李彥梁師成佞倖則沖勔父子執政則王黼白時中李邦彥輩挑釁召亂非一人然何者爲熙寧之人雖京弟卞館甥介甫而京不以卞故受知介甫用事於熙寧元豐之間也何與介甫事而以爲致有今日之禍者王安石乎推尊配享特借此欺君盜寵之地而庶幾彌縫其不肖之心耳如篡漢爲魏者未嘗不藉口於舜禹之事造作符命弄孺子嬰於股掌者未嘗不以周公之居攝爲解豈可謂三讓登壇厲階于讓德稽首而負扆南面乃敎後世以稱假皇帝成卽眞之謀哉』其言可謂雋快竊嘗論之紹聖間章惇用事尙頗有意於紹述荆公猶未至於禍宋也禍宋者實惟蔡京而蔡京之得躋顯要汲引之者誰乎非荆公而溫公也溫公欲廢募役法復行差役羣僚頗以爲難京五日而了之溫公賞其才遂加委任若援舉主連坐之律則溫公得毋亦有不得辭其咎者耶夫溫公亦賢者也吾固不敢學史家深文周內之技以京之禍宋府罪於溫公獨奈何山膏善罵者流乃反以府罪於與京風馬牛不相及之荆公也哉

## 第十八章　荆公之用人及交友

古今人之論荆公其逕詆之爲小人者不必論矣卽仰之爲君子者亦未嘗不以好用小人爲公之玷然則公果好用小人乎公所用者果如史家所記述無一而非小人乎則又請平心以察之

吾嘗極論荆公所以不得不用小人者以當時君子莫肯爲之用斯固然矣抑考公之言嘗曰洪水之患不可留

而倿人而諸臣之才惟鯀優於治水故雖方命圮族而不能捨鯀以此推之則雖謂其好用小人也亦宜及其致政而歸也亦自言智不足以知人而險詖常出於交游之厚則其爲小人所累而頗自悔之當亦屬於事實無可爲諱者夫小人非不有時而可用而能用之與否則恆視乎用之之人以純粹之君子而用小人天下之險莫過是也夫人而曰小人必其機巧變詐之尤者也而用之之人必其機巧變詐能與之相敵且更過之使彼雖極其譸張之技而不能遁出於吾股掌之外斯能用小人矣若張江陵則其人也若胡文忠則其人也若曾文正則已非其人也若王荆公則更非其人也何以故以荆公爲純粹之君子人故以荆公爲太無權術之君子人故

雖然謂荆公爲專好用小人則非也謂荆公所用者爲皆小人則尤非也公上神宗論館職劄子云陛下卽位以來以在事之人或乏材能故所拔用者多士之小有才而無行義者此等人得志則風俗壞矣欲救此弊亦在親近忠良而已公之所進規於其君者如是而豈其躬自蹈之又制置條例司之初立也神宗屢以問荆公公曰今欲理財則必使能天下但見朝廷以使能爲先而不以任賢爲急恐風俗由此而壞將不勝其敝陛下當念國體有先後緩急（本傳不載此語畢氏續通鑑載於熙寧二年三月其見宋史何處未暇細檢）是荆公之諄諄於進賢退不肖者至深且切故與其謂荆公好用小人毋寧謂神宗好用小人而荆公則雖矯正之而猶未能盡者也夫荆公所拔擢拂拭之人其爲後世所稱爲君子者抑多多矣然或後此以不附新法用之不終史家遂不認此人爲荆公所用夫荆公既銳意必欲行新法則凡不願奉行新法者雖欲終用之而不能此事所必至理所固然也而謂荆公無欲用之之心焉不可得也若夫始終肯奉行新法之人則後之史家初不問其人平日行誼何如卽此附和新法之一端已指爲罪大惡極不寧惟是又往往虛搆事實必被以惡名而始爲快不必其與荆公共政事者卽平昔往還稍稔者亦無一而

獲免焉。如是則荆公所用者，安得不皆爲小人哉。非荆公之好用小人，徒以其人既經荆公之拂拭，即經史家之鍛鍊。雖君子亦爲小人已耳。吾非敢謂荆公所用者必無小人。顧以爲雖有之，而其不善決不如是其甚。夫以荆公之懋德高節，而經史家之刻畫，猶使後之讀者覺王衍盧杞儼然在目，則其他操行不及荆公，而授人以可乘之隙者，其受誣更何所不至耶。夫以韓琦而可指爲交結中官，以歐陽修而可指爲盜淫甥女，且舉朝洶洶謂爲希恩固寵，巧飾欺罔，則當時爭意氣者，豈尚有是非之心，而其言又可信耶。孫固濮議稍抗輿論，即羣斥爲奸邪，然則千年來指荆公所用爲奸邪者，又安知其非孫固之比耶。吾固非强欲爲荆公所用之人辯，然固有不容已於言者。今請就所可考見之人而一一論列之。

陳升之　升之在仁宗時已爲執政，非荆公所特拔。然荆公集中有送陳升之序，蓋自其微時，而即期以重任。及制置條例司初設，即引與共事。故神宗之相升之，實爲荆公推轂無疑。升之任諫官五年，所論列百數十事，其人亦非庸庸者。徒以與荆公共事之故，史稱其深狡多數，善傅會以取富貴。其信否則非吾所能斷也。

王珪　珪典內外制十八年，至熙寧三年始參知政事，九年同平章事，終神宗世爲相。其爲荆公汲引與否不可知。然固始終奉行新法者，本傳於其執政前多褒美之詞，於其執政後多譏彈之語，平心論之，蓋一中和之人也。

蘇轍　荆公初設制置條例司，首擢轍爲檢詳文字。荆公之特拔小臣，自轍始。後以不附新法，出爲河南推官。

程顥　制置條例司初設，遣使八人行諸路察農田水利，而顥與居一焉。是顥實爲荆公所特拔之士也。後以不附新法，出爲簽書鎮寧軍判官。而宋史於安石傳顥傳，並不載其曾爲條例司官一事，殆以受知於安石爲顥玷。故諱之歟。

劉彝　條例司所遣八人之一。前本爲縣尉。荊公特拔者也。史稱其以不附新法罷。又言神宗擇水官以其悉東南水利除都水丞。是非不用也。因其所長而專委以一事耳。以不當衝要之故。本傳無貶詞。且亟稱其材。

盧秉　亦所遣八人之一也。史稱其與薛向行鹽法擾民。然請罷發運使獻餘羡。其綜核名實可見。其後征西夏。立奇功。則其才之瑰偉可知。其父革以廉退聞。而秉未冠卽負雋譽。嘗言林木非培植根株弗成。似士大夫之立名節也。蔣堂賞味其言。卜其必爲佳器。而荊公因讀其壁間詩。識其靜退。故特拔之。秉後守邊。以父老累乞歸養。神宗手詔慰留。父革聞之。亦以義止之。後革疾亟。始得歸。遂不復出。以此言之。秉之名節。誠卓犖可觀。不負荊公之知矣。而宋史則謂其阿徇時好。父子相去甚遠。夫革未嘗謂其子不肖。且責以大義。不許告歸。而史家竟不許革之有子。何以故。徒以其奉行新法故。

謝卿材　侯叔獻　王汝翼　曾伉　王廣廉　條例司所遣八人。此其五也。宋史皆無傳。事蹟不可考。以程劉盧三人例之。當皆佳士也。蔡氏上翔言謝卿材侯叔獻皆當世所號爲賢者。不知所據何書。俟考。

呂公著　公著後此與司馬光同破壞新法。史家所目爲大賢者也。而其超擢顯官。實荊公薦之。史家恐污點公著。故於公著傳諱而不言。而於其兄公弼傳云『安石知政事。嗛公弼不附己。白用其弟公著爲御史中丞以偪之。』蓋又欲借此以入安石罪。遂忘卻爲公著諱而留此痕跡以示人也。顧吾獨不解惡其兄者何以薦其弟。而用其弟又何以能偪其兄也。眞所謂欲加之罪。何患無辭矣。要之荊公之薦公著。灼然無疑。而詆荊公專用小人者。將何以自解耶。

韓絳　絳爲荆公所汲引代陳升之領條例司未幾參知政事又繼荆公爲相一守成法時號傳法沙門以故本傳極醜詆之然考神宗初立韓琦卽薦絳有公輔器是其材德之優非獨荆公知之也其早年決獄廉明撫民周浹政績歷歷可觀爲諫官屢論列宮廷積弊尤爲人所難能慶州羌亂一舉平之可見其優於軍略知成都府開封府屢折豪强以蘇民困仁宗歎曰衆方姑息卿獨能不徇時邪內諸司數千恩澤絳執不可爲英宗言身犯衆怒懼有飛語帝曰朕在藩邸日頗聞有司以國事爲人情卿所守固善何憚於讒是其剛方之氣實朝列所罕見又嘗言富國當盡地力又首請改差役法是爲治極知大體者而又數薦司馬光則絕無黨同伐異之見尤可敬佩（以上皆據本傳）由此言之荆公之舉絳自代實爲得人而以絳之賢獨心悅誠服荆公守其法不變則新法之善亦可見矣而宋史絳傳徒以此故於其入相後則附以種種醜詆之詞不顧其與前半篇相矛盾吾是以益知宋史之不可信也

韓宗師　絳之子荆公薦爲度支判官提舉河北常平史稱其孝此亦足見荆公之不濫舉也

元絳　絳以荆公薦參知政事神宗眷顧甚隆其生平政績太優宋史本傳不能加以誣詆惟於傳末云『絳所至有威名而無特操少儀矩諂事王安石及其子弟時論鄙之』其傳後論云『王安石爲政一時士大夫之素知名者變其所守而從之比比皆然元絳所莅咸有異政亦諂事之陋矣』若是夫凡不肯攻安石之人雖有百千美德而皆得以一諂字抹殺之遂成爲無特操之人矣則凡爲安石所用者安得不盡爲小人也哉史於韓絳傳亦稱其賢而末綴二語云『終以黨王安石得政是以清議少之』與此傳正同一筆法此種清議此種時論其價值可見矣

呂惠卿。惠卿宋史列諸姦臣傳者也。惠卿之必非君子人。無待言。然荊公之知惠卿。實歐陽文忠介之。其書見歐集嘉祐六年。歐公又有舉惠卿充館職劄子。其文曰呂惠卿材識明敏。文藝優通。好古飭躬。可謂端雅之士。夫以歐公素稱知人。其所薦舉。皆一世佳士。而於惠卿稱之曰飭躬曰端雅。則其人諒不止才學之優美而已。據宋史本傳所載罪狀。大半指其奉行新法者。然吾以此爲不特非罪狀。且可作功狀矣。本傳又記其紹聖中知延州。夏人入寇。將以全師圍延安。惠卿修米脂諸砦以備寇。至欲攻則城不可近。欲掠則野無所得。欲戰則諸將按兵不動。欲南則懼腹背受敵。留二日遁去。據此則不獨有政事才。且能軍矣。本傳中記其治軍者三處所策皆中肯 惠卿之果爲姦邪與否。當於其曾叛荊公與否一事決之。據元祐初蘇轍彈文。謂其勢力相軋。化爲敵讎。發安石私書云云。後之史家。指爲荊公初次罷相時事。今考元豐三年。荊公有答呂吉甫書云。惠卿來書稱特進相公公以是年始授特進故知當在是年或在其後也

與公同心。以至異意。皆緣國事。豈有他哉。同朝紛紛。公獨助我。則我何憾於公。人或言公。吾無與焉。則公何尤於我。趣時便事。吾不知其說焉。考實論情。公宜昭其如此。開喻重悉。覽之悵然。昔之在我者。誠無細故之可疑。則今之在公者。尚何舊惡之足念。(下略)(按惠卿來書有云內省涼薄。尚無細故之嫌。仰惟高明。夫何舊惡之念。故公答書云云。

觀此則荊公與惠卿始合終暌。誠屬事實。然其暌也。緣公事乎。緣私怨乎。尚未可知。據荊公書則謂皆緣國事。今徵諸史。亦有可考見者焉。荊公初罷政。惠卿繼之。創爲手實法及鬻祠法。皆厲民之政。非荊公意。公復相。即罷之。夫惠卿敢於亂荊公之法。雖謂之叛荊公焉可也。然此尚出於其學識之不足耳。猶有可原。而惠卿自言

內省涼薄。不知別有所指否。或荊公大度包之而不復與校耶。竊意惠卿當時必深憤於沮撓新法者。思有以懲治之。常爲荊公所折。觀荊公罷政數月中。而卽有竄逐鄭俠之事。可見也。坐是之故。沮撓者之恨惠卿更甚於荊公。又因其與荊公隙末。更授人以口實。於是史家言其爲人。曾狗彘之不若矣。吾以爲惠卿誠非佳士。然竊疑紂之不善。不如是之甚也。

（考異十六）宋史惠卿傳。引司馬光言。謂惠卿爲之謀主。而安石力行之。一若一切新法。皆出惠卿。而安石不過一傀儡。然吾以爲此必非溫公之言。果爲溫公之言。亦誕妄之甚者也。安石之新法。懷抱於平日者已久。觀其平昔之詩文及上仁宗書可見也。答呂吉甫書云。舉朝紛紛。公獨助我。惠卿助安石耳。豈安石助惠卿哉。

（考異十七）宋史記王呂相攻之事甚多。其言皆鄙俚無狀。似如所言。則非徒惠卿爲姦邪。而安石亦姦邪之尤也。蔡氏上翔辨之甚悉。今避繁不復引。但觀答呂吉甫一書。其德量何等宏遠。以荊公之爲人。豈有肯爲此卑劣之事者哉。讀者如信公爲言行一致之人。則觀此一書已足。若猶不信。則吾更嘵嘵亦無益也。故不復辨也。

曾布　布爲曾鞏弟。其佐荊公行新法。功與惠卿埒。宋史亦以入姦臣傳。吾以本傳之文考之。不能得其所謂姦者何在。當時諸新法。雖由荊公發其大綱。而斟酌條目。編爲法典。半成於布之手。廷臣有難新法者。布一一解之。文獻通考。猶載其一二。則其文理密察之才。與縱橫奧博之辯。必有大過人者。本傳記其初召見時。上疏請神宗推赤心。奮威斷。使四方曉然知主不可抗。法不可侮。此正知本之論。可以匡荊公不逮者也。其於新法事事皆贊助。獨於呂嘉問辨市易之不善。則嚴劾之。謂官自爲兼幷。卒以此得罪呂惠卿。出知饒州。所謂和而不同者非耶。司馬光執政。論令增損役法。布辭曰。免役一事。法令纖悉皆出己手。若令遽自改易。義不可爲。斯可謂不變塞焉強哉矯矣。其後崇寧間以得罪蔡京。京誣以贓賄。使呂嘉問逮捕其諸子。鍛鍊訊鞫。誘左證使自誣。則亦由不肯附京故也。（以上所據皆宋史本傳）夫以宋史惡布之甚。至列諸姦臣。然記其行誼乃如此。其他嘉言懿行削而勿載者。何可勝道。其所指爲姦狀者。不過紹聖間建中靖國間兩次倡紹述之論而已。此而曰姦。則何不並荆公而入諸姦臣傳也。吾謂曾子宣者。千古骨鯁之士。而其學其才。皆足以輔之。南豐可云有弟。而荆公之得士。亦一夔而已足者也。荆公之寃。數百年來爲之昭雪者。尚有十數人。而子宣之寃。乃萬古如長夜。吾安得不表而出之。

章惇　亦姦臣傳中之一人也。荆公之初用惇。以爲編修三司條例官。其後使平南北江羣蠻。開湖南四府之地。爲功爲罪。前章已詳辨之。元豐三年。拜參知政事。時荆公已罷相未幾。以其父冒占民田。罷知蔡州。元祐初。駁司馬光所更役法。累數千言。光議既行。惇憤恚爭辨於簾前。史稱其語甚悖。廷臣交章擊之。被黜。而元祐七八年間。猶數爲言者所彈。哲宗親政。起爲相。專以紹述爲國是。凡元祐所革悉復之。大興黨獄。並欲追廢宣仁太后。哲宗崩。皇太后議所立。惇曰。以禮律言之。母弟簡王當立。太后曰。老身無子。諸王皆是神宗庶子。惇復曰。以長則申王當立。太后曰。申王病。不可。卒立端王。是爲徽宗。罷知越州。尋貶潭州。又竄雷州。徙睦州。卒。惇不肯以官爵私所親。四子連登科。獨季子援嘗爲校書郎。餘皆隨牒東銓仕州縣。訖無顯者。宋史本傳所記。大略如此。就此觀之。果足稱爲姦臣矣乎。卽以其不肯以官爵私所親一事論之。其狷介已足以厲末俗。哲宗崩。與太后爭所立。卒緣此貶竄以至於死。雖其所主張之簡王申王未知何如。若徽宗之荒淫無道。卒以亡宋。此萬世所共見也。安知惇非平昔察其人之不可以君天下。而故尼之耶。卽不然。亦不足以爲惇罪也。若夫以紹述熙豐爲姦。則亦姦其所姦而已。其最爲世詬病者。莫如竄逐元祐諸臣。且請廢宣仁太后二事。請廢后則誠有罪也。至竄逐元祐諸臣。則亦還以元祐所以待熙豐者待彼而已。元祐諸臣是。則惇亦是也。惇非。則元祐諸臣亦非也。而論者必將曰元祐諸人君子也。故可以竄逐小人。章惇小人也。故不可以竄逐君子。吾不知其所謂君子小人者以何爲界說。若論私德耶。惇之耿介。恐元祐諸賢猶或有媿之者矣。若論政見耶。吾未聞有以政見判君子小人者也。攻新法者既可以指奉新法者爲小人。則奉新法者亦可以指攻新法者爲小人。唯之與阿相去幾何矣。夫惇之所以報復元祐者。其慘酷誠甚於元祐。雖然。曾亦計元祐之所以報復熙豐者。其慘酷已遠甚於熙豐耶。夫以直報怨。斯爲美。然此惟太上貴德者能之。豈可以責諸惇。且元祐諸人自謂爲君子者。其德猶不足以及此。矧乃惇哉。吾以爲惇者有才而負氣之人也。姦則吾不知也。

蔡確　以本傳所載事實考之。實爲僉人。然荊公當國八年。始終未嘗大用之。官至知制誥而已。所行新法。亦未嘗藉其贊助之力。不得謂爲荊公所用也。

王韶　韶之功具見前。宋史本傳痛詆之。今不暇辨。

熊本　本之功具見前。宋史本傳亦有微詞。今不暇辨。

郭逵　趙卨　皆荊公所用邊將。於西夏安南俱有功。史亦有微詞。以上四人。殆功過不相揜者。古之名將。往往皆然。因材器使。以求成功而已。是固不足爲荊公玷也。

范子淵　荊公所用以興水利之人也。宋史無傳。而河渠志述其所建設者頗詳。蓋力主濬河之議。而能發明新器以爲用亦一材士也。史於荊公政績。無所不詆。故言子淵迎合取寵。又謂其器不可用。但今者陳跡久湮。其是非吾無以明之。

薛向　唐坰劾荊公。謂薛向陳繹安石頤指氣使。無異家奴。考公於嘉祐五年。嘗舉向司馬政。熙甯初又舉爲江淮發運使。未幾薦爲權三司使。其信任之蓋甚厚。而向所至政績爛然。馬政漕運皆經整頓。大革積弊。熙河之役。轉餉未嘗有失。其理財之效。蓋等劉晏。卽宋史亦亟稱之。荊公之能用人。此亦其一矣。獨可怪者。宋史向傳。於荊公屢次推轂。未嘗一言。吾不解其何心。殆又不欲以汚向耶。嘻。

陳繹　唐坰以之與薛向並舉。則當爲荊公極信任之人。熙甯間嘗知開封府。（猶今之順天府尹當時一要職也）宋史本傳。寥寥數行。惟有論事不避權貴。（神宗論繹語）爲政務摧豪黨。讞獄多所平反三語。此外則詆其私德。謂子與婦一夕俱殞於卒伍之手。又云。繆爲敦樸之狀。好事者目爲熱熟顏回。其傳末論云。陳繹希合用事。固無足道。閨門不肅。廉恥並喪。雖明曉吏事。又何取焉。據此推之。則陳繹必一操守嚴正治事敏察之人。古之循吏也。其政績可觀者必甚多。史削之耳。乃云其繆爲敦樸。吾不知作史者何以審其必爲繆也。子婦事何與阿翁。乃指爲廉恥道喪。雖明曉吏事。亦不足取。古今有此論人法耶。古今有此史筆耶。要之凡經安石拂拭之人。雖夷亦指爲跖。此全部宋史一貫之宗旨也。

鄧綰　綰誠一反覆小人。荊公所拔諸人。此最爲不肖矣。顧公雖嘗薦之。然後此惡其媚己。遽自劾失舉。公之不自文其過。益可見矣。而世乃謂公好諛。何適得其反哉。

許將　其爲荆公所薦與否史無明文。然熙甯初超擢不次。不得謂非荆公用之矣。歐陽修嘗稱其辭氣似沂公。舉進士授外任秩滿後不試館職。與荆公同其澹於榮利可見。荆公賞之或以此耶。其判流內銓也以綜核名實聞。遼以兵二十萬壓代州境。請劃代地。歲聘之使不敢行。將慷慨請往。面折遼使蕭禧。全命而返。其折衝尊俎之功不讓富鄭公矣。其判尚書兵部。整理保甲法。卓著成績。其知鄆州。民無犯法。父老歎曰。自王沂公後五十六年始見獄空耳。其爲兵部侍郎。條陳軍略甚悉。及用兵西夏。神宗遣近侍問兵馬數。將立具上之。明日訪樞臣不能對也。及紹聖初欲發司馬光墓。將又諫止之。由此觀之。將之才略德量。皆極秀異。荆公執政時特拔之非無故也。而宋史於傳後之論。惟稱其力止發墓一事爲可取。餘悉置之。是得爲好惡之公乎。

鄧潤甫　以荆公薦爲編修中書戶房事。旋擢知諫院知制誥。累遷御史中丞。其成進士後。嘗舉賢良方正。召試不應。荆公殆賞其恬退耶。元豐末。神宗命李憲征西夏。潤甫力諫。未幾爲蔡確所陷。落職知撫州。是其人亦鯁直士也。宋史論之曰。潤甫首贊紹述之謀。雖有他長無足觀矣。嗚呼是又與韓絳元絳陳繹諸傳同一筆法也。但一附新法。則萬善悉不見。銀荆公所用。安得不盡爲小人哉。

王子韶　子韶殆鑽營奔競之徒。荆公初引爲制置條例司屬官。擢監察御史裏行。然旋罷黜知上元縣。殆荆公自知其誤歟。

吳居厚　居厚雖非荆公所拔用。然錄其功以遷擢者也。初爲武安節度推官。奉行新法盡力。核閒田以計給梅山猺。計勞得大理丞。補司農屬。其後提舉河北常平。增損役法五十一條。史稱其精心計。籠絡鈎稽。收羨息錢數百萬。又言其就萊蕪利國二冶自鑄錢。歲得十萬緡。元祐時治其罪。紹聖間爲江淮發運使。疏支家河通漕。

楚海之間。賴其利。崇甯間爲相云。史稱其在政地久。無顯赫惡。而一時聚斂。推爲稱首。今以本傳所指爲罪狀者。按之其核閉田以給豨民。極得招撫之道。就冶鑄錢。以潤澤一國之金融界。國與民兩受其賜。若其疏河通漕。則史亦稱之矣。是皆不足以云掊克。獨其歲收羨息錢數百萬。果爲損下益上乎。抑爲辦理得宜。自然致之乎。今日無從臆斷。爲功爲罪。蓋未可論定也。然以史家惡之之甚。然猶稱其無顯赫惡。則其人爲能知自愛者可知矣。既知自愛。而理財之才復如此。則荆公拔識之於小吏之中。亦非爲過矣。

張商英　唐埛言張商英爲安石鷹犬。而近儒顏習齋亦言商英善理財。比諸薛向。不知習齋所據何書。考諸宋史本傳。則商英以面折章惇。爲惇所敬禮。歸而薦諸荆公（此亦章惇不可及處）因得召對。擢監察御史。旋出之於外。終熙甯世未嘗大用。其果爲荆公所甚倚重者與否。不可深考。哲宗親政。商英上疏嚴劾元祐大臣。故當時所謂士君子者惡之特甚。徽宗崇甯初。蔡京相。商英又劾京身爲輔相。志在逢君。京銜之。編入元祐黨籍。大觀四年。代京爲相。謂京雖言紹述。但借以劫制人主。禁錮士大夫耳。於是大革弊事。改當大錢以平泉貨。復轉般倉以罷直達。行鈔法以通商旅。蠲橫斂以寬民力。勸徽宗節華侈。息土木。抑僥倖。帝頗嚴憚之。然則商英其亦不辱荆公之知矣。

孫覺　與荆公友善。公執政。薦爲直集賢院。後以爭新法去官。史亟稱之。然覺與荆公友誼。終始不變。公薨。覺誄以文。極誦其美。

李常　荆公薦爲三司條例檢詳官。後以爭新法去。史亟稱之。

陸佃　荆公弟子。執政後。用以爲學官。始終能尊其師。惟以不與政事。故宋史不甚詆之。但有微詞而已。

李定　本傳云。定少受學於安石。熙甯二年。孫覺薦之。召至京師。謁諫官李常。常問曰。君從南方來。民謂青苗法何如。定曰。民便之。無不喜者。常曰。舉朝方共爭是事。君勿爲此言。定曰。定但知據實以言。不知京師乃不許。安石薦之。命知諫院。御史陳薦劾定聞庶母仇氏死。匿不爲服。詔下江東淮浙轉運使問狀。奏云。定以父年老。求歸侍養。不云持所生母服。定自言實不知爲仇所生。故疑不敢服。而以侍養解官。尋改爲崇政殿說書。御史林旦薛昌朝言。不宜以不孝之人居勸講之地。併劾安石。章六七上。元豐初。進定爲御史中丞。劾蘇軾。逮赴臺獄。哲宗立。謫居滁州。定於宗族有恩。分財振贍。家無餘貲。得任子。先兄息。死之日。諸子皆布衣。徒以附王安石。驟得美官。又陷蘇軾於罪。是以公論惡之。而不孝之名遂著。』案唐坰言李定爲安石爪牙。而當時劾荆公者。多借定爲題。囂囂論不已。實當時一大公案也。故今詳錄本傳之文而辨之。傳言定爲孫覺所薦。覺字莘老。以學行聞於時。與荆公雖舊交。然因爭新法不合去官。此其人當爲當時諸賢所許者也。何至以不孝之人入薦。又據傳言。定於宗族有恩。得任子亦先兄子。而不及其子。夫孝友之道一也。定友愛至此。而安有不孝者乎。考陸放翁老學菴筆記云。仇氏初在民間。生子爲浮屠。卽佛印也。後爲李問妾。生定。又出嫁郜氏。生蔡奴。工傳神。是仇氏已三適人。其死時與李家恩斷義絕久矣。孔氏不喪出母。見於禮記。況於妾母耶。以此律之。卽不爲服。亦不爲過。況仇既死於郜氏。則定所云實不知爲仇所生。疑不敢服者。實在情理之中。而定猶不忍竟不爲服也。而託侍養以解官。以行心喪焉。亦可謂情至義盡者矣。且又安知非定之父不許其子爲棄妾持服耶。由此言之。定不得爲不孝明矣。就令定果不孝。亦何與安石事。而合全臺以攻定。且緣定而攻安石。洶洶然疏至六七上。此何理也。是知其所以攻定者。非以定之不孝也。以定言青苗便民耳。又非攻定也。攻安石耳。以人之不肯隨我以破壞新法也。乃不惜搆游詞以誣其名節。是直奪人之言論自由已耳。此等臺諫。非用張江陵之法。一一取而廷杖之。不足以警凶頑。然後世史家則皆以直頌之矣。可勝歎哉。吾非斷斷焉為李定辨。凡以見當時攻新法者其無賴乃至如此耳。

呂嘉問　字望之。助荊公行市易法者也。宋史本傳極其醜詆。而公有祭其母夫人文云。實生才子。我所歎譽。秉義率法。困而不渝。公罷政歸江甯。後嘉問知江甯府。集中有與呂望之上東嶺一詩。其末段云。何以況清明。朝陽麗秋水。微雲會消散。豈久汙塵滓。所懷在分襟。藉草淚如洗。則嘉問為人必有可觀者。宋史之言。殊不敢盡信也。

常秩　秩字夷甫。有道之士。而荊公摯友也。宋史以其友於荊公也。醜詆之。本傳云。『神宗即位。三使往聘。辭。熙甯三年。詔郡以禮敦遣。毋聽秩辭。明年始詣闕。奏對後即辭歸。帝曰。既來安得不少留。異日不能用卿。乃當去耳。即拜右正言。』又云。『初秩隱居不仕。世以為必退也者。後安石為相更法。天下沸騰。以為不便。秩在閭閻。見所下令。獨以為是。一召遂起。在朝廷任諫爭。為侍從。低首抑氣。無所建明。聞望日損。為時譏笑。秩長於春秋。著講解數十篇。及安石廢春秋。遂盡諱其學。』今案同一傳中。前後相去數行間。而記載矛盾至此。前史所未有也。考神宗以治平四年十月。詔秩赴闕。而秩屢辭。直至熙甯四年始入朝。傳之前文所紀者是矣。安石之為相在熙甯二年。秩之被召。在相安石之前二年。秩之詣闕。在相安石之後二年。然猶三使往聘。以禮敦遣。始勉就道。是猶得云一召即起耶。何其好誣人若此。又何其不善誣人若此。案劉敞雜錄云。『處士之有道者。孫侔常秩。王令。秩潁州人。初未為人知。歐陽永叔守潁。令吏較郡中戶籍。正其等。秩貲簿在第七。衆人遽請曰。常秀才廉貧願寬其等。永叔怪其有讓問之。皆曰常秀才孝弟有德。非庸衆人也。永叔爲除其籍而請秩與相見。悅其爲人秩由此知名。』今考歐公集自治平三年至熙甯三年所與夷甫詩及尺牘十餘條。歐公長夷甫六年。乃稱之曰常夫子。又曰願得幅巾杖屨以從先生長者游。及其卒也。荆公爲之墓表。稱其違俗而適己。獨行而特起。以劉原父歐公荆公三人之賢。而其嚮往夷甫至於如是。則夷甫之賢可想矣。而史乃詆之如此。且爲之論曰學不爲己。而俯仰隨時。如桔槔居井上。欲其立朝不撓。不可得矣。嗚呼。徒以其與荆公游之故。而掊擊至無完膚。欲不名以穢史得乎。至謂秩盡諱其春秋學。則吾考荆公並未廢春秋。則秩雖媚荆公。亦何所容其諱。其誣更不俟辨也。（荆公未廢春秋於第二十章別論之）

崔公度　字伯易。博學工文。時號曲轅先生。嘗作感山賦七千言。歐陽修韓琦皆重之。劉沆薦茂才異等。辭疾不應。英宗時授國子監直講。以母老辭。幼與荆公交好。公於嘉祐三年。有與崔伯易書。痛王逢原之死。謂世之知逢原者無若吾兩人。逢原安貧樂道。翛然塵表。與荆公正同一節操。而伯易能爲二人所許如此。則其清風亮節亦可想矣。而宋史本傳云『惟知媚附安石。晝夜造請。雖踞廁見之不屑也。嘗從後執其帶尾。安石反顧。公度笑曰相公帶有垢。敬以袍拭去之耳見者皆笑。亦恬不爲恥』嘻。不知踞廁時何以有人在側。而見者皆笑。又何在廁者之衆耶。此直不近情理至穢極鄙之言。而以入之正史。是誠何心。要之凡其人稍爲荆公所禮者。務必醜詆之使不儕於人類而已。

王令　字逢原。荆公生平第一畏友。劉原父所謂處士有道者三人之一也。荆公集中詩文與相往復者。不下數十見。其卒也爲銘其墓。稱以天民。宋史無傳。而王直方詩話云『逢原見知於荆公。荆公得政。一時附麗之徒。

日滿其門。進譽獻諛。逢原厭之。乃大署其門曰。紛紛閭巷士。看我復何爲。來卽令我煩。去卽我不思。意當有知恥者。而請謁不衰。』考荆公所作墓銘。逢原卒於嘉祐四年。實在荆公得政前之十年。此語何從而來。可知宋人之於荆公所以誣衊之者無一不用其極。凡親友無一得免焉。幸而宋史不爲逢原立傳耳。苟立傳則夷甫之東閣。春秋伯易之拭帶閭牏。又將盈紙矣。

此三君子者。常崔雖嘗一仕於朝。未嘗一任繁劇。其於新法。可謂之絕無關係。王則當新法行時。墓木久已拱矣。而後之載筆者。其竭全力以汚衊之也若此。坐是之故。乃使吾並史所載呂章之徒之惡。而亦有不敢盡信者矣。非吾之愛其人者及其屋上烏。實緣昔之載筆者。惡其人及其儲胥。有不足以堅吾信也。

荆公所用之人。不止此。其所交之友。亦不止此。而卽以此四十人者論之。其賢才泰半。不肖者僅十之二三。其所謂不肖者。其罪狀蓋猶未論定也。夫以荆公德量汪汪。不肯以不肖待人。間或爲人所賣。則宜有之。若謂其喜逢迎樂便辟。曾是荆公而肯爲是耶。夫人苟嘗爲荆公所任者。或與荆公有親故者。或不肯隨聲附和以詆新法者。則雖君子而亦必誣以小人。則其謂荆公專任小人也亦宜。乃獨有一元惡大憝之蔡京。其人與荆公有葭莩親。熊本又嘗以奉行新法明敏多才薦之。見本傳而其容悅于進之術。不能售於荆公。而反得售於溫公。則荆公雖曰不知人。猶加溫公一等者矣。

# 第十九章　荆公之家庭

荆公以孝友著聞於時。其家庭。實可爲家庭之模範者也。公十七而孤。逮事王母者且十年。其王母永安縣君謝氏。曾子固銘其墓。見南豐集。其父都官公名益字損之。公自有先大夫述。見集中。其母仁壽縣太君吳氏。子固亦銘其墓。見南豐集。兄弟七人安禮安國宋史皆有傳。公集中有亡兄王常甫墓誌銘王平甫墓誌銘。常甫公之長兄安仁平甫則安國也。公丞歲爲貧而仕資祿以養祖母母及寡嫂。其家況見於集中者甚纖悉。其與安禮安國倡和詩極多。其銘常甫平甫墓。皆稱其孝友最隆。則公之孝友斯可知矣。

公子二。曰雱曰旁。旁事蹟無傳。惟公集有題旁詩一首。亦可徵其早慧。雱字元澤。性敏甚。未冠已著書數萬言。年十三得秦卒言洮河事。歎曰。此可撫而有也。使西夏得之。則吾敵強而邊患博矣。治平四年年二十四成進士。調旌德尉。作策二十餘篇。極論天下事。又作老子訓傳及佛書義解。亦數萬言。熙甯四年以鄧綰曾布薦召見。除太子中允崇政殿說書。受詔註書詩義。尋擢天章閣待制兼侍講。書成。遷龍圖閣直學士。以病辭不拜。熙甯九年卒。年三十三。

（考異十八）邵氏聞見錄曰。安石子雱。性險惡。凡公所爲不近人情者。皆雱所教。呂惠卿輩奴事之。公置條例司。初用程顥伯淳爲屬。伯淳賢士。一日盛暑。公與伯淳對語。雱囚首跣足。手攜婦人冠以出。問公曰。所言何事。公曰。以新法數爲人沮。與程君議。雱箕踞以坐。大言曰。梟韓琦富弼之頭於市。則新法行矣。公曰。兒誤矣。伯淳曰。方與參政論國事。子弟不可預。姑退。雱不樂去。伯淳自此與公不合。雱死。公罷相。嘗坐鍾山。恍惚見雱荷枷杻如重囚者。公遂施所居牛山園宅爲寺。以薦其福。後公病瘡。良苦。嘗語其姪曰。亟焚吾所謂日錄者。姪紿公焚他書代之。公乃死。或云又有所見也。（按宋史采此以入雱傳）李氏紱穆堂初稿書邵氏聞見錄後云。虞書戒無稽之言。周禮大司徒以鄉八刑糾萬民。七曰造言之刑。造言必加之刑者。誠以其妄言無實。足以變亂是非。使當之者受禍。卽在身後。亦蒙詬於無窮也。幸而其言出於浮薄小人。聞之者猶疑信參半。不幸而造言者謬附於淸流。則雖賢人君子。亦且信之。而受之者之誣。乃萬世而不白。豈不酷哉。自唐人好爲小說。宋元益盛。錢氏之私志。魏泰之筆錄。孟主賢臣。動遭汚衊。至碧雲騢焚椒錄。而悖亂極矣。其若可信者。無過邵氏聞見錄。由今觀之。其游談無根。誣枉而失實。與錢魏諸人固無以異也。邵氏所錄最駭人聽覩者。莫甚於記王元澤論新政一事。嚴君之前。賢者在座。乃囚首跣足。攜婦人冠。矢口妄談。欲斬韓富。容貌辭氣。癡妄醜惡。至於如是。使天下後世讀之者。惡元澤因幷惡荊公。顧嘗思之。元澤以庶幾之資。早窮經學。著書立說。未及弱冠。已數萬言。豈中無知識者。今歲消暑餘暇。偶一繙閱。略爲稽考時日。乃知聞見錄蓋無端造謗。絕無影響。考荊公以熙甯二年二月參知政事。四月始行新法。八月以明道爲條例司官。明年五月。明道卽以議論不合外轉簽書鎭甯節度使判官。而元澤以治平四年丁未科登許安世榜進士第。明年戊申。卽熙甯元年也。至二年。則元澤久已由進士授旌德尉。遠宦江南。是明道與荊公議新政時。元澤並未在京。直至熙甯四年。召元澤除太子中允崇政殿說書。然後入京。則明道外任已逾年矣。安得如邵氏所錄。與聞明道之議政哉。邵氏欲形容元澤醜劣。則誣爲囚首跣足。欲實其囚首跣足。則以爲是日盛暑。不知明道以八月任條例司官。次年五月卽已外轉。始深秋。迄初夏。中間並無盛暑之日也。明道長元澤僅九歲。蓋兄事之列。而韓富年輩。則尤在荊公之前。論是時德望。亦非明道可比。邵氏乃謂明道正色言方與參政論國事。子弟不當預。姑退。而雱卽避去。是元澤敢言斬韓富。獨於年輩不甚遠。又爲其父屬官之人。一斥而卽去。此皆情事所必不然者。邵氏又言公在鍾山恍惚見雱荷枷杻云云。則鬼鬽之説。尤不足辨。司馬溫公謂三代以前。何故無一人誤入地獄見所謂十王者。今邵氏此説編入正史。故不可不辨。無使元澤蒙惡聲於後世。而稗官小説作僞之風滋長。重爲人心風俗之害也。或曰聞見錄蓋伯溫歿後紹興二年其子博所編。伯溫不應作僞至此。或博之爲之。蓋是時天下方攻王氏。博欲藉此造言希世而取寵。未可知也。

蔡氏上翔王荆公年譜考略云。程伯淳與荆公論新法。而元澤大言梟韓富之首。穆堂李氏考其歲月。是時元澤並未在京。其爲邵氏無端造謗無疑矣。然穆堂祇言編入正史由於邵氏此錄。而不知朱子於程氏外書名臣言行錄並採之。於是作史者既以程朱大賢爲可信。遂使元澤千載奇寃。不可復解矣。考荆公生平以行道濟時爲心。其所行青苗法。始見於令鄞時。雱生纔四歲。嘉祐四年公上仁宗皇帝書。明年作度支副使廳壁題名記。皆以慎選人才變更法度爲言。此熙甯新法所由起也。治平四年。元澤成進士。出爲旌德尉。熙甯五年始入京。則新法已次第盡行。於元澤何與焉。當時若韓魏公歐陽公司馬溫公劉貢父諸書疏。亦祇言新法不便。未嘗謂安石凡事不近人情也。其首摭拾荆公十事醜詆不堪者。呂誨也。而亦未嘗一言及其子元澤。即自熙甯元豐元祐紹聖數十年所攻助行新法者。尤怒如水火。狠若仇讎。亦惟在呂惠卿章惇諸人。而無一人及元澤者。元澤久爲病中之人。熙甯七年。則有安石謝賜男雱藥物表。九年而元澤卒。則必非由疽發於背可知。乃徒爲紛紛説鬼。豈所望於講學君子耶。

今案李蔡二氏之所辨。洵乃如湯沃雪。以刀斷麻。令人浮白呼快。吾不必復贅一辭矣。此外史傳及雜書醜詆元澤者尚多。以此例之。其無一實。蓋不待言。故不復廣引詳辯。以費筆札云。抑如蔡氏所考。北宋諸人從未有攻及元澤者。何故南渡以還。忽以元澤爲集矢之的。以余考之。此蓋起於學術之爭也。熙豐元祐間之攻荆公。只攻其新法。未嘗攻其學術。後此洛蜀分黨。其餘波及於臨川。楊時著三經辯十卷。專攻三經新義。又爲書義辯疑一卷。專攻王雱。蓋章呂輩爲助公行新法之人。故攻公之政術者。必攻章呂。元澤爲助公著經義之人。故攻公之學術者。必攻元澤。此亦當然。無足怪者。但悍然犯周官造言之刑。所謂小人而無忌憚者。不意講學大儒而爲之也。

公夫人吳氏。封吳國夫人。工文學。嘗有小詞約諸親游西池。句云。待得明年重把酒。攜手。那知無雨又無風。一時傳誦之。

公妹爲張奎妻。封長安縣君。尤以詩名。佳句甚多。其著者。草草杯盤供笑語。昏昏燈火語平生。公友愛極篤。至老猶常躬往迓其歸甯。

公女子子二。長適吳充子吳安持。封蓬萊縣君。次適蔡元度卞。蓬萊縣君亦工文。有詩云。西風不入小窗紗。秋氣應憐我。憶家。極目江南千里恨。依前和淚看黃花。公次韻寄之云。孫陵西曲岸烏紗。知汝淒涼正憶家。人世豈能無聚散。亦逢佳節且吹花。他日公又寄以一絕云。夢想平生在一邱。暮年方此得優游。江湖相忘眞魚樂。怪汝長謠特地愁。又有寄吳氏女子古風一首云。

伯姬不見我。乃今始七齡。家書無虛月。豈異常歸甯。汝夫綴卿官。汝兒亦搢綖。兒已就師學。出藍而更青。女復知女功。婉孄有典刑。自吾捨汝東。中父繼在廷。小父數往來。吉音汝每聆。既嫁所願懷。孰如汝所丁。而吾與汝母。湯熨幸小停。邱園祿一品。吏卒給使令。膏粱以晩食。安步而輜軿。山泉皐壤間。適志多所經。汝何思而憂。書每說涕零吾廬所封殖歲久愈華菁豈特茂松竹梧楸亦冥冥芰荷美花實瀰漫爭溝涇諸孫肯來游誰謂川無舲姑示汝我詩知嘉此林垌末有擬寒山覺汝耳目熒因之授汝季季也亦淑靈

此蓋公女在都思親而公有以解之非特文章絕美而慈孝之至性亦盎於紙上矣其曰授汝季者則蔡氏女也

公亦有寄蔡氏女子二首云

建業東郭望城西堠千嶂承宇百泉遶霤青遙遙兮纚屬綠宛宛兮橫逗積李兮縞夜崇桃兮炫晝蘭馥兮衆植竹娟兮常茂柳蔫綿兮含姿松偃蹇兮獻秀鳥跂兮上下魚跳兮左右顧我兮適我有斑兮伏獸感時物兮念汝遲汝歸兮攜幼

我營兮北渚有懷兮歸女石梁兮以苫蓋綠陰陰兮承宇仰有桂兮俯有蘭嗟汝歸兮路豈難望超然之白雲臨清流而長歎

蔡氏壻卞爲京之弟宋史以入姦臣傳今考傳中其所謂姦狀者大率曖昧不明如云卞深阻寡言章惇猶在其術中惇迹易明卞心難見又云中傷善類皆密疏建白凡此皆所謂莫須有者也又云一意以婦公王氏所行爲至當專託紹述之說上欺天子下脅同列此則宋史之所謂姦豈能强天下後世以爲姦哉其後卞以京引用童貫面責之京力詆卞於帝前卒以此去官則是盜跖柳下同氣異趣若元度者其亦不玷荊公矣

公居家廉儉自奉淡泊自幼至老未嘗稍變散見於集中詩文者歷歷可考續建康志云『荊公再罷政以使相判金陵築第於白下門外去城七里去蔣山亦七里平日乘一驢從數僮游諸寺欲入城則乘小舫泛湖溝以行蓋未嘗乘馬與肩輿所居之地四無人家其宅僅蔽風雨又不設垣牆望之若逆旅之舍有勸築垣輒不答元豐

之末。公被疾。奏舍此宅爲寺。賜名報甯。既而疾愈。稅城中屋以居。不復造宅。父老曰今江甯縣治後廢惠民藥局。卽公城中所稅之宅也。』劉元城謂公質樸儉素。終身好學。不以官爵爲意。與草廬謂公其行卓。其志堅。超超富貴之外。無一毫利欲之汨。少壯至老死如一。嗚呼。世安得有此人哉。

## 第二十章　荆公之學術

荆公之學術。內之在知命厲節。外之在經世致用。凡其所以立身行己與夫施於有政者。皆其學也。則亦何必外此以更求公之學術。雖然。亦有可言者焉。

二千年來言學者。莫不推本於經術。而所謂經學者。各殊其塗。漢之初興。傳經者皆解大義。不爲章句。而其大義則皆口口相傳。罕著竹帛。以其口口相傳。故必有所受。不爲臆說。當能得經之本意。以其罕著竹帛。故與聞者寡。而亦無以永其傳。自諸大師云亡。而經學蓋難言之矣。兩京諸經生。强半以讖緯災異陰陽五行之說釋經。其果受自孔門與否。蓋不可知。卽曰有所受也。亦不過諸義中之一義。其不足以盡經術也明矣。其間有若董子繁露之說春秋。劉中壘新序之說詩。蓋不必盡本於師說。而常以意逆志。籀經中之義蘊。而引申發明之。實爲經學開一新蹊徑。及東漢之末。去古益遠。口說益微。賈馬服鄭諸儒出。始專以章句訓詁爲教。疏析文句。用力至劬。而大義蓋有所未遑焉。魏晉六朝以至於唐。士不悅學。而惟以文辭相尙。三五碩學。乃出釋尊門下。而儒術無足以張其軍者。其間如徐遵明劉焯劉炫陸德明孔穎達賈公彥。又爲賈馬服鄭之輿臺。雖用力更劬。而所發明者更寡。至於宋而濂洛關閩之學興。刊落枝葉。鞭辟近裏。經學壁壘。又爲之一新。顧其所畸重者。在身心性命。而經世致用之道。缺焉弗講。謂但有得於身心性命。而經世致用之道。舉而措之矣。其極也。乃至專標論語孟子大學中庸躋而尊諸羣經之上。而漢以來所謂六藝者。幾於束閣。夫身心性命之不可不講。固也。然此乃孔子所謂衆人以上可以語上。而性與天道。非盡人所可得聞者。以此爲普通學。得乎。且謂經世致用之道。悉包含於身心性命之中。而但有得於身心性命。其他卽可不學而能。則六經當更删其什八九。而孔子猶留此以供後人玩物喪志之具。則何爲也。是宋儒之學。雖不得不謂爲經術之一端。然其不足以盡經術。抑又明矣。明代姚江崛興。其在宋學範圍中。誠自樹一幟。語於經術。則其功罪亦適與濂洛關閩相等而已。本朝承宋明末流之敝。反動力作。而復古論昌。胡閻江惠。導其先河。戴段二王。樹其堅壁。自乾嘉迄今。則諸經皆有新疏。片詞單義。必求所出。空言臆說。懸爲厲禁。訓故名物制度。鉤比擘索。刮垢磨光。遂使諸經無不可讀之字。無不可解之句。厥功楙矣。然究其實際。又不過與徐劉陸孔之徒。比肩事主。爲賈馬服鄭之功臣。卽進而上之。能爲賈馬服鄭之諍友。斯峯極矣。一言以蔽之。則治章句之學而神其技者也。由此觀之。則二千年來所謂經學者可見矣。由宋迄明。是爲別子。雖有所得。無與大宗。而兩漢隋唐之緒。發揮光大以極於本朝。其最偉之績。不越章句。夫並章句而未解。更靡論於大義。斯固然矣。然謂既解章句。則治經之業已畢。而此外更無餘事。天下有是學術乎。卽賈馬服鄭徐劉陸孔惠戴段王諸經師。亦豈敢謂其學卽爲經學。不過曰吾之爲此。將以代世之治經學者省其玩索章句之勞。俾得注全力以從事於講求大義云爾。講求大義。實爲治經者唯一之目的。玩索章句。不過爲達此目的之一手段。誤手段以爲目的。則終其身無所得於經。人人如此。代代如此。而經學遂成無用之長物矣。夫必明大義。然後乃可謂之經學。既無所容難。然則當用何法以求諸經之大義乎。此實最難置答之一疑問。而二千年來幾許之大儒。謙讓而不敢從事者。正以此也。夫吾所欲明之大義。亦欲明其確爲此經之大義者云也。然必如何而後確爲此經之大義乎。是必親受之於删定諸經之孔子乃可。卽不然。亦受諸其徒。更次則受諸其徒之徒。受諸其徒之徒之徒。質而言之。則非有口說。莫知所折衷也。準此以談。則惟先秦諸儒。可以言經學。次則西漢諸儒。猶可以勉言經學。自茲以往。口說既亡。而經學在勢當成絶業。後之儒者。所以不敢於求大義者。凡以此也。然使長此以終古乎。則孔子之删述六經。果留以供後人玩物喪志之用。率天下之人而疲精敝神於章句訓詁名物制度之間。而於天下國家一無所裨。何取此擾擾爲也。故夫後之儒者。既不得親受口說於孔子若孔子之徒。毋已則亦有獨抱遺經。以意逆志而自求其所謂大義而已。所求得之大義。其果爲孔子之大義乎。所不敢言也。然但使十義之中有一義焉合於孔子。則用力已爲不虛。就令悉不合焉。而人人遵此道以求之。必將有一合者。又就令無一合者。而舉天下以思想自由之故。性靈愈濬而愈深。或能發古人未發之奧。不特爲六經注脚。且將爲六經羽翼。其爲功不更偉耶。吾以爲生漢以後而治經學。舍此道末由矣。苟並此道而不取焉。則無異於謂當廢經學而不許人以從事已耳。以此道治經者。創於先漢之董江都劉中壘。而光大之者。荆公也。

荆公執政。自著三經新義。頒諸學官。三經者。周官及詩書也。周官義爲公所手撰。詩義書義。則出其子雱及門人之手云。今錄其序。

周官義序云。

士弊於俗學久矣。聖上閔焉。以經術造之。乃集儒臣訓釋厥旨。將播之校學。而臣某實董周官。惟道之在政事。其貴賤有位。其後先有序。其多寡有數。其遲數有時。制而用之存乎法。推而行之存乎人。其人足以任官。其官足以行法。莫盛乎成周之時。其法可施於後世。其文有見於載籍。莫具乎周官之書。蓋其因習以崇之。賡續以終之。至於後世無以復加。則豈特文武周公之力哉。猶四時之運。陰陽積而成寒暑。非一日也。自周之衰。以至於今。歷歲千數百矣。太平之遺迹。掃蕩幾盡。學者所見無復全經。於是時也。乃欲訓而發之。臣誠不自揆。然知其難也。以訓而發之之爲難。則又以知夫立政造事。追而復之之爲難。然竊觀王者立法。就功取成。於心訓迪在位。有馮有翼。亹亹不倦。心服承德之世矣。以所觀乎今。考所學乎古。所謂見而知之者。臣誠不自揆。妄以爲庶幾焉。故遂昧冒自竭。而忘其材之弗及也。謹列其書爲二十有二卷。凡十餘萬言。上之御府。副在有司。以待制詔頒焉。謹序。

書義序云。

熙甯二年。臣某以尚書入侍。遂與政。而子雱實嗣講事。有旨爲之說以獻。八年。下其說太學。班焉。惟虞夏商周之遺文。更秦而幾亡。遭漢而僅存。賴學士大夫誦說。以故不泯。而世主莫或知其可用。天縱皇帝大知。實始操之以驗物。考之以決事。又命訓其義。兼明天下後世。而臣父子以區區所聞。承乏與榮焉。然言之淵懿。而釋以淺陋。命之重大。而承以輕眇。茲榮也。祇所以爲愧也歟。謹序。

詩義序云。

詩三百十一篇。其義具存。其辭亡者六篇而已。上既使臣雱訓其辭。又命臣某等訓其義。書成。以賜太學。布之天下。又使臣某爲之序。謹拜手稽首言曰。詩上通乎道德。下止乎禮義。放其言之文。君子以興焉。循其道之序。聖人以成焉。然以孔子之門人。賜也商也。有得於一言。則孔子悅而進之。蓋其說之難明如此。則自周衰以迄於今。泯泯紛紛。豈不宜哉。伏惟皇帝陛下內德純茂。則神罔時恫。外行恂達。則四方以無侮。日就月將。學有緝熙於光明。則頌之所形容。蓋有不足道也。微言奧義。既自得之。又命承學之臣。訓釋厥遺。樂與天下共之。顧臣等所聞。如爝火焉。豈足以賡日月之餘光。姑承明制代匱而已。傳曰。美成在久。故棫樸之作人。以壽考爲言。蓋將有來者焉。追琢其章。纘聖志而成之也。臣衰且老矣。尚庶幾及見之。謹序。

此三序者。其文高絜而簡重。其書之內容。亦可以略窺見矣。而欲求荊公治經之法。尤在於其所著書洪範傳後。其文曰。

古之學者。雖問以口。而其傳以心。雖聽以耳。而其受以意。故爲師者不煩。而學者有得也。孔子曰。不憤不啓。不悱不發。舉一隅不以三隅反。則不復也。夫孔子豈敢愛其道。驁天下之學者。而不使其蚤有知乎。以謂其問之不切。則其聽之不專。其思之不深。則其取之不固。不專不固。而可以入者。口耳而已矣。吾所以教者。非將善其口耳也。孔子沒。道日以衰熄。浸淫至於漢。而傳注之家作。爲師則有講而無應。爲弟子者則有讀而無問。非不欲問也。以經之意爲盡於此矣。吾可無問而得也。豈特無問。又將無思。非不欲思也。以經之意爲盡於此矣。夫如此。使其傳注者皆已善矣。固足以善學者之口耳。而不能善其心。況其有不善乎。宜其歷年以千數。而聖人之經。卒以不明。而學者莫能資其言以施於世也。

讀此。而公之所以自爲學與詔學者以爲學者。皆可見矣。傳之以心。受之以意。切問深思。而資所學以施於世。公之所以治經者。盡於是矣。吾以爲豈惟治經。凡百之學。皆當若是矣。苟不由此道。而惟恃在講堂上聽受講義。則雖記誦至博。終不能有所發明。一國之學。未有能進者也。宋稗類鈔。稱荊公燕居默坐。研究經旨。用意良苦。嘗置石蓮百許枚几案上。咀嚼以運其思。遇盡未及益。往往嚙其指至流血不覺。此說雖未知信否。然其力學之堅苦。覃思之深窈。可見一斑矣。黃山谷詩云『荆公六藝學。妙處端不朽。諸生用其短。頗復鑿戶牖。譬如學捧心。初不悟己醜。玉石恐俱焚。公爲區別不。』斯可謂持平之論。自元祐初國子司業黃隱燬三經斯義版。世間遂少流傳。元明以來遂亡佚。本朝乾隆間。修四庫全書。從永樂大典輯存周官新義一種。（今粵雅堂叢書有之）公之遺言。始得藉以不墜。吾嘗取而讀之。其所發明甚多。非後儒所能及也。全謝山云。荆公解經。最有孔鄭家法。言簡意賅。惟其牽纏於字說者。不無穿鑿。（見宋元學案卷九十八）是猶譽公專句之學而已。夫章句之學。則公之糟粕也。

後人動稱荆公詆春秋以爲斷爛朝報。今考林竹溪鬳齋學記云，（宋元學案引）

尹和靖曰。介甫未嘗廢春秋。廢春秋以爲斷爛朝報。皆後來無忌憚者託介甫之言也。韓玉汝之子宗文。字求仁。嘗上介甫書。請六經之旨。介甫皆答之。獨於春秋曰。此經比他經尤難。蓋三傳皆不足信也。介甫亦有易解。其辭甚簡。疑處闕之。後來有印行者。名曰易義。非介甫之書。和靖去介甫未遠。其言如此。甚公。今人皆以斷爛朝報爲荆公罪。冤矣。

今案答韓求仁書見存本集中。洵如和靖所言。公非特不答求仁之問春秋。卽於其問易亦不答之。蓋此二經之微言大義。視他經尤爲奧衍。非受諸口說。末由索解。若用以意逆志之法以解之。未有不謬以千里者。荆公不敢臆說。正孔子所謂君子於其所不知蓋闕如也。吾儕方當以此賢荆公。而顧可詆之乎。況古之學校。春秋教以禮樂。冬夏教以詩書。而孔子雅言。亦僅在詩書執禮。豈不以易春秋之義。非可盡人而語哉。然則荆公僅以三經立於學官。亦師古而已。

（考異十九）周麟之孫氏春秋傳後序云．荆公欲釋春秋以行於天下．而莘老此傳已出．一見而有惎心．自知不能復出其右．遂詆聖經而廢之．曰此斷爛朝報也．不列於學官．不用於貢舉．　李穆堂駁之云．荆公欲釋春秋．尙未著書．他人何由知之．見孫傳而生忌．詆其傳足矣．何至因傳而詆經．詆傳易．詆經難．舍其易爲其難．愚者不爲．而謂荆公爲之乎．且據邵輯序文．謂公晚患諸儒之鑿．始爲之傳．則莘老此傳成於晚年可知．荆公卒於元祐元年．年六十有八．莘老以元祐元年始拜諫議大夫．而卒於紹聖間．年止六十三．是莘老之年．小於荆公十餘歲．其晚年所著之書．荆公蓋未嘗見．而忌之說從何而來．麟之妄造鄙言．後人信之．其陋亦無異於麟之矣．　又云．斷爛朝報之說．嘗聞之先達．謂見之臨汝閒書．蓋病解經者．非詆經也．荆公高第弟子陸農師佃龔深父原．並治春秋．陸著春秋後傳．龔著春秋解．遇疑難者．輒目爲闕文．荆公笑曰．闕文如此之多．則春秋乃斷爛朝報矣．蓋病治經者不得經說．不當以闕文置之．意實尊經非詆經也．　今案孫莘老之春秋傳．不特周麟之有跋．而楊龜山亦有序．龜山之言曰『熙甯之初．崇儒尊經訓迪多士．以爲三傳異同．無所考正．於六經尤爲難知．故春秋不列於學官．非廢而不用也．而士方急於科舉之習．遂闕焉不講』．此正與尹和靖說同．龜山平昔最好詆王氏學者．而其言如此．何後人不一稱道．而惟麟之之言是信耶．

公生平所著書．有臨川集一百卷．後集八十卷．（今所傳者爲元金谿危素搜輯而成．凡一百卷．而後集亦在其中．非其舊也）周官義二十二卷．（今四庫所輯永樂大典本．爲十六卷）易義二十卷．（見宋史藝文志．然據尹和靖言．則此非荆公書）洪範傳一卷．（今存集中）詩經新義三十卷．（今佚）春秋左氏解十卷．（今佚）禮記要義二卷．（今佚）孝經義一卷．（今佚）論語解十卷．（今佚）孟子解十卷．（今佚）老子注二卷．（今佚）字說二十四卷．（今佚）

公生平於書靡所不窺老而彌篤其晚年有與曾子固書云

(前略)某自百家諸子之書至於難經素問本草諸小說無所不讀農夫女工無所不問蓋後世學者與先王之時異矣不如是不足以盡聖人故也致其知而後讀以有所去取故異學不能亂也惟其不能亂故能有所去取者所以明吾道而已子固視吾所知爲尙可以異學亂之者乎非知我也方今亂俗不在於佛乃在於學士大夫沈沒利欲以言相尙不知自治而已子固以爲如何(案子固來書蓋規公之治佛學故答書云云)

公晚年益覃精哲理以求道本以佛老二氏之學皆有所得而其要歸於用世有讀老子一篇云

道有本有末本者萬物之所以生也末者萬物之所以成也本者出之自然故不假乎人之力而萬物以生也末者涉乎形器故待人力而後萬物以成也夫其不假人之力而萬物以生則是聖人可以無言也無爲也至乎有待於人力而萬物以成則是聖人之所以不能無言也無爲也故昔聖人之在上而以萬物爲己任者必制四術焉四術者禮樂刑政是也所以成萬物者也故聖人唯務修其成萬物者不言其生萬物者蓋生者尸之於自然非人力之所得與矣老子者獨不然以爲涉乎形器者皆不足言也不足爲也故抵去禮樂刑政而唯道之稱焉是不察於理而務高之過矣夫道之自然者又何預乎唯其涉乎形器是以必待於人之言也人之爲也其書曰三十輻共一轂當其無有車之用夫轂輻之用固在於車之無用然工之琢削未嘗及於無者蓋無出於自然之力可以無與也今之治車者知治其轂輻而未嘗及於無也然而車以成者蓋轂輻具則無必爲用矣如其知無爲用而不治轂輻則爲車之術固已疎矣今知無之爲車用無之爲天下用然不知所以爲用也故無之所以爲車用者以有轂輻也無之所以爲天下用者以有禮樂刑政也如其廢轂輻於車廢禮

樂刑政於天下而坐求其無之為用也則亦近於愚矣

今世泰西學者之言哲學而以推諸社會學國家學也其言繁多要其指歸不外兩說其一則曰宇宙一切事物皆出天演有自然必至之符也驗之者則曰優勝劣敗天無容心優劣惟人所自擇也由前之說則尊命者也由後之說則尊力者也尊命而不知力則畸於放任而世治因以不進矣尊力而不知命則畸於干涉而世治亦因以不進矣明夫力與命之相須為用其庶幾於中道乎荆公此論蓋有所見矣二千年學者之論老氏未有如公之精者也

## 第二十一章　荆公之文學(上)　文

後世於荆公之政術學術紛紛集矢獨於其文學猶知尊之固由文學之為物與人無爭抑亦道難知而藝易見也顧即以文學論則荆公於中國數千年文學史中固已占最高之位置矣

吳草廬澄臨川王文公集序云『唐之文能變八代之弊追先漢之蹤者昌黎韓氏而已河東柳氏亞之宋文人視唐為盛唯廬陵歐陽氏眉山二蘇氏南豐曾氏臨川王氏五家與唐二子相伯仲夫自漢東都以逮於今駸駸八百餘年而合唐宋之文可稱者僅七人焉則文之一事誠難矣哉』後人因草廬所舉七人益以蘇子由而為八於是有唐宋八家之稱夫八家者非必能盡文之美也而自東漢以迄中唐未聞有文人焉能邁此八家者自南宋以迄今日又未聞有文人焉能媲此八家者則八家之得名也亦宜雖然荆公之文有以異於其它七家者一焉彼七家者皆文人之文而荆公則學人之文也彼七家者非不學若乃荆公之湛深於經術而饜飫於九流

百家。則遂非七子者之所能望也。故夫其理之博大而精闢。其氣之淵懿而樸茂。實臨川之特色。而遂非七子者之所能望也。

抑八家者其地位固自有高下。柳州惟紀行文最勝。不足以備諸體。南豐體雖備而規模稍狹。老泉潁濱。皆附東坡而顯者耳。此四家者。不過宋鄭魯衞之比。求其如齊晉秦楚勢力足相頡頏者。惟昌黎廬陵東坡臨川四人而已。則試取而比較之。東坡之文美矣。雖然。縱橫家之言也。詞往往勝於理。其說理雖透達。然每乞靈於比喻。已足徵其筆力之不足。其氣雖盛。然一洩而無餘。少含蓄紆鬱之態。荆公則皆反是。故以東坡文比荆公文。則猶野狐禪之與正法也。試取荆公上仁宗書與東坡上神宗書合讀之。其品格立判矣。若昌黎則荆公所自出也。廬陵則與荆公同學昌黎。而公待之在師友之間者也。廬陵贈公詩曰。翰林風月三千首。吏部文章二百年。老去自憐心尚在。後來誰與子爭先。公酬之云。欲傳道義心雖壯。强學文章力已窮。他日若能窺孟子。終身何敢望韓公。是廬陵深許公能追跡昌黎。而公欿然不敢以自居也。夫以吾嚮者所論學人之文與文人之文。則雖謂公文軼過昌黎可也。若徒以文言文。則昌黎固如蕭何造未央宮。蔑以復加。公亦其繼體之肖子而已。公與歐公同學韓。而皆能盡韓之技。而自成一家。歐公與公又各自成一家。歐公則用韓之法度改變其面目。而自成一家者也。公則用韓之面目損益其法度。而自成一家者也。李光弼入郭子儀軍。號令不改。而旌旗壁壘一新。公之學韓。正若是也。曾文正謂學荆公文。當學其倔强之氣。此最能知公文者也。公論事說理之文。其刻入峭厲似韓非子。其弸聒肫摯似墨子。就此點論之。雖韓歐不如也。東坡學莊列。而無一文能似莊列。荆公學韓墨。則駸駸乎韓墨也。

人皆知尊荆公議論之文。而不知記述之文。尤集中之上乘也。集中碑誌之類。殆二百篇。而結搆無一同者。或如長江大河．或如層巒疊嶂．或拓芥子爲須彌．或籠東海於袖石．無體不備．無美不搜．昌黎而外．一人而已．曾文正云『爲文全在氣盛．欲氣盛全在段落清．每段分束之際．似斷不斷．似咽非咽．似吞非吞．似吐非吐．古人無限妙境．難於領取．每段張起之際．似承非承．似提非提．似突非突．似紓非紓．古人無限妙用．亦難領取．』此深於文者之言也．余謂欲領取之．惟熟誦半山文．其庶幾矣．

公之文．其錄入前諸章者．已二十餘首．凡以明其政術學術．意不在文也．然如上仁宗皇帝言事書．國家百年無事劄子．材論．答司馬諫議書．周官義序．詩義序．洪範傳．書後．讀老子．諸篇．皆藏山之文．可永爲世模範者也．今更錄數篇．以備諸體．夫行山陰道上者．則目疲於其所接．吾論公文．吾恨不能手寫公全集也．

讀孟嘗君傳

世皆稱孟嘗君能得士．士以故歸之．而卒賴其力以脫於虎豹之秦．嗟乎．孟嘗君特雞鳴狗盜之雄耳．豈足以言得士．不然．擅齊之强．得一士焉．宜可以南面而制秦．尚何取雞鳴狗盜之力哉．夫雞鳴狗盜之出其門．此士之所以不至也．

讀刺客傳

曹沫將而亡人之城．又刼天下盟主．管仲因勿倍以市信一時可也．予獨怪智伯國士豫讓．豈顧不用其策耶．讓誠國士也．曾不能逆策三晉．救智伯之亡．一死區區．尚足校哉．其亦不欺其意者也．聶政售於嚴仲子．荊軻豢於燕太子丹．此兩人者．汙隱困約之時．自貴其身．不妄願知．亦曰有待焉．彼挾道德以待世者．何如哉．

答韶州張殿丞書

某啓伏蒙再賜書示及先君韶州之政爲吏民稱頌至今不絕傷今之士大夫不盡知又恐史官不能記載以次前世良吏之後此皆不肖之孤言行不足信於天下不能推揚先人之功緒餘烈使人人得聞知之所以夙夜愁痛疚心疾首而不敢息者以此也先人之存某尚少不得備聞爲政之迹然嘗侍左右尚能記誦教誨之餘蓋先君所存嘗欲大潤澤於天下一物枯槁以爲身羞大者既不得試已試乃其小者耳小者又將泯沒而無傳則不肖之孤罪大釁厚矣尚何以自立於天地之間耶閣下勤勤惻惻以不傳爲念非夫仁人君子樂道人之善安能以及此自三代之時國各有史而當時之史多世其家往往以身死職不負其意蓋其所傳皆可考據後既無諸侯之史而近世非尊爵盛位雖雄奇儁烈道德滿衍不幸不爲朝廷所稱輒不得見於史而執筆者又雜出一時之貴人觀其在廷論議之時人人得講其然否尚或以忠爲邪以異爲同誅當前而不慄訕在後而不羞苟以饜其忿好之心而止耳而況陰挾翰墨以裁前人之善惡疑可以貸褒似可以附毀往者不能訟當否生者不得論曲直賞罰謗譽又不施其間以彼其私獨安能無欺於冥昧之間耶善既不盡傳而傳者又不可盡信如此唯能言之君子有大公至正之道名實足以信後世者耳目所遇一以言載之則遂以不朽於無窮耳伏惟閣下於先人非有一日之雅餘論所及無黨私之嫌苟以發潛德爲己事務推所聞告世之能言而足信者使得論次以傳焉則先君之不得列於史官豈有恨哉

寶文閣待制常公墓表

右正言寶文閣待制特贈右諫議大夫汝陰常公以熙甯十年二月己酉卒以五月壬申葬臨川王某誌其墓

曰。公學不期言也。正其行而已。行不期聞也。信其義而已。所不取也。可使貪者矜焉。而非彫斵以爲廉。所不爲也。可使弱者立焉。而非矯抗以爲勇。官之而不事。召之而不赴。或曰必退者也。終此而已矣。及爲今天子所禮則出而應焉。於是天子悅其至。虛己而問焉。使莅諫職以觀其迪己也。使董學政以觀其造士也。公所言乎上者無傳。然皆知其忠而不阿。所施乎下者無助。然皆見其正而不苟。詩曰。胡不萬年。惜乎既病而歸死也。自周道隱。觀學者所取舍。大抵時所好也。違俗而適己。獨行而特起。嗚呼。公賢遠矣。傳載公久。莫如以石。石可磨也。亦可泐也。謂公且朽不可得也。

給事中孔公墓誌銘

宋故朝請大夫給事中知鄆州軍州事兼管內河堤勸農同羣牧使上護軍魯郡開國侯食邑一千六百戶實封二百戶賜紫金魚袋孔公者。尙書工部侍郞贈尙書吏部侍郞諱勗之子。兗州曲阜縣令襲封文宣公贈兵部尙書諱仁玉之孫。兗州泗水縣主簿諱光嗣之曾孫。而孔子之四十五世孫也。其仕當今天子天聖寶元之間。以剛毅諒直名聞天下。嘗知諫院矣。上書請明肅太后歸政天子。而廷奏樞密使曹利用上御藥羅崇勳罪狀。當是時。崇勳操權利與士大夫爲市。而利用悍强不遜。內外憚之。嘗爲御史中丞矣。皇后郭氏廢。引諫官御史伏閤以爭。又求見上。皆不許。而固爭之。得罪然後已。蓋公事君之大節如此。此其所以名聞天下。而士大夫多以公不終於大位爲天下惜者也。公諱道輔。字原魯。初以進士釋褐補甯州軍事推官。年少耳。然斷獄議事。己能使老吏憚驚。遂遷大理寺丞。知兗州仙源縣事。又有能名。其後嘗直史館待制龍圖閣判三司理欠憑由司登聞檢院吏部流內銓糺察在京刑獄知許徐兗鄆泰五州留守南京。而兗鄆御史中丞皆再至。所至官治。

數以爭職不阿。或絀或遷。而公持一節以終身。蓋未嘗自絀也。其在兗州也。近臣有獻詩百篇者。執政請除龍圖閣直學士。上曰。是詩雖多。不如孔道輔一言。乃以公爲龍圖閣直學士。於是人度公爲上所思。且不久於外矣。未幾。果復召以爲中丞。而宰相使人說公稍折節以待遷。公乃告以不能。於是人又度公且不得久居中。而公果出。初開封府吏馮士元坐獄。語連大臣數人。故移其獄。御史劾士元罪止於杖。又多更赦。公見上。上固怪士元以小吏與大臣交私污朝廷。而所坐如此。而執政又以謂公爲大臣道地。故出知鄆州。公以寶元二年如鄆。道得疾。以十二月壬申卒於滑州之韋城驛。享年五十四。其後詔追復郭皇后位號。而近臣有爲上言公明肅太后時事者。上亦記公平生所爲。故特贈公尚書工部侍郎。公夫人金城郡君尚氏。尚書都官員外郎諱賓之女。生二男子。曰淘。今爲尚書屯田員外郎。曰宗翰。今爲太常博士。皆有行治世其家。累贈公金紫光祿大夫尚書兵部侍郎。而以嘉祐七年十月壬寅葬公孔子墓之西南百步。公廉于財。樂振施。遇故人子。恩厚尤篤。而尤不好鬼神禨祥事。在寧州。道士法眞武像。有蛇穿其前。數出近人。人傳以爲神。州將欲視驗以聞。故率其屬往拜之。而蛇果出。公卽舉笏擊蛇殺之。自州將以下皆大驚。已而又皆大服。公由此始知名。然余觀公數處朝廷大議。視禍福無所擇。其智勇有過人者。勝一蛇之妖。何足道哉。世多以此稱公。故余亦不得而略也。銘曰。展也孔公。惟志之求。行有險夷。不改其輈。權强所忌。讒諂所讎。考終厥位。寵祿優優。維皇好直。是錫公休。序行納銘。爲識諸幽。

## 泰州海陵縣主簿許君墓誌銘

君諱平。字秉之。姓許氏。余嘗譜其世家。所謂今泰州海陵縣主簿者也。君既與兄元相友愛稱天下。而自少卓犖不羈。善辨說。與其兄俱以智略爲當世大人所器。寶元時。朝廷開方略之選。以招天下異能之士。而陝西大帥范文正公、鄭文肅公爭以君所爲書以薦。於時得召試爲太廟齋郎。已而選泰州海陵縣主簿。貴人多薦君有大才。可試以事。不宜棄之州縣。君亦常慨然自許。欲有所爲。然終不得一用其智能以卒。噫。其可哀也已。士固有離世異俗。獨行其意。罵譏笑侮困辱而不悔。彼皆無衆人之求。而有所待於後世者也。其齟齬固宜。若夫智謀功名之士。窺時俯仰。以赴勢物之會。而輒不遇者。乃亦不可勝數。辨足以移萬物。而窮於用說之時。謀足以奪三軍。而辱於右武之國。此又何說哉。嗟乎。彼有所待而不悔者。其知之矣。君年五十九。以嘉祐某年某月某甲子。葬眞州之揚子縣甘露鄉某所之原。夫人李氏。子男瓌。不仕。璋。眞州司戶參軍。琦。太廟齋郎。琳。進士。女子五人。已嫁二人。進士周奉先、泰州泰興令陶舜元。銘曰。

有拔而起之。莫擠而止之。嗚呼許君。而已於斯。誰或使之。

金溪吳君墓誌銘

君和易罕言。外如其中。言未嘗極人過失。至論前世善惡。其國家存亡治亂成敗所由。甚可聽也。嘗所讀書甚衆。尤好古而學其辭。其辭又能盡其議論。年四十三四。以進士試於有司。而卒困於無所就。其葬也。以皇祐六年某月日。撫州之金溪縣歸德鄉石廩之原。在其舍南五里。當是時。君母夫人既老。而子世隆、世範皆尙幼。女子三。其一卒。其二未嫁云。嗚呼。以君之有。與夫世之貴富而名聞天下者。計焉其獨歉彼耶。然而不得祿以行其意。以祭以養。以遺其子孫。以卒。此其士友之所以悲也。夫學者。將以盡其性。盡性而命可知也。知命矣。於君之不得意。其又何悲耶。銘曰。

蕃君名字彥弼。氏吳其先自姬出。以儒起家世晁繳。獨成之難幽以折。厥銘維甥訂君實。

度支副使廳壁題名記

三司副使不書前人名姓。嘉祐五年。尙書戶部員外郎呂君冲之。始稽之衆吏。而自李紘已上至查道得其名。自楊偕已上得其官。自郭勸已下。又得其在事之歲時。於是書石而鑱之東壁。夫合天下之衆者財。理天下之財者法。守天下之法者吏也。吏不良則有法而莫守。法不善則有財而莫理。有財而莫理。則阡陌閭巷之賤人。皆能私取予之勢。擅萬物之利。以與人主爭黔首。而放其無窮之欲。非必貴强桀大而後能如是。而天子猶爲不失其民者。蓋特號而已耳。雖欲食蔬衣敝。憔悴其身。愁思其心。以幸天下之給足。而安吾政。吾知其猶不得也。然則善吾法。而擇吏以守之。以理天下之財。雖上古堯舜。猶不能毋以此爲先急。而況於後世之紛紛乎。三司副使。方今之大吏。朝廷所以尊寵之甚備。蓋今理財之法。有不善者。其勢皆得以議于上而改爲之。非特當守成法。吝出入。以從有司之事而已。其職事如此。則其人之賢不肖。利害施於天下如何也。觀其人以其在位之歲時。以求其政事之見於今者。而考其所以佐上理財之方。則其人之賢不肖。與世之治否。吾可以坐而得矣。此蓋呂君之志也。

祭范潁州文

嗚呼我公。一世之師。由初迄終。名節無疵。明肅之盛。身危志殖。瑤華失位。又隨以斥。治功亟聞。尹帝之都。閉姦興良。稚子歌呼。赫赫之家。萬首俯趨。獨繩其私。以走江湖。士爭留公。蹈禍不慄。有危其辭。謁與俱出。風俗之衰。駭正怡邪。蹇蹇我初。人以疑嗟。力行不回。慕者興起。儒先酋酋。以節相侈。公之在貶。愈勇爲忠。稽前引古。誼不營弱。外更三州。施有餘澤。如釃河江。以灌尋尺。宿贓自解。不以刑加。猾盜涵仁。終老無邪。講藝絃歌。慕來千里。溝川障澤。田桑有喜。戎孽猘狂。敢齮我疆。鑄印刻符。公屏一方。取將於伍。後常名顯。收士至佐。維邦之彥。聲之所加。虜不敢瀕。以其餘威。走敵完鄰。昔也始至。瘡痍滿道。藥之養之。內外完好。既其無爲。飲酒笑歌。百城宴眠。吏士委蛇。上嘉曰材。以副樞密。稽首辭讓。至於六七。遂參宰相。釐我典常。扶賢贊傑。亂穴除荒。官更於朝。士變於鄉。百治具修。偷墮勉强。彼閼不遂。歸侍帝側。卒屏於外。身屯道塞。謂宜耇老。尚有以爲。神乎孰忍。使至於斯。蓋公之才。猶不盡試。肆其經綸。功孰與計。自公之貴。廄庫逾空。和其色辭。傲訐以容。化於婦妾。不靡珠玉。翼翼公子。弊綈惡粟。閔死憐窮。惟是之奢。孤女以嫁。男成厥家。孰堙於深。孰鍥乎厚。其傳其詳。以法永久。碩人今亡。邦國之憂。矧鄙不肖。辱公知尤。承凶萬里。不往而留。涕哭馳辭。以贊醪羞。

祭歐陽文忠公文

夫事有人力之可致。猶不可期。況乎天理之溟溟。又安可得而推。惟公生有聞於當時。死有傳於後世。苟能如此足矣。而亦又何悲。如公器質之深厚。智識之高遠。而輔學術之精微。故充於文章。見於議論。豪健俊偉。怪巧瑰奇。其積於中者。浩如江河之停蓄。其發於外者。爛如日星之光輝。其清音幽韻。淒如飄風急雨之驟至。其雄辭閎辯。快如輕車駿馬之奔馳。世之學者。無問乎識與不識。而讀其文。則其人可知。嗚呼。自公仕宦四十年。上下往復。感世路之崎嶇。雖屯邅困躓。竄斥流離。而終不可掩者。以其公議之是非。既壓復起。遂顯於世。果敢之氣。剛正之節。至晚而不衰。方仁宗皇帝臨朝之末年。顧念後事。謂如公者。可寄以社稷之安危。及夫發謀決策。從容指顧。立定大計。謂千載而一時。功名成就。不居而去。其出處進退。又庶乎英魄靈氣。不隨異物腐敗。而長在乎箕山之側與潁水之湄然天下之無賢不肖。且猶爲涕泣而歔欷。而況朝士大夫平昔游從又予心之所嚮慕而瞻依。嗚呼盛衰興廢之理自古如此。而臨風想望不能忘情者念公之不可復見而道誰與歸。

## 第二十二章　荊公之文學（下）　詩詞

世人之尊荊公詩。不如其文。雖然。荊公之詩實導西江派之先河。而開有宋一代之風氣。在中國文學史中。其績尤偉且大。是又不可不尸祝也。

千年來言詩者。無不知尊少陵。然少陵之在當時及其沒世。尊之者固不衆也。昌黎詩云。李杜文章在。光燄萬丈長。不知羣儒愚。何用多毀傷。中晚唐人之所以目少陵者可想見矣。其特提少陵而尊之實自荊公始。公有題杜甫畫像一詩云。

吾觀少陵詩。謂與元氣侔。力能排天斡九地。壯顏毅色不可求。浩蕩八極中。生物豈不稠。醜妍巨細千萬殊。竟莫見以何雕鎪。惜哉命之窮。顛倒不見收。青衫老更斥。餓走半九州。瘦妻僵前子仆後。攘攘盜賊森戈矛。吟哦當此時。不廢朝廷憂。常願天子聖。大臣各伊周。甯令吾廬獨破受凍死。不忍四海寒颼颼。傷屯悼屈止一身。嗟時之人我所羞。所以見公像。再拜涕泗流。推公之心古亦少。願起公死從之游。

公又續得杜詩二百餘首。編爲老杜詩後集。而爲之序言。甫之詩其完見於今者。自余得之。又曰。世之學者。至乎甫然後能爲詩。不能至要之不知詩焉爾。嚮往之誠。至於如此。此公之詩所以名家也。

宋初承晚唐之陋。西崑體盛行。起而矯之者。歐公與梅聖俞也。由是而自闢門戶卓然成家者。荊公與東坡山谷也。公少年有張刑部詩序云。

君並楊劉。楊劉以其文詞染當世。學者迷其端原。靡靡然竊日力以摹之。粉墨青朱。顚錯龐雜。無文章黼黻之序。其屬情藉事。不可考據也。方此時自守不汚者少矣。

崑體披靡一世。率天下之人盤旋於溫李肘下。而無以發其性靈。詩道之敝極是矣。其不得不破壞之而別有所建設。時勢使然也。首破壞之者實惟歐梅。荊公與歐梅爲友。（梅有送介甫知毗陵詩公有哭梅聖兪詩）然非聞歐梅之風而始興者也。自其少年而門戶已立矣。歐梅以沖夷淡遠之致。一洗穠纖綺冶之舊。至荊公更加以一種瘦硬雄直之氣。爲歐梅所未有。故歐梅僅能破壞。荊公則破壞而復能建設者也。

宋詩偉觀。必推蘇黃。以荊公比東坡。則東坡之千門萬戶。天骨開張。誠非荊公所及。而荊公遒峭謹嚴。予學者以模範之跡。又似比東坡有一日長。山谷爲西江派之祖。其特色在拗硬深窈。生氣遠出。然此體實開自荊公。山谷則盡其所長而光大之耳。祖山谷者必當以荊公爲祖之所自出。以此言之。則雖謂荊公開宋詩一代風氣。亦不必過。

荊公古體與其謂之學杜。毋寧謂之學韓。今舉示數首。

游土山示蔡天啓祕校

定林瞰土山。近乃在眉睫。誰謂秦淮廣。正可藏一艓。朝予欲獨往。扶憊强登涉。蔡侯聞之喜。喜色見兩頰。呼鞍追我馬。亦以兩駺挾。斂書付衣囊。裹飯隨藥笈。傰傰阿蘭若。土木老山脅。鼓鐘臥空曠。簨簴雕捷業。外堂廓無主。考擊誰敢輒。坡陀謝公冢。藏桴久穿劫。百金買酒地。野老今行饁。緬懷起東山。勝踐比稠疊。於時國累卵。楚夏血常喋。外實備艱梗。中仍費調燮。公能覺如夢。自喻一蝴蝶。桓溫適自斃。苻堅方天厭。且可綏九錫。寧當快一捷。彼哉斗筲人。得喪易矜怯。妄言屐齒折。吾欲刊史牒。傷心新城埭。歸意終難愜。漂搖五城舟。尚想浮河檝。千秋隴東月。長照西州堞。豈無華屋處。亦捉蒲葵箑。碎金諒可惜。零落隨秋葉。好事所傳玩。空殘法書帖。清談眇不嗣。陳迹恍如接。東陽故侯孫。少小同鼓篋。一官初嶺海。仰視飛鳶跕。窮歸放款段。高臥停遠蹀。牽襟肘卽見。著帽耳纔壓。數椽危敗屋。爲我炊陳浥。雖無膏汚鼎。尚有羹濡筴。縱言及平生。相視開笑靨。邯鄲枕上事。且飲且田獵。或昏眠委翳。或妄走超躐。或叫號而瘖。或哭泣而魘。幸哉同聖時。田里老安帖。易牛以寶劍，擊壤勝彈鋏。追憐衰晉末。此士方岌嶪。强偷須臾樂。撫事終愁慄。予雖天戮民。有械無接摺。翁今貧而靜。內熱非復葉。予衰極今歲。儻與雞夢協。委蛻亦何恨。吾兒已長鬣。翁雖齒長我。未見白可鑷。祝翁尚難老。生理歸善攝。久留畏年少。譏我兩呫囁。東火扶路還。宵明狐兔懾。蔡侯雄俊士。心憭形亦諜。異時能飛鞍。快若五陵俠。胡爲阡陌間。跼豆僅相躡。諒欲交轡語。怯子不能嚁。

此乃公晚作。結構氣格。章法句法。皆肖昌黎。入韓集中。幾亂楮葉。惜其未能化耳。

## 思王逢原

自吾失逢原。觸事輒愁思。豈獨爲故人。撫心良自悲。我善孰相我。孰知我瑕疵。我思誰能謀。我語聽者誰。朝出一馬驅。暝歸一馬馳。馳驅不自得。談笑强追隨。仰屋臥太息。起行涕淋漓。念子冢上土。草茅已紛披。婉婉婦且少。煢煢一女嫠。高義動閭里。尚聞致財貲。嗟我衣冠朝。略能具饘糜。葬祭無所助。哀顏亦何施。聞婦欲北返。跂予常望之。寒汴已閉口。此行又參差。又說當產子。產子知何時。賢者宜有後。固當夢熊羆。天方不可恃。我願適在茲。我疲學更誤。與世不相宜。夙昔心已許。同岡結茅茨。此事今已矣。已矣尙誰知。渺渺江與潭。茫茫山與陂。安能久竊食。終負故人期。

董伯懿示裴晉公平淮右題名碑詩用其韻和酬

元和伐蔡何危哉。朝廷百口無一諧。盜傷中丞偶不死。利劍白日投天街。裏瘡入相議軍旅。國火一再更檀槐。上前慷慨語發涕。誓出按撫除睽乖。指揮光顏戰洄曲。鬬如怒虎搏虺豺。愬能捕虜取肝鬲。護送密乞完形骸。督兵夜半投死地。雪溼不敢然薪藍。空城豎子已可縛。中使尙作嘔兒哇。退之道此尤儁偉。當鏤玉牒東燔柴。欲編詩書播後嗣。筆墨雖巧終類俳。唐從天寶運中圮。廊廟往往非忠佳。諸侯縱橫代割據。疆士豈得無離乖。德宗末年懲戰禍。一矢不試塵蒙鞍。憲皇初起衆未信。意欲立掃除昏霾。追還淸明救薄蝕。屢勅主府拘窮蛙。王師傷夷征賦窘。千里亦忌毫釐差。小夫偷安自非計。長者遠慮或可懷。桓桓晉公忠且壯。時命適與功名偕。是非末世主成敗。烜赫今古誰譏排。賢哉韋純議北赦。倉卒兩伐尤難皆。重華聲明彌萬國。服苗干羽舞兩階。宣王側身內修政。常德立武能平淮。昔人經綸初若緩。欲棄此道非吾儕。千秋事往蹤跡在。嶽石款記如湘崖。文嚴字麗皆可喜。黃埃蔽沒蒼蘚埋。當時將佐盡豪傑。想此兵禱陪祠齋。君曾西遷爲拓本。濡麝割蜜親劘揩。新篇波瀾特浩蕩。把卷熟讀迷津涯。褒賢樂善自爲美。賞佳廟壁爲詩牌。

以上諸篇。皆用刻入之思。錬奇矯之語。鬭偏仄之韻。縋幽鑿險。曲盡昌黎之技者也。

葛藴作巫山高。愛其飄逸。因亦作兩篇

巫山高十二峯。上有往來飄忽之猨猱。下有出沒瀺灂之蛟龍。中有倚薄縹緲之神宮。神人處子冰雪容。吸風飲露虛無中。千歲寂寞無人逢。邂逅乃與襄王通。丹崖碧嶂深重重。白月如日明房櫳。象牀玉几來自從。錦屛翠幔金芙蓉。陽臺美人多楚語。祇有纖腰能楚舞。爭吹鳳管鳴鼉鼓。那知襄王夢時事。但見朝朝暮暮長雲雨。

巫山高。偃薄江水之滔滔。水於天下實至險。山亦起伏爲波濤。其巔冥冥不可見。崖岸斗絕悲猨猱。赤楓青櫟生滿谷。山鬼白日樵人遭。窈窕陽臺彼神女。朝朝暮暮能雲雨。以雲爲衣月爲褚。乘光服暗無留阻。崑崙曾城道可取。方丈蓬萊多伴侶。塊獨守此嗟何求。況乃低佪夢中語。

此類之詩。乃學杜而自闢蹊徑者。公集中上乘也。山谷之七古。頗從此脫胎得來。又如

對棊與道源至草堂寺

北風吹人不可出。清坐且可與君棋。明朝投局日未晚。從此亦復不吟詩。

此等澀拙之作。其導啓山谷之跡。尤顯而易尋者也。

公復有擬寒山拾得二十首。於集中爲別體。寄吳氏女子詩所謂末有擬寒山。覺汝耳目熒者是也。今錄二首以見面目。

我曾爲牛馬。見草豆歡喜。又曾爲女人。歡喜見男子。我若眞是我。祇合長如此。若好惡不定。應知爲物使。堂堂大丈夫。莫認物爲己。

風吹瓦墮屋。正打破我頭。瓦亦自破碎。豈但我血流。我終不嗔渠。此瓦不自由。衆生造罪惡。亦有一機抽。渠不知此機。故自認愆尤。此但可哀憐。勸令眞正修。豈可自迷悶。與渠作寃讎。

此雖非詩之正宗。然自東坡後。鎔佛典語以入詩者頗多。此體亦自公導之也。若其悟道自得之妙。使學者讀之

翛然意遠。此又公之學養不得以詩論之矣。

荊公之詩其獨開生面者不在古體而在近體。遒峭雄直之氣以入古體易。以入近體難。公之近體。純以此名家者也。

曾文正論近體詩。謂當以排偶之句。運單行之氣。荊公七律。最能導人以此法門。

荊公七律多學少陵晚年之作。後此山谷更遵此道而極其妙。遂爲西江之宗。

公有題張司業詩絕句云。看似尋常最奇崛。成如容易卻艱辛。讀公詩皆當以此求之。而近體其尤也。

集中名作至多。不能廣錄。舉數章見其面目而已。

次韻酬朱昌叔五首 錄一

去年音問隔淮州。百謫難知亦我憂。前日杯盤共江渚。一歡相屬豈人謀。山蟠直瀆輸淮口。水抱長干轉石頭。乘興舟輿無不可。春風從此與公游。

次韻送程給事知越州

千騎東方占上頭。如何謬到北山游。清明若覲蘭亭月。暖熱因忘蕙帳秋。投老始知歡可惜。通宵豫以別爲憂。西歸定有詩千首。想肯重來賁一丘。

登寶公塔

倦童疲馬放松門。自把長筇倚石根。江月轉空爲白晝。嶺雲分暝與黃昏。鼠搖岑寂聲隨起。鴉矯荒寒影對翻。當此不知誰客主。道人忘我我忘言。

雨花臺

盤互長干有絕陘。并包佳麗入江亭。新霜浦溆綿綿淨。薄晚林巒往往青。南上欲窮牛渚怪。北尋難忘草堂靈。便輿卻走垂楊陌。已戴寒雲一兩星。

寄題程公闢物華樓

吳楚東南最上游。江山多在物華樓。遙瞻旌節臨尊俎。獨臥柴荆阻獻酬。想有新詩傳素壁。怪無餘墨到滄洲。湡浯南望重重綠。章水還能向此流。

酬俞秀老

灑掃東庵置一牀。於君獨覺故情長。有言未必輸摩詰。無法何曾泥飲光。天壤此身知共弊。江湖他日要相忘。猶貪半偈歸思索。卻恐提柏妄揣量。

送李質夫之陝府

平世求才漫至公。悠悠羈旅事多窮。十年見子尙短褐。千里隨人今北風。戶外屨貧虛自滿。尊中酒賤亦常空。共憐欲老無機械。心事還能與我同。

貴州虞部使君訪及道舊竊有感惻因成小詩

韶山秀拔江清寫。氣象還能出搢紳。當我垂髫初識字。看君揮翰獨驚人。郵籤忽報旌麾入。齋閤遙瞻組綬新。握手更誰知往事。同時諸彥略成塵。

思王逢原三首錄一

蓬蒿今日想紛披，冢上秋風又一吹。妙質不爲平世得，微言唯有故人知。廬山南墮當書案，湓水東來入酒巵。陳跡可憐隨手盡，欲歡無復似當時。

送裴如晦宰吳江

青髮朱顏各少年，幅巾談笑兩歡然。柴桑別後餘三徑，天祿歸來盡一廛。邂逅都門誰載酒，蕭然江縣去鳴弦。猶疑甫里英靈在，到日憑君爲艤船。

送僧無惑歸鄱陽

晚扶衰憊寄人間，應接紛紛祇強顏。挂席每諳東匯水，采芝多夢舊游山。故人獨往今爲樂，何日相隨我亦閑。歸見江東諸父老，爲言飛鳥會知還。

落星寺在南康軍江中

崒雲臺殿起崔嵬，萬里長江一酒杯。坐見山川吞日月，杳無車馬送塵埃。雁飛雲路聲低過，客近天門夢易迴。勝概惟詩可收拾，不才羞作等閑來。

送李太保知儀州

北平上谷當時守，氣略人推李廣優。還見子孫持漢節，欲臨關塞撫羌酋。雲邊鼓吹應先喜，日下旌旗更少留。五字亦君家世事，一吟何以稱來求。

將次相州

青山如浪入漳州，銅雀臺西八九丘。螻蟻往還空壟畝，騏驎埋沒幾春秋。功名蓋世知誰是，氣力回天到此休。

何必地中餘故物，魏公諸子分衣裘。

和王微之秋浦望齊山感李太白杜牧之

齊山置酒菊花開，秋浦聞猿江上哀。此地流傳空筆墨，昔人埋沒已蒿萊。平生志業無高論，末世篇章有逸才。尚得使君驅五馬，與尋陳跡久徘徊。

次韻平甫金山會宿寄親友

天末海門橫北固，煙中沙岸似西興。已無船舫猶聞笛，遠有樓臺祇見燈。山月入松金破碎，江風吹水雪崩騰。飄然欲作乘桴計，一到扶桑恨未能。

送趙學士陝西提刑

遙知彼俗經兵後，應望名公走馬來。陛下東求今日始，胸中包畜此時開。山西豪傑歸囊牘，渭北風光入酒杯。堪笑陋儒昏鄙甚，略無謀術贊行臺。

金陵懷古四首 錄一

霸祖孤身取二江，子孫多以百城降。豪華盡出成功後，逸樂安知與禍雙。東府舊基留佛刹，後庭餘唱落船窗。黍離麥秀從來事，且置興亡近酒缸。

除夜寄舍弟

一尊聊有天涯憶，百感翻然醉裏眠。酒醒燈前猶是客，夢回江北已經年。佳時流落眞何得，勝事蹉跎只可憐。唯有到家寒食在，春風因泛預溪船。

送西京簽判王著作
兒曹曾上洛城頭。尚記淸波繞驛流。卻想山川常在夢。可憐顏髮已經秋。辟書今日看君去。著藉長年歎我留。三十六峯應好在。寄聲多謝欲來遊。

南浦
南浦東岡二月時。物華撩我有新詩。含風鴨綠粼粼起。弄日鵝黃裊裊垂。

木末
木末北山煙冉冉。草根南澗水泠泠。繰成白雪桑重綠。割盡黃雲麥正青。

初夏卽事
石梁茅屋有彎碕。流水濺濺度兩陂。淸日暖風生多氣。綠陰幽草勝花時。

中年
中年許國邯鄲夢。晚歲還家壙埌游。南望靑山知不遠。五湖春草入扁舟。

入瓜步望揚州
落日平林一水邊。蕪城掩映祇蒼然。白頭追想當時事。幕府靑衫最少年。

州橋
州橋蹋月想山椒。迴首哀湍未覺遙。今夜重聞舊嗚咽。卻看山月話州橋。

壬子偶題

黄塵投老倦匆匆。故遶盆池種水紅。落日欹眠何所憶。江湖秋夢艣聲中。

送僧游天台

天台一萬八千丈。歲晏老僧攜錫歸。前程好景解吟否。密雪亂雲緘翠微。

集句之體。實創自荊公。宋人筆記多言荊公集句詩信口衝出。此固游戲餘事。無所不可。亦足徵其記誦之博也。今錄數章。

金陵懷古

六代豪華空處所。金陵王氣黯然收。煙濃草遠望不盡。物換星移幾度秋。至竟江山誰是主。卻因歌舞破除休。我來不見當時事。上盡重城更上樓。

沈坦之將歸溧陽值雨留吾廬久之

天雨蕭蕭滯茅屋。冷猿秋雁不勝悲。牀牀屋漏無乾處。獨立蒼茫自詠詩。

胡笳十八拍十八首 錄二

自斷此生休問天。生得胡兒擬棄捐。一始扶牀一初生。抱攜撫視皆可憐。寧知遠使問名姓。引袖拭淚悲且慶。悲莫悲兮生別離。悲在君家留兩兒。(其十三)

春風似舊花仍笑。人生豈得長年少。我與兒兮各一方。憔悴看成兩鬢霜。如今豈無腰裊與驊騮。安得送我置汝傍。胡塵暗天道路長。坐令再往之計墮眇茫。胡笳本出自胡中。此曲哀怨何時終。笳一會兮琴一拍。此心炯炯君應識。(其十八)

信手拈來。天衣無縫。後此效顰者。未或能及也。

前人評荆公詩者頗多。隨所見雜錄一二。

漫叟詩話云。荆公定林後詩。精深華妙。非少作之比。嘗作歲晚詩云。月映林塘靜。風涵笑語涼。俯窺憐淨淥。小立竚幽香。攜幼尋新的。扶衰上野航。延緣久未已。歲晚惜流光。自以比謝靈運。識者亦以爲然。

後山詩話云。魯直謂荆公之詩。暮年方妙。如云似聞青秧底。復作龜兆坼。乃前人所未道。又云。扶輿度陽焰。窈窕一川花。包含數箇意。然學三謝。失於巧耳。

石林詩眠云。蔡天啓言荆公每稱老杜鉤簾宿鷺起。丸藥流鶯囀之句。以爲用意高峭。五言之模範。他日公作詩得青山捫蝨坐。黃鳥挾書眠。自謂不減杜詩。

冷齋夜話云。造語之工。至荆公東坡山谷。盡古今之變矣。荆公詩云。江月轉空爲白晝。嶺雲分暝作黃昏。又云。一水護田將綠繞。兩江排闥送青來。(中略)此山谷所謂句中眼。學者不知此妙。韻終不勝。

石林詩話云。荆公少以意氣自許。故詩語爲其所向。不復更爲涵蓄。如天下蒼生待霖雨。不知龍向此中蟠。又濃綠萬枝紅一點。動人春色不須多。又平治險穢非無力。潤澤焦枯是有才之類。皆直道其胸中事。後爲羣牧判官。從宋次師盡假唐人詩集。博觀約取。晚年始盡深婉不迫之趣。乃知文字雖工拙有定限。然必視其幼壯。雖公方其未至。亦不能力强而遽至也。

苕溪漁隱叢話云。山谷稱荆公暮年作小詩。雅麗精絕。脫去流俗。每諷詠之。便覺沆瀣生牙頰間。今案荆公小詩。如南浦隨花去。回舟路已迷。暗香無覓處。日落畫橋西。」染雲爲柳葉。剪水作梨花。不是春風巧。何緣見歲華。」簷日陰陰轉。牀風細細吹。翛然殘午夢。何許一黃鸝。」蒲葉淸淺水。杏花和暖風。地偏緣底綠。人老爲誰紅。」愛此江邊好。留連至日斜。眠分黃犢草。坐占白鷗沙。』水淨山如染。風暄草欲薰。梅殘數點雪。麥漲一川雲。觀此數詩。眞可一唱三歎也。

西淸詩話云。荆公在蔣山時。以近製示東坡。坡曰。若積李兮縞夜。崇桃兮炫晝。自屈宋沒後。曠千餘年。無復離騷句法。乃今見之。荆公曰。非子瞻見諛。自負亦如此。然未嘗爲俗子道也。

三山老人語錄云。荆公詩云。細數落花因坐久。緩尋芳草得歸遲。六一居士詩云。靜愛竹時來野寺。獨尋春偶過溪橋。三公皆狀閑適。荆公之句尤工。

石林詩話云。荆公晚年詩律尤精嚴。造語用字。間不容髮。然意與言會。言隨意遣。渾然天成。殆不見有牽率排比處。如含風鴨綠粼粼起。弄日鵝黃裊裊垂。初不覺有對偶。至細數落花因坐久。緩尋芳草得歸遲。但見舒閑容與之態耳。而字字細考之。皆經檃括權衡者。其用意亦深刻矣。

唐子西語錄云。荆公五言詩。得子美句法。如云。地蟠三楚大。天入五湖低。

冷齋夜話云。用事琢句。妙在言其用而不言其名。此法惟荆公東坡山谷三老知之。荆公曰。含風鴨綠粼粼起。弄日鵝黃裊裊垂。鴨綠。水也。鵝黃。柳也。苕溪漁隱曰。公詩又云。繰成白雪桑重綠。割盡黃雲稻正青。白雪。絲也。黃雲。麥也。苕溪詩話云。蕭蕭出屋千尋玉。靄靄當窗一炷雲。皆不名其物。

蔡寬夫詩話云。荆公嘗云。詩家病使事太多。蓋皆取其與題合者類之。如此乃是編事。雖工何益。若能自出己意。借事以相發明。情態畢出。則用事雖多。亦何所妨。故公詩如董生只爲公羊惑。豈肯捐書一語眞。桔槔俯仰何妨事。抱甕區區老此身之類。皆意與本題不類。此眞能使事者也。

後齋漫錄云。介甫善下字。如荒埭暗雞催月曉。空場老雉挾春驕。下得挾字最好。

遯齋閑覽云。荆公集句詩。雖累數十韻。皆頃刻而就。詞意相屬。如出諸己。他人極力效之。終不及也。

滄浪詩話云。集句惟荆公最長。胡笳十八拍。混然天成。絕無痕跡。如蔡文姬肺肝間流出。

荆公詞不能名家。然亦有絕佳者。李易安謂王介甫曾子固文章似西漢。若作小詞則人必絕倒不可讀。此自過刻之論。易安於二晏歐陽東坡耆卿子野方回少游之詞。無一許可。況荆公哉。今錄二首。

桂枝香　金陵懷古

登臨送目。正故國晚秋。天氣初肅。千里澄江似練。翠峯如簇。征帆去棹殘陽裏。背西風酒旗斜矗。綵舟雲淡。星河鷺起。圖畫難足。　念自昔豪華競逐。歎門外樓頭。悲恨相繼。千古憑高。對此漫嗟榮辱。六朝舊事隨流水。但寒烟衰草凝綠。至今商女。時時猶唱。後庭遺曲。

浣溪沙

百畝中庭半是苔。門前白道水縈回。愛閑能有幾人來。　小院回廊春寂寂。山桃溪杏兩三栽。爲誰零落爲誰開。

南鄉子　金陵懷古

自古帝王州。鬱鬱葱葱佳氣浮。四百年來成一夢。堪愁。晉代衣冠成古丘。　繞水恣行遊。上盡層城更上樓。往事悠悠君莫問。回頭。檻外長江空自流。

其浣溪沙南鄉子二首。蓋集句也。開蕃錦集之先聲矣。荆公之詞。其流亦爲山谷一派。非詞家正宗。

荆公又每以文爲遊戲。有詩云。老景春可惜。無花可留得。莫嫌柳渾青。終恨李太白。以四古人姓名藏於句中云。石林詩話稱之。又荆公嘗作一詩謎云。佳人佯醉索人扶。露出胸前白雪膚。走入繡幃尋不見。任他風雨滿江湖。藏四詩人名。乃賈島李白羅隱潘閬也。見遯齋閑覽。苕溪漁隱叢話又言有霞頭隱語爲半山老人作云。

公嘗有唐百家詩選。自序云。

余與宋次道同爲三司判官時。次道出其家藏唐詩百餘編。諉余擇其精者。次道因名曰百家詩選。廢日力於此。良可悔也。雖然。欲知唐詩者。觀此足矣。

是書本朝宋牧仲犖嘗有重刻本。今絕少見。